新时代证券投资书系

王兆生 ◎ 著

擒龙诀

短线龙头的周期、资金、题材与联动

上海财经大学出版社

图书在版编目(CIP)数据

擒龙诀：短线龙头的周期、资金、题材与联动 / 王兆生著. -- 上海：上海财经大学出版社, 2024.11.
(新时代证券投资书系). -- ISBN 978-7-5642-4505-4

Ⅰ. F830.91

中国国家版本馆CIP数据核字第2024G3S680号

□ 策划编辑　王永长
□ 责任编辑　顾丹凤
□ 封面设计　贺加贝

擒龙诀
——短线龙头的周期、资金、题材与联动

王兆生　著

上海财经大学出版社出版发行
(上海市中山北一路369号　邮编200083)
网　　址：http://www.sufep.com
电子邮箱：webmsater@sufep.com
全国新华书店经销
上海锦佳印刷有限公司印刷装订
2024年11月第1版　2024年11月第1次印刷

710 mm × 1000 mm　1/16　16.75印张（插页：2）　256千字
印数：0 001—5 000　定价：89.00元

序言
PREFACE

《武帝求茂才异等诏》曰："盖有非常之功，必待非常之人。"非常之功非俗事俗功，所以必求之于非常之人，诸如霍去病、张骞、班超这等人中天骄。

今天，虽然我们离汉朝已经久远，但往事越千年，回想起古人之言，越发觉得此话蕴涵着大见地。

世间之事千千万万，但难度不可等同观之。有的事，只要你去努力和勤奋，总能小有成就，比如做个普通的匠人、做个财务、做个医生、做个小手艺活，努力了就一定会有回报。但有的事，努力也未必有回报，它就是非常之事。套用古人的话，我们可以这样说："世有非常之事，必待非常之能。"

非常之事，并不是普通的技能和努力就能做好的，它需要的是非常之能。

那么，哪些事是非常之事呢？投资就是！炒股就是！

股市，并不是你努力和勤奋就一定有结果的，它需要的是"非常"之能。这里的"非常"之处，凡是做股票的人，都应该有切身感受。有方法论、有性格秉性的、有大势的，也有个人气运的。

在《三国演义》的电影中，曹操说袁绍"色厉胆薄，好谋无断；干大事而惜身，见小利而忘命：非英雄也"。这里说的是英雄，但每每读到这里，我总觉得跟说投资是一样的。读到此处我便更能感受到投资的"非常之处"。

为了征服这个"非常"的领域，各种人物想尽各种办法，也诞生了各种理论，诸如价值投资理论、波浪理论、趋势理论、K线理论、形态理论、龙头理论、周期理论等。

这些理论，我本人都研究过、沉醉过，有的理论我还做过特殊的贡献。其实，每个理论都有各自的优点，都有可取之处，认真研习，也都能形成"非常之能"。

王兆生先生是股市的"发烧友"，他对股市充满热情和兴趣。据我了解，他在投资领域是真正的读万卷书，行万里路者，理论和实践双修。当听闻他要出书，我欣然为他作序。

当下，由于自媒体的发展，也许很多人已经没有读书的习惯了，但无论如何我还是建议大家尽量多读书。因为相对自媒体和互联网的碎片化，书具有系统性和整体性。也许其他领域获得一些碎片化认识是可以的，但投资领域是"非常之事、非常之能"，碎片化知识肯定是不行的。投资需要细致的观察力和极宏观开阔的视野，如果没有系统阅读，绝对行不通。

我知晓一个顶级投资大佬，曾与葛卫东同事过，但现今的境界和段位早已非同日而语了。据说，他超级喜欢读书。每当别人问他问题，他就说，你去读书呀，你问的书上都有。

可见，越是往高走，越需要通过读书来沉淀。也许书本身有瑕疵，也许书无法一次性解决我们所有的困惑。但，一本书哪怕一句话有用也值了。

我们常常还有一个误区，读一本书恨不得它全部都是你所需要的；看一篇文章，恨不得每个字都是干货，否则就骂这本书、这篇文章不好。

怎么可能？这个世界上没有一本书是专门为你写的，也没有一篇文章是为你量身定做的。我们看一本书能够看到一句真正受益匪浅的话就够了，看一篇文章能够看到三五个字真正触动我们的灵魂深处就算没白看。

人生没有精准的努力。经常有很多人问我，做股票要读什么书？让我推荐几本。其实我想说的是，好书全都要读。没有一本书是你需要的全部。

我们要的是博览群书，这本书上学到这几句有用的，那本书上学到那几句有用的，甚至其他几本书白看了，没有一句有用的，但你不看、你不"浪费"几本，你怎么知道哪些书对你有用呢？

对书，不要求全责备，不要希望它解决你所有的痛点和问题。如果它能帮你解决一两点，就已经算不错了。人成长到一定阶段，会感觉到很难再有大的、质的、革命性的进步。无论再总结多少条经验和规律，发现都是在原地打转，都是在一个维度上修修补补，甚至重复自己。

我认识很多投资大佬，他们直言不讳地说：每个月哪怕能学到一个真正有用的东西就值了。这就是为什么越是大佬，越喜欢阅读的原因。看看巴菲特、芒格等投资大师，他们是多么喜欢看书；相反，很多散户一年难得看几本书，天天喜欢泡在互联网和自媒体上看一些碎片化的信息。互联网上的东西，特别是自媒体上的东西，容易同质化。要想另辟蹊径，发现"别有洞天"的东西，也许书上别有一番风景。

所以对于挚友，我都喜欢建议他们去好好读书，系统思考。

一本书，再不济，也是一个人多年心血的积累。就拿本书来说，王兆生先生几乎穷尽其才学精华，把他多年的思考和总结和盘托出，这对读者是多大的福气呀。

本书有很多内容是我和王兆生先生交流过的，再读这些内容，发现他已经有新的理解和阐述，非常难得。至于具体的内容，我不赘述，大家可以慢慢地去品读。

也许你读到的，跟我读到的不一样，这个过程就是进步。

是以为序。

彭道富
2024年7月17日于广州

前言
FOREWORD

周期大如天　逻辑定乾坤

每位投资者进入股市，都是希望赚大钱的。然而股市似乎总是与人作对，尤其是散户。上涨的股票躲来躲去，就是不让你享受坐轿的乐趣。而看到股票上涨无望，愤恨中将其尽数抛出后，它却走上了真正的上升通道。这是多数小散户的感受。难道股市专门与小股民作对不成？有些人只怪自己运气不佳，怀疑自己生来命苦、点儿背。

其实，这是因为我们没有抓到龙头股，没有真正理解"周期大如天，逻辑定乾坤"的道理。

何为龙头股？

龙头股是在板块运动过程中，时间第一，空间第一，持续大涨，甚至涨停，大涨或涨停之后，还能带动相同板块个股大涨，并且最终涨幅最大的股票。

龙头股可以分为长线龙头和短线龙头。长线龙头由机构主宰，崇尚价值投资、长线投资，不涨停，但不停地涨。短线龙头由游资主宰，崇尚短线投机套利，利用情绪，营造氛围，形成合力，连续涨停。

散户要想快速盈利，就必须紧紧抓住短线龙头股。短线龙头以短时间内急速拉升、连续涨停、快速出货、短期暴利为目标。其最大的特点就是时间短、涨幅大、效率高、暴利、安全且成功率极高。

连续拉出涨停板只是短线龙头的外在表现，其背后的支撑是周期情绪和内在逻辑。如果用一句话概括，那就是："周期大如天，逻辑定乾坤"。

为什么说"周期大如天"呢？小成靠勤奋，大成靠周期。回顾炒股经历，我们就会发现，总有那么一些莫名其妙的成功，也有很多让人大惑不解的败局。其实很多时候，成也周期，败也周期。

这就好比渔民出海打鱼，出海前首先要看天气，渔民会抓住风平浪静的晴好天气出海作业。遇到风高浪急的恶劣天气，就会迅速回港，躲避风险。因为在恶劣的天气，再高超的航海技术，再高明的捕鱼手段都派不上用场。股市也一样，周期情绪由降转升的时候，是我们买入股票的好时机；周期情绪由升转降的时候，是我们卖出股票的好时机。无论如何努力，我们都不能违背周期。必须明确，我们所赚的每一分钱都是周期给的，在周期情绪面前不要迷恋自己的三脚猫功夫。从这个意义上讲，周期确实就是天。周期分为指数趋势周期、短线情绪周期。前者是大周期，后者是小周期。大周期类似于一年四季，春种、夏管、秋收、冬藏，只有不违农时，方有好收成。小周期类似于近期的天气，即使在夏天也会有寒凉之时，在冬天也有晴好之际。

短线交易的是股票，博弈的是情绪。主流热点的情绪周期决定了整个市场的情绪。正确识别市场周期，精准把握周期拐点，在正确的时间交易正确的股票，是我们交易的前提。利用周期，御风而行，乘势而上才能稳定取胜。

那么，"逻辑定乾坤"又该如何理解呢？股市的逻辑是指股票涨跌的内在规律。简单来说，就是事物发展的内在规律在股市中的体现。股票运作的本质是供求关系。如果买的多于卖的，就会出现供不应求的现象，从而导致股价上涨；反之，股价就会下跌。

对于短线龙头而言，影响其供求关系的因素主要有资金、题材、龙性、联动等。

资金是动力，题材是工具，龙头是核心，联动是关键，这是我们把握短线龙头交易的四个基本逻辑。

逻辑之一：资金是动力。

资金是股价涨跌的直接动力。一只股票，无论它的题材再好，利好消息再大，如果没有主力资金的认可，没有资金合力的推动，股价是涨不上去的。

资金推动股价上涨由市场的资金总量、资金集中度、资金活跃度决定。

就像一支军队，首先要有足够多的数量，没有数量就没有质量。有时少数的兵力集中起来，也能形成强大的战斗力。历史上以少胜多的战例很多，举不胜举。翻开中国革命史，我们看到井冈山时期，国民党军队数倍于红军，红军就是凭借集中优势兵力，各个歼灭敌人的游击战术，多次打退了国民党对根据地的围剿。在股市，有限的资金只要集中起来，形成合力、抱团炒作，也能制造出大龙、大妖。在股市中只有主力资金进攻情绪高涨，斗志昂扬，才会有大行情。

资金在交易软件上表现为成交量、量比、换手率、开盘金额等，我们要善于从这些指标的变化中寻找规律，这对临盘操作非常重要。

逻辑之二：题材是工具。

市场上各路资金持有者互不相识，互不联系，是什么在引导各路资金的进退？何时开始行动？在什么地方行动？是谁在发号施令？是题材，是当下正在被市场聚焦的热点题材。题材是吸引各路资金的集结令，是引导各路资金冲锋陷阵的战旗。市场上题材很多，大致可以分为最强题材、次强题材、新题材、一般题材。我们只需关注市场上最大的、级别最高的、影响力最大的题材，只有大江大河才能出大鱼。对于大量的一般题材，完全可以放弃关注。我们必须深入研究题材，明确题材的分类，分清题材的级别，厘清题材的运动规律，吃透题材的本质，掌握题材的炒作方法。

逻辑之三：龙头是核心。

热点题材能把各路资金聚集到自己的旗帜之下，但一个题材板块中的个股很多，少则十几只、几十只，多则几百只。当一个题材被炒作起来时，并不是这个题材中的所有股票都会涨，事实上热门题材中的个股有涨有跌，只有少数股票会大涨。一个题材内的个股地位不同，有龙头、先锋、助攻、跟风。龙头是市场的需要，主力资金要营造赚钱效应，就必须打造标杆，就需要树立龙头。我们只关注龙头股，大量的跟风股根本无需理会。题材内的一些个股是有龙性的，但真正成为龙头的是少数。龙性表现为第一性、唯一性、领涨性，从龙性到龙头必须经过市场的选择，接受竞争淘汰上位机制的考验。把握龙性的特点，寻龙、定龙是股票炒作的重中之重。

逻辑之四：联动是关键。

题材板块内的个股不是孤立的，它们相互联系、相互影响、相互促进，形成联动关系。题材板块内短线龙头上板有两种模式：

一是前驱模式。类似于小轿车，前轮驱动，带动后轮。龙头股率先涨停，集龙头、先锋、助攻为一体，跟风股紧随其后。类似于战场上的主帅，一马当先，冲锋在前，对士兵们高喊：弟兄们，跟我来！

二是后驱模式。类似于大卡车，后轮驱动，推动前轮。先锋率先上板，助攻为龙头助力，接着龙头上板，跟风随后涨停。类似于战场上的主帅，在队伍的后面督战，对士兵高喊："弟兄们，给我上！"

短线龙头股居于市场和题材板块的核心地位，属于领导股，什么是领导？其含义是：带领并引导朝一定方向前进。前驱模式就是"领"，后驱模式就是"导"。

有道无术，术尚可求；有术无道，止于术。

逻辑即思维规律，属于"道"的层面，是战略；量价关系、技术形态、买卖技巧属于"术"的层面，是战术。选择大于努力，战略大于战术。以道驭术，术必成，离道之术，术必衰。

本书从技术分析、资金量能、题材热点、周期情绪、定龙擒龙、复盘临盘、交易策略等方面对影响股市的各个要素进行了较为全面系统、深入细致的阐述。第二、三、四、五章是理论理念篇，偏重于"道"；第一、第六、第七章为临盘实战篇，偏重于"术"。本书在"明道""取势"的前提下，重在"优术""践行"，注重实盘操作，直击交易。书中的操作理念、操盘技巧、交易系统，经过多年的跟踪观察，实盘检验，实用有效，极具可操作性。

希望本书能帮助读者提高对股市的认识，把握股市的运行规律，提高对市场的理解能力，建立自己的交易系统，实现账户快速增长，尽快实现财务自由。

王兆生

2024年7月于山西晋中

目录 CONTENTS

第一章 技术分析——短线龙头股的形态特征 /001

第一节 量价异动是核心 /003
第二节 位置比形态更重要 /020
第三节 个股的筹码结构 /022
第四节 符合波浪理论和杯柄形态 /025
第五节 万法皆N /030
第六节 万宗归于趋势 /038

第二章 资金量能——短线龙头股的内在动力 /045

第一节 资金是推动股价上涨的根本动力 /048
第二节 成交量是市场资金的表现 /061

第三章 题材热点——短线龙头股的生长土壤 /067

第一节 什么是题材热点 /069
第二节 题材的分类 /070
第三节 题材的价值判断及其本质 /087
第四节 板块、板块效应及其运动规律 /091
第五节 题材、板块在实际操作中的应用 /097

第四章　周期情绪——短线龙头股的成长环境 / 103

  第一节　周期现象 / 105
  第二节　股市的两类周期 / 109
  第三节　股市周期的本质 / 127
  第四节　时机是周期的核心 / 130
  第五节　周期的运用 / 139

第五章　定龙擒龙——短线龙头股的核心所在 / 151

  第一节　龙头现象及龙头股 / 153
  第二节　龙头股的内在逻辑 / 160
  第三节　盘中及时发现龙头 / 170
  第四节　坚定龙头信仰 / 178

第六章　复盘临盘——短线龙头股的盘前盘后 / 183

  第一节　复盘 / 185
  第二节　临盘 / 209

第七章　交易策略——短线龙头股的买卖 / 215

  第一节　开盘价及开盘后的走势 / 217
  第二节　龙头股的买入 / 221
  第三节　龙头股的卖出 / 245

后记 / 249

参考文献 / 255

第一章

技 术 分 析
——短线龙头股的形态特征

量价异动是核心。

关键位置的量价异动才有价值。

量价异动贯穿于主力筹码的收集、洗盘、再收集、拉升、出货的全过程。

不同位置的量价异动形态有：波浪形态、杯柄形态、N字形态等。

投资者进入股市大多是从学习技术分析开始的，K线、成交量、均线、量线、各类技术指标，如MACD、KDJ等。技术分析无疑是重要的，不懂技术分析，看不懂技术分析图，不可能学会炒股，但一些投资者被花花绿绿的形态、指标所迷惑，沉迷其中，每天学习十几个小时，对技术和指标的迷恋到了疯狂的程度，但仍然走不出来。

　　其实，技术形态是无穷无尽的，你学会了上影线，还有下影线；你学会了下影线，还有影线的组合；你学会了MACD，还有KDJ。股市的各种技术指标加起来有8 000多种，你永远也不可能学完学全，即使下再大的功夫，也只是在低层次的维度内打转。事实上技术分析的核心是量价，其他的形态指标都是由量价演化而来的，如10日均线是10个交易日收盘价均值的连线，量线是几日收盘成交量均值的连线，MACD、KDJ等技术指标都是由量价计算出来的。所以，我们要返璞归真，回归到对量价的研究上来。在量和价两个要素中，成交量是最根本的要素。

第一节　量价异动是核心

短线龙头以其急速拉升、连续涨停、强悍暴利、短时高效的特征，倍受市场关注，成为广大股民艳羡的对象。如何才能在低位抓住这些连续涨停的短线龙头股呢？这就需要我们对连板前的形态特征进行深入研究。

股价连板之前有两种情形：一种是主力资金提前潜伏，时机成熟后拉升股价至涨停，表现为量价剧烈变化后，出现连板拉升。二是题材突然爆发，没有任何准备，市场合力拉升股价至涨停，表现为在量价没有剧烈变化的情况下，股价突然拉升。

这里我们共同探讨股价剧烈变化之后迅速拉升的情形。

一、量价剧烈变化

利弗莫尔说过，让一只股票看起来活跃的最好方式，就是让它真的活跃一段时间。量价异动就是股票活跃的外在表现。

（一）量价异动

做股票的最高境界就是能抓住涨停的股票，尤其是连续涨停的股票。从技术形态的角度看，连板之前会出现什么形态特征呢？

通过分析大量的股票，我们会发现大牛股在连板之前，K线和成交量往往会出现两种极端表现，要么大阳线或涨停板伴随着成交量放大，即价升量增；要么小K线伴随着小成交量，即价跌量缩。我们把这种不同寻常的盘面特征称为量价异动。价升量增的异动为正向异动，价跌量缩的异动为反向异动（见图1-1～图1-4）。

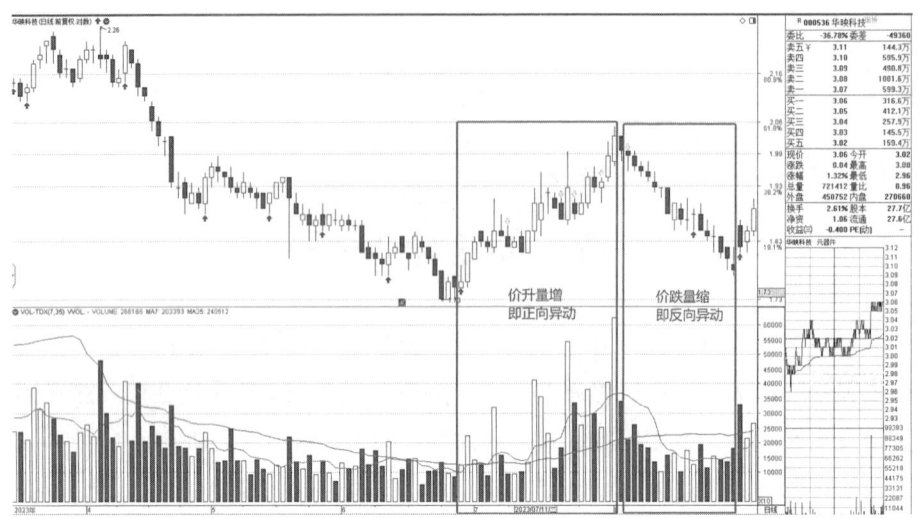

图1-1　华映科技（000536）走势（2023年6月—8月）

图1-2　张江高科（600895）走势（2023年7月—8月）

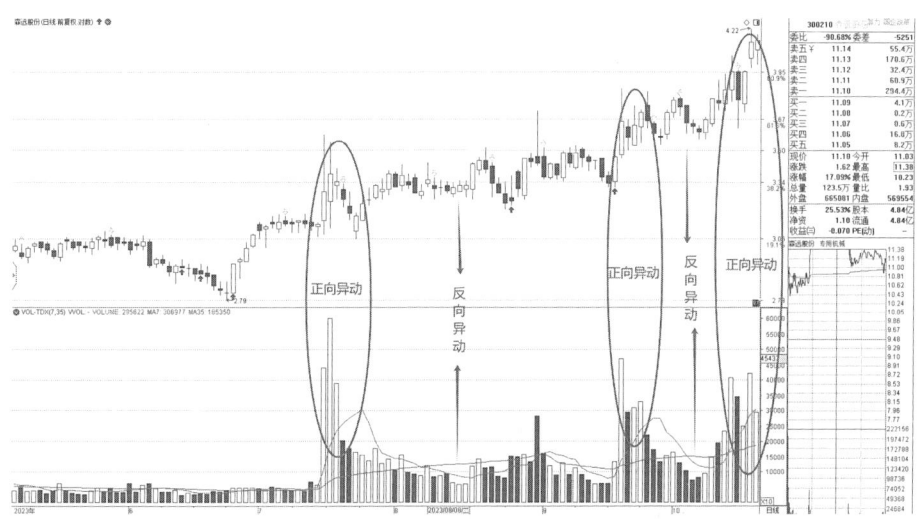

图1-3 森远股份（300210）走势（2023年7月—10月）

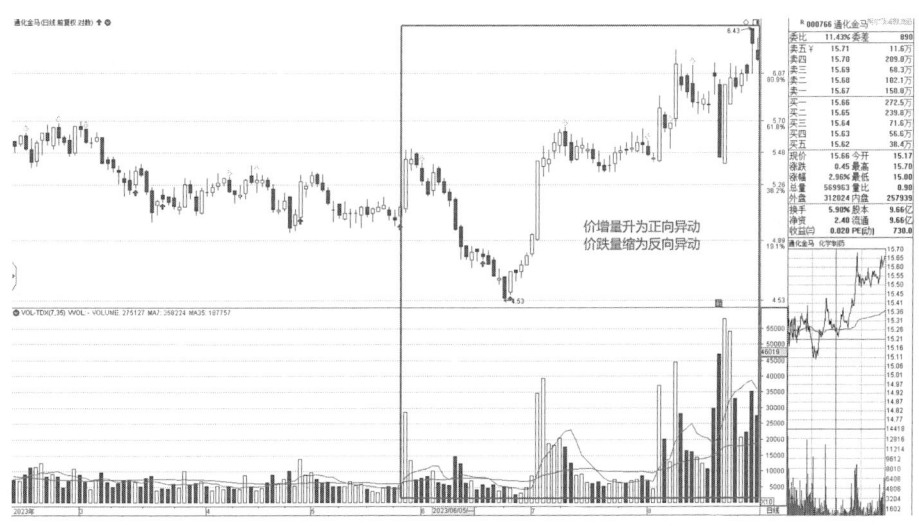

图1-4 通化金马（000766）走势（2023年5月—8月）

量价正向异动，表现为成交量急剧放大，是相邻量能的2倍以上，股价的涨幅达6%以上，甚至是涨停板。

量价反向异动，表现为成交量急剧萎缩，是相邻量能的1/2以下，股价的涨幅在±2%左右。

（二）量价异动的特征

通过对历史上数以千计牛股的K线图分析（见图1-5～图1-8），我们发现大牛股暴涨前的异动有如下特征：

（1）突然异动。盘面波澜不惊，突然出现价升量增、价跌量缩的现象，这就要引起我们足够的重视。

（2）持续异动。这种量价异动是持续且交替出现的，对应涨跌K线，量区内留下凸凹有致的成交量堆。

（3）极致异动。放大的成交量是平时的2～3倍，甚至5～6倍，涨幅也特别大；萎缩的成交量缩到极致，价格在很小范围内波动。极致的突兀和萎缩会对我们的视觉产生冲击力，心理上产生震撼感。

（4）同步异动。量价同步异动。量动价不动或价动量不动，都不会使股票趋强，更不会出现急速拉升。在股市只有主力才能使量价大幅异动，只有量价同步异动，才表明主力的吸筹、洗盘是真实有效的。

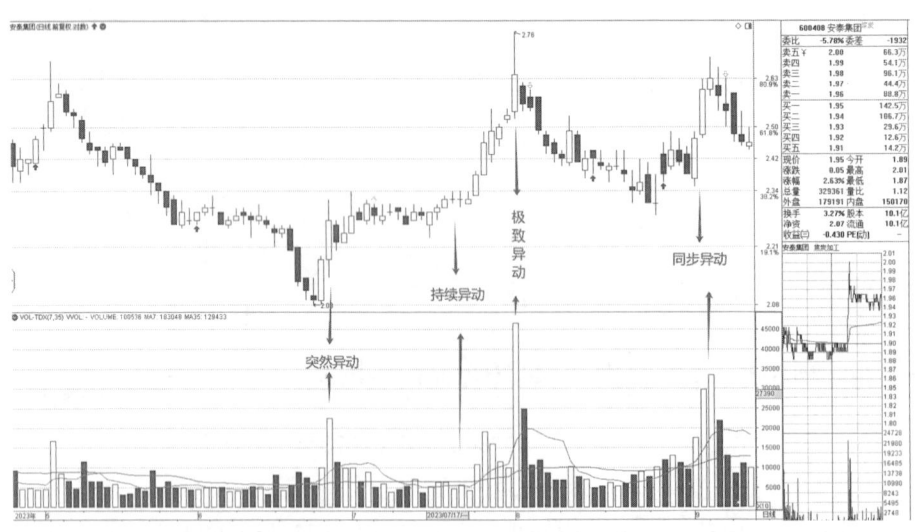

图1-5　安泰集团（600408）走势（2023年6月—9月）

第一章 技术分析——短线龙头股的形态特征

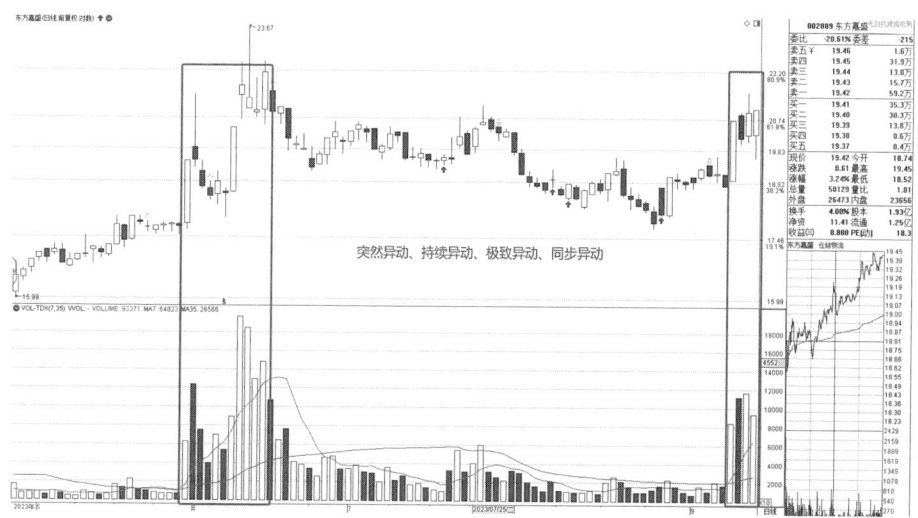

图1-6 东方嘉盛（002889）走势（2023年5月—9月）

图1-7 龙江交通（601188）走势（2023年5月—9月）

007

图1-8　日久光电（003015）走势（2023年9月19日前）

（三）量价异动至拉升的过程

先有强势收集，后有健康调整，再有强势再收集，然后出现变盘信号，之后出现强势拉升。

（1）强势收集。主力操盘，手中必须有大量的筹码。在收集筹码的过程中，由于大量的买入，导致成交量放大，K线要么大阳线，要么涨停板（见图1-9、图1-10）。这一阶段的量价异动表现为：价升量增，即正向异动。

（2）健康调整。主力在收集筹码的过程中，必然有跟风的散户获利，为了清洗获利盘，减轻将来拉升的压力，必须进行洗盘。主力用部分筹码打压股价，逼迫散户交出筹码，因为这时卖出的是散户，所以成交量是萎缩的，这一阶段的量价异动表现为：价跌量缩，即反向异动。

健康调整有三种类型：

一是向下调整。主力通过强势异动，收集到足够的筹码后，采用"洗"的手法，向下打压，迫使跟风盘交出筹码，跌幅一般在20%以内（见图1-11）。

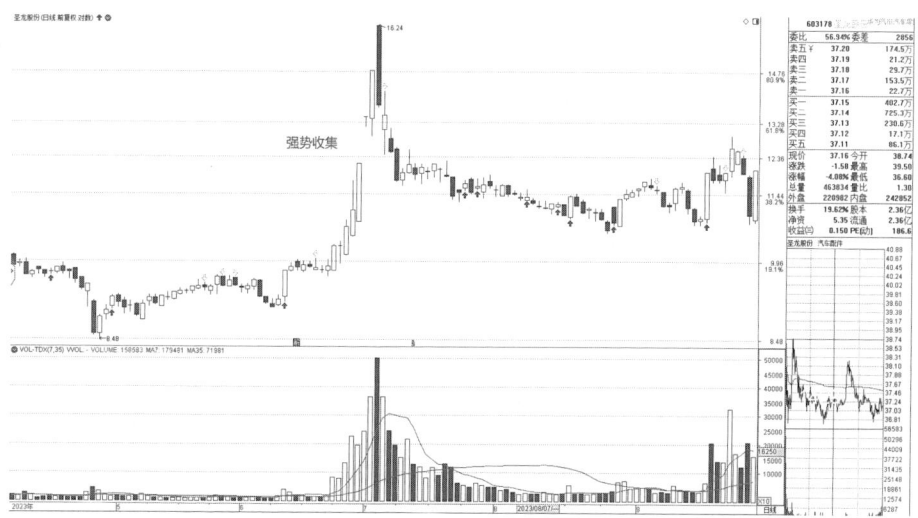

图1-9　圣龙股份（603178）走势（2023年6月12日—7月5日）

图1-10　龙江交通（601188）走势（2023年4月12日—5月18日）

图1-11　精伦电子（600355）走势（2023年8月）

二是横向调整。主力通过强势异动，收集到足够的筹码后，不希望聪明的投资者在低位捡到筹码，采取"磨"的手法，在一个箱体内做横向整理，以此消磨跟风者的意志，迫使跟风者交出筹码（见图1-12）。

图1-12　恒天海龙（000677）走势（2023年7月—10月）

三是向上整理。主力通过强势异动，收集到足够的筹码后，采用"震"的手段，达到收集、洗盘、试盘的三重目的，这种主力比较强势（见图1-13）。

图1-13　森远股份（300210）走势（2023年7月—10月）

（3）强势再收集。清洗完跟风盘后，主力要把洗盘时卖出的筹码再买回来，同时还要注入更多的资金，抢到更多的低位筹码。这一阶段的量价异动与强势收集阶段一样，表现为价升量增，即正向异动（见图1-14～图1-16）。

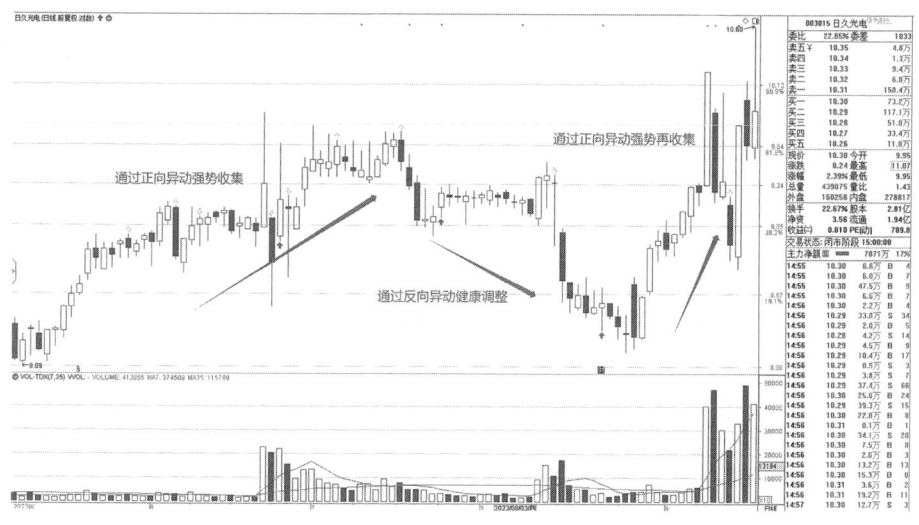

图1-14　日久光电（003015）走势（2023年6月—9月）

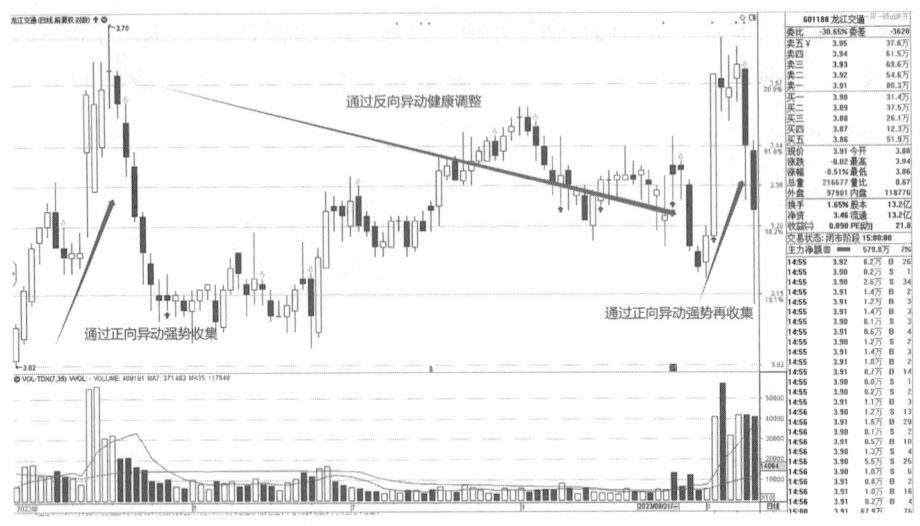

图1-15 龙江交通（601188）走势（2023年4月—9月）

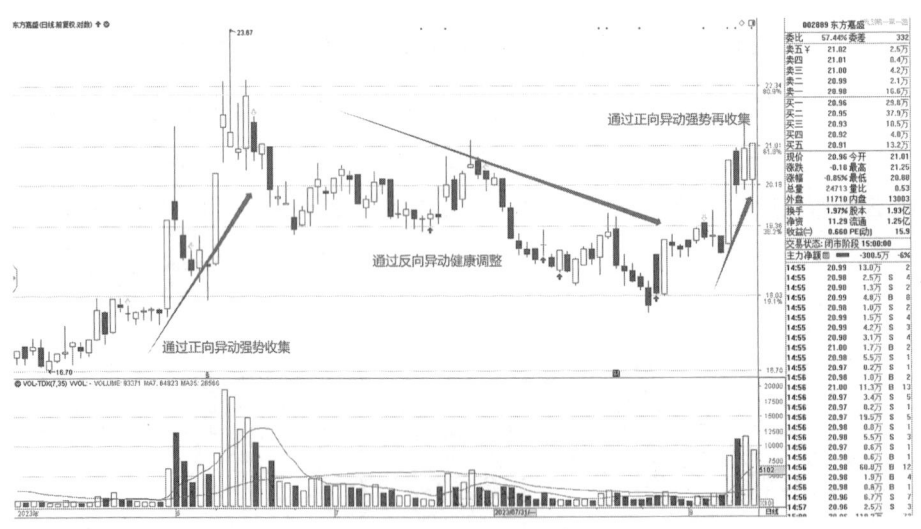

图1-16 东方嘉盛（002889）走势（2023年5月—9月）

强势再收集以后，有的直接拉升，有的还要进行短暂的洗盘，总的来说，强势再收集以后，就离股价拉升不远了（见图1-17～图1-20）。

第一章 技术分析——短线龙头股的形态特征

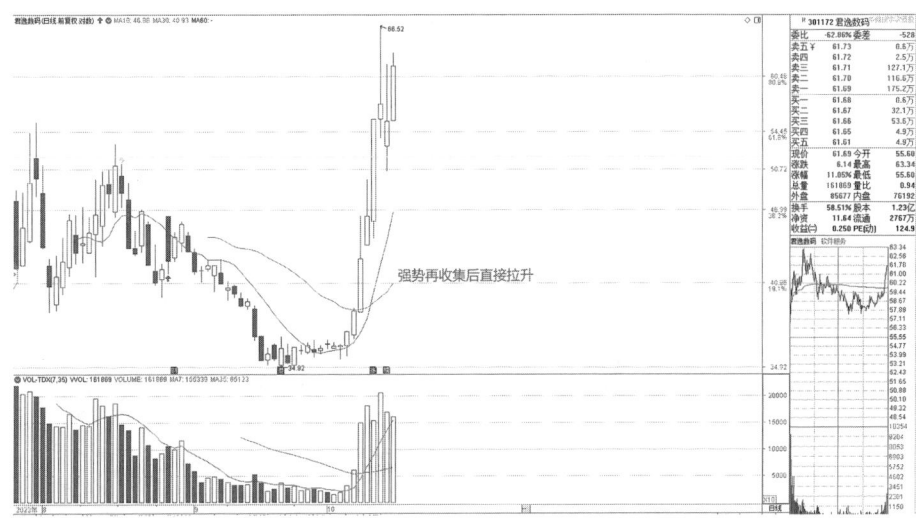

图1-17 君逸数码（301172）走势（2023年10月18日）

图1-18 恒润股份（603985）走势（2023年10月23日）

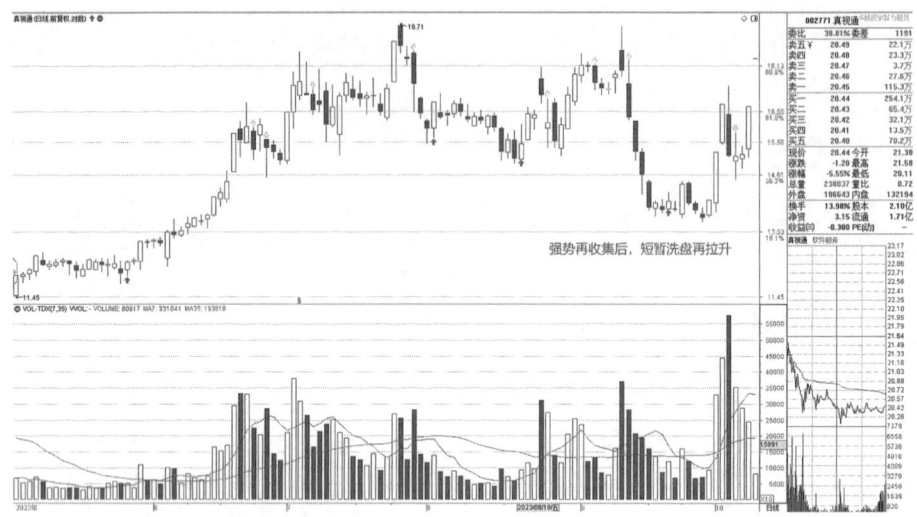

图1-19 真视通（002771）走势（2023年10月11日—13日）

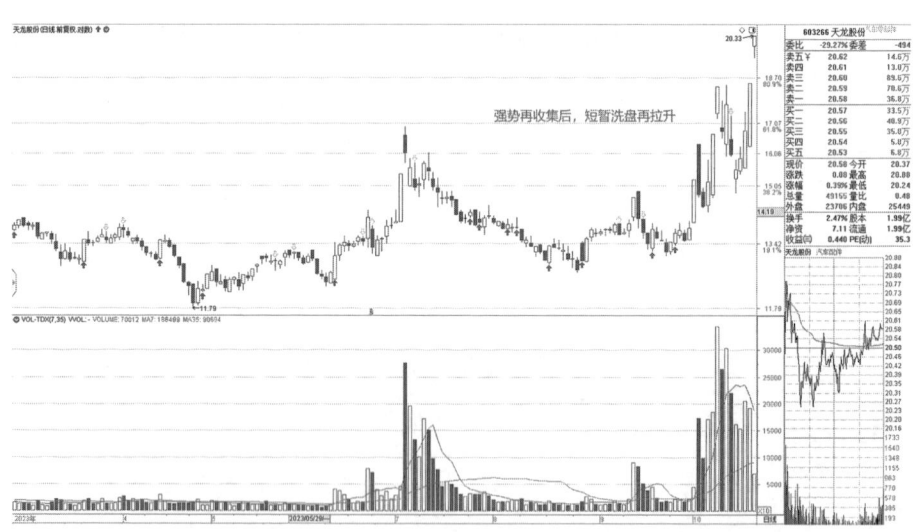

图1-20 天龙股份（603266）走势（2023年10月17日—24日）

（4）变盘信号。主力完成筹码强势再收集后，在拉升之前会发出拉升信号，我们把拉升信号称作变盘信号。这些变盘信号同样是量价异动的表现。

常见的变盘信号有：

① 放量长上影。长上影变盘信号有洗盘、试盘、吸筹等作用。长长的

影线，巨大的成交量，给人冲高受阻的假象。通常情况下，长上影的次日反包收回，也有隔两三天收回的，也有两天长上影的。但不是所有的长上影都是变盘信号，只有在强势再收集后，在关键位置出现的长上影才具有变盘的功能（见图1-21、图1-22）。

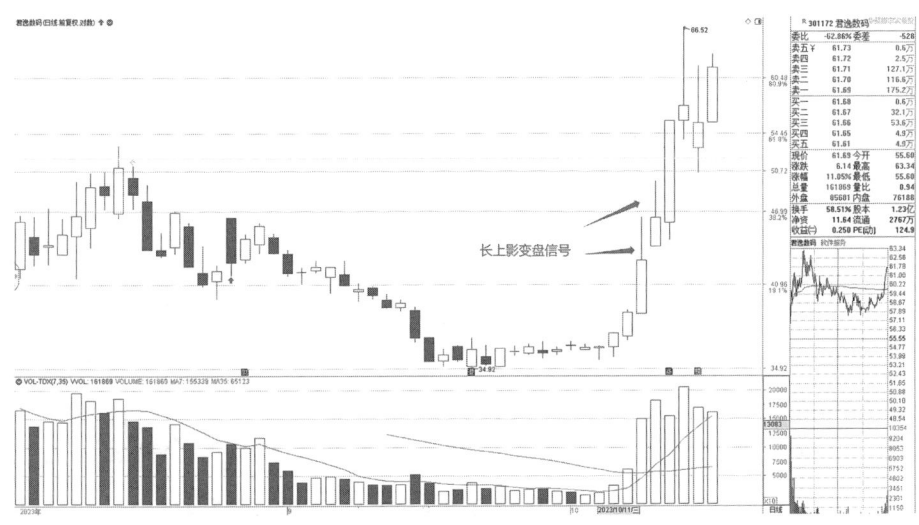

图1-21　君逸数码（301172）走势（2023年10月16日—17日）

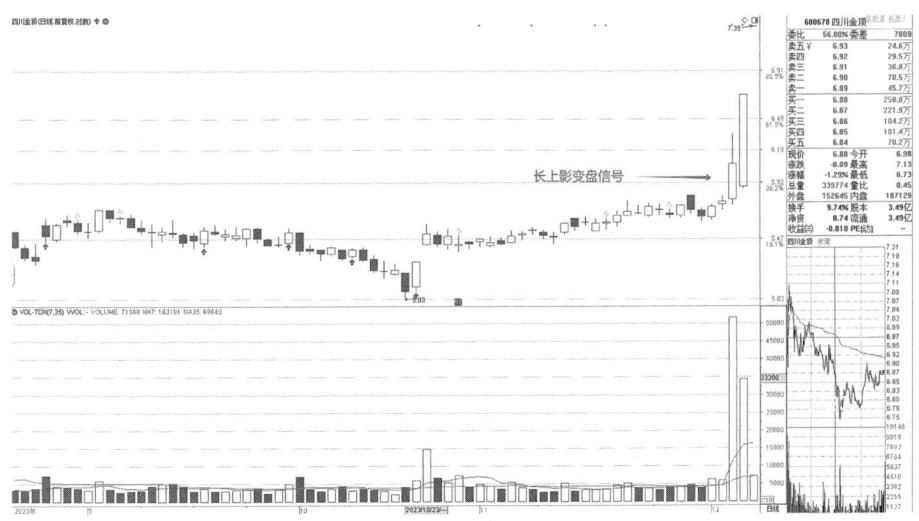

图1-22　四川金顶（600678）走势（2023年12月5日）

② 放量黑太阳。股价大幅高开，或以涨停开盘，高开后持续走低，收大阴线，同时放出巨大的成交量，次日或几日后反包收回（见图1-23、图1-24）。

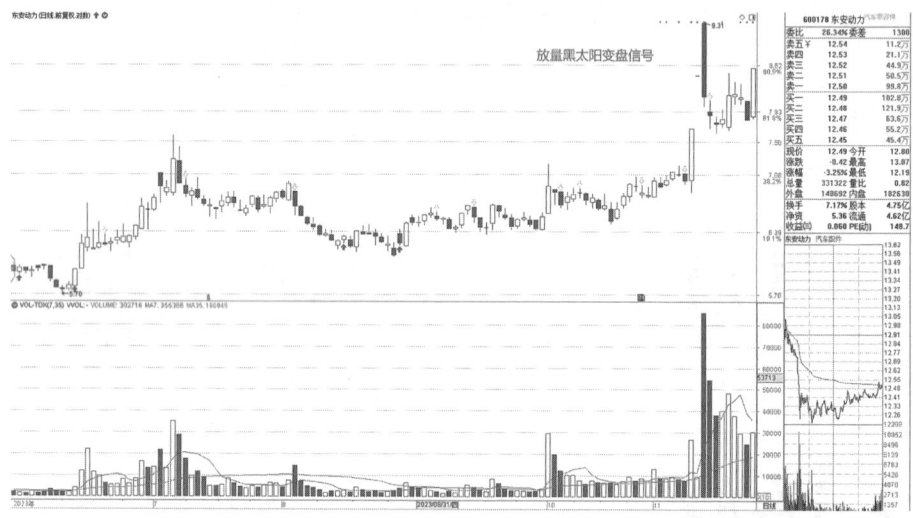

图1-23　东安动力（600178）走势（2023年11月13日）

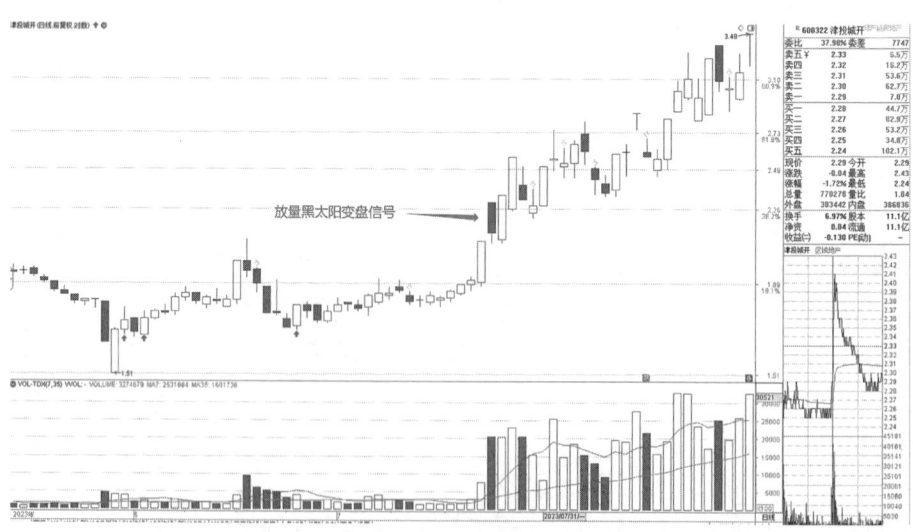

图1-24　津投城开（600322）走势（2023年7月24日）

③ 缩量大阴线。成交量萎缩，说明卖盘是散户行为，而非主力行为。K线为大阴线，目的是瓦解场内散户的意志，逼迫散户交出手中的筹码（见图1-25、图1-26）。

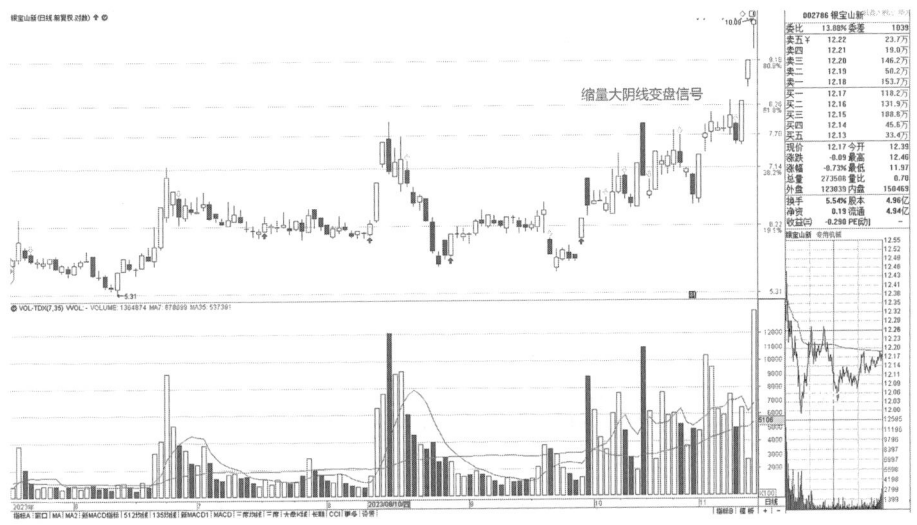

图1-25　银宝山新（002786）走势（2023年11月9日）

图1-26　奥飞娱乐（002292）走势（2023年12月5日）

④ 低开大阳线。股价低开高走，收盘为大阳线，这是由弱转强，洗盘结束，股价即将拉升的强烈信号（见图1-27、图1-28）。

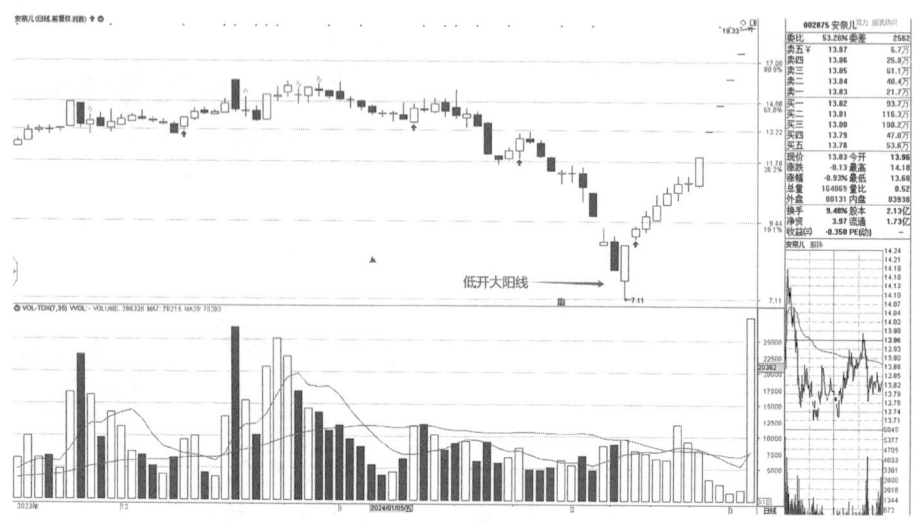

图1-27　安奈儿（002875）走势（2024年2月8日）

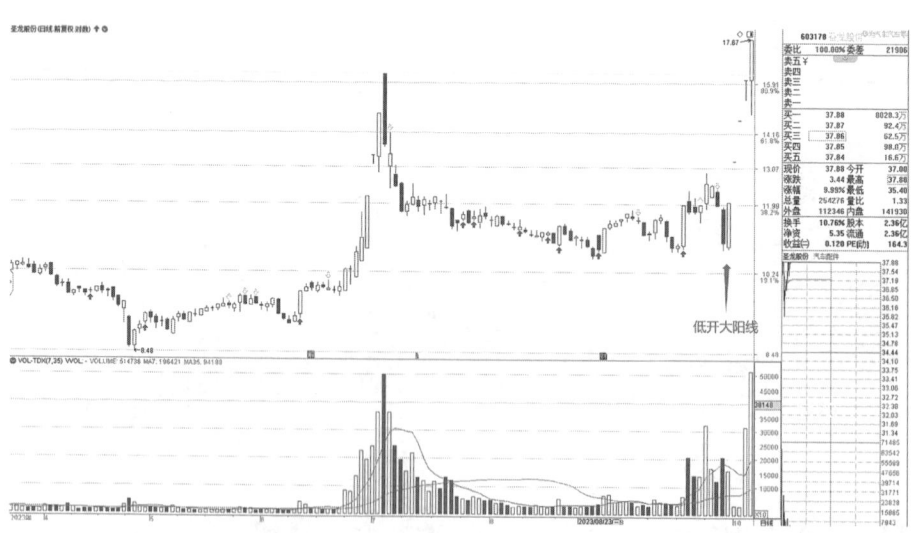

图1-28　圣龙股份（603178）走势（2023年9月28日）

⑤ 量价双缩。成交量和K线均出现萎缩,这是股价大幅拉升前的蛰伏(见图1-29、图1-30)。

图1-29　欧菲光（002456）走势（2023年9月25日—27日）

图1-30　好上好（001298）走势（2023年9月25日）

第二节　位置比形态更重要

并不是所有的放量长上影、放量黑太阳、缩量大阴线、低开大阳线、量价双缩都是变盘信号。其前提条件是：前期必须有强势收集和强势再收集，经过健康调整，并处于启动或突破的关键位置。主力拉升前需要清洗获利盘、赶走解套盘、吓走恐慌盘，达到洗盘、吸筹、试盘的目的。其位置主要有两个：一是健康调整结束后的反转位置，即支撑位置；二是前高附近的位置，即突破位置。其实用什么形态作为变盘信号并不重要，重要的是出现在关键位置，只要能达到主力拉升前洗盘的目的就可以了。

从这个意义上讲，位置比形态更重要（见图1-31～图1-34）。

图1-31　三祥新材（603663）走势（2024年3月27日）

第一章 技术分析——短线龙头股的形态特征

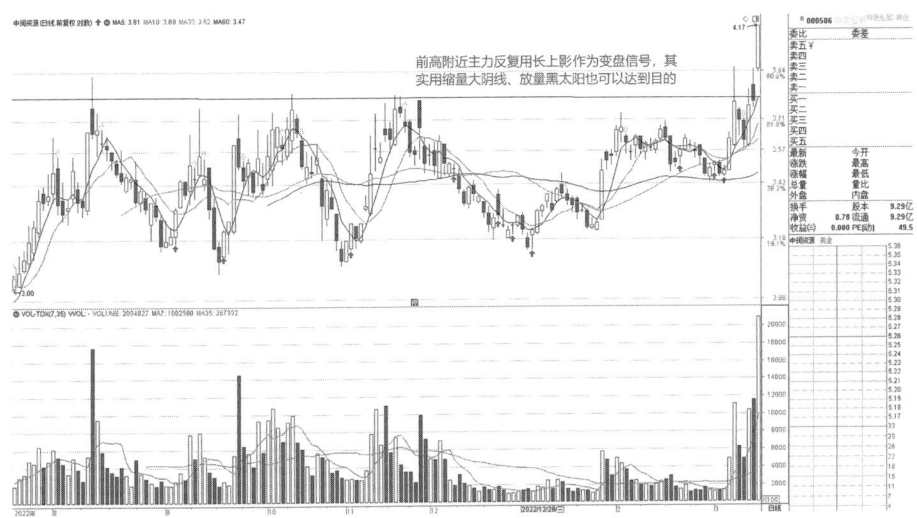

图1-32 中润资源（000506）走势（2023年3月7日、10日、13日）

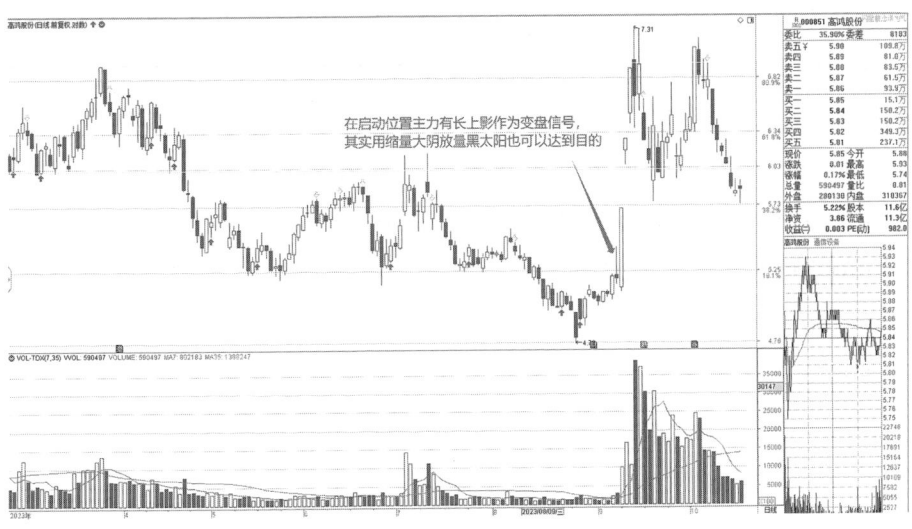

图1-33 高鸿股份（000851）走势（2023年9月7日）

021

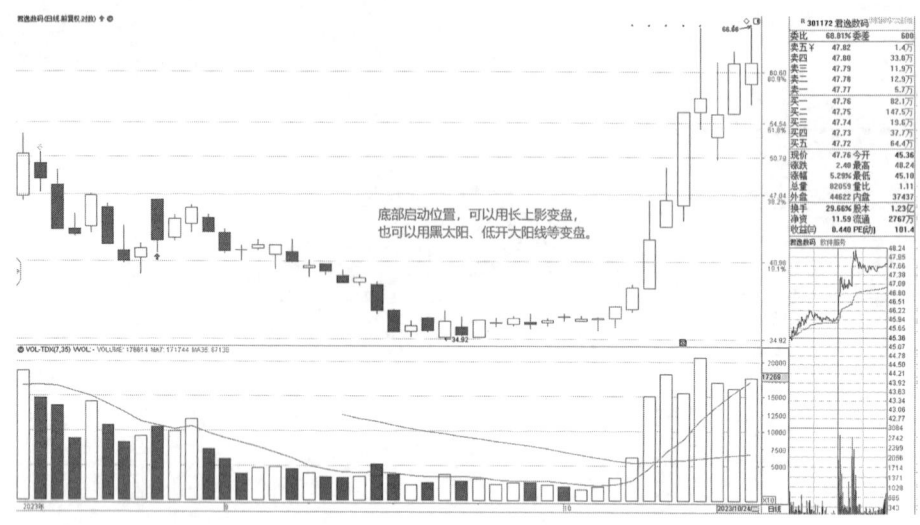

图1-34　君逸数码（301172）走势（2023年10月16日）

我小时候学习拉二胡，刚开始老师教我们按哪根指头，拉哪根弦发什么音。在老师的指导下，反复练习，当时幼稚地认为音在指头上。后来熟练以后，才发现音在弦上，按弦的不同位置，拉两根不同的弦，发不同的音。只要达到一定的熟练程度，一根指头按压弦的不同位置，就可以拉出不同的音。

对于变盘信号的理解也一样，投资者一定不要拘泥于K线形态，要把注意力放在前期的强势收集、健康调整、强势再收集以及所处的关键位置上，要深刻理解主力的意图和盘面背后的逻辑。

第三节　个股的筹码结构

股价的位置比形态更重要，位置分为支撑位置和突破位置。是不是处在这两个位置的股价都会上涨呢？未必。这里还涉及筹码结构问题。筹码结构有两种：一种是外在筹码结构，另一种是内在筹码结构。外在筹码结构是指个股的形态、价格、位置是否适合炒作。

第一章 技术分析——短线龙头股的形态特征

一是前期高位附近不能有明显的压力，即顶部压力、下跳缺口压力（见图 1-35～图 1-38）。

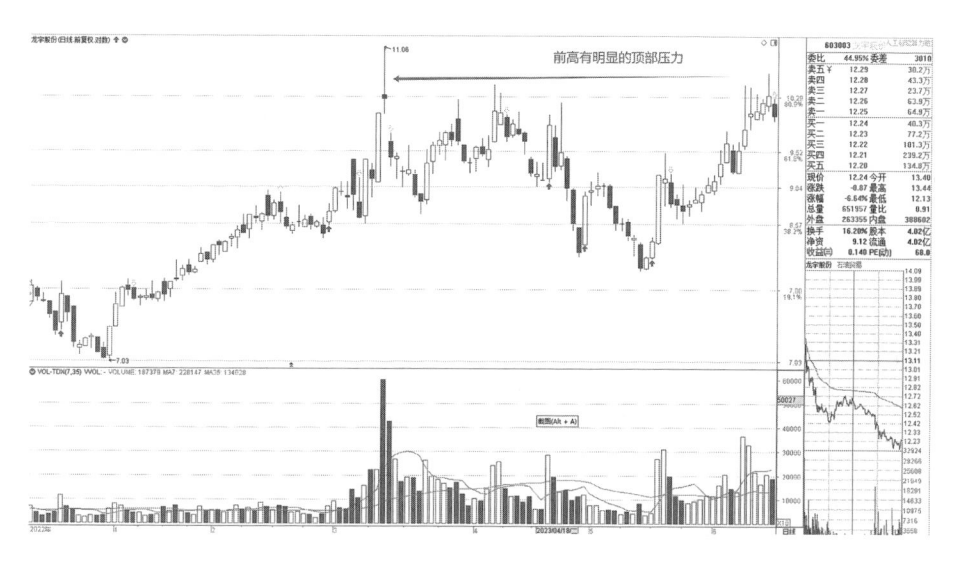

图 1-35 龙宇股份（603003）走势（2023 年 6 月 14 日）

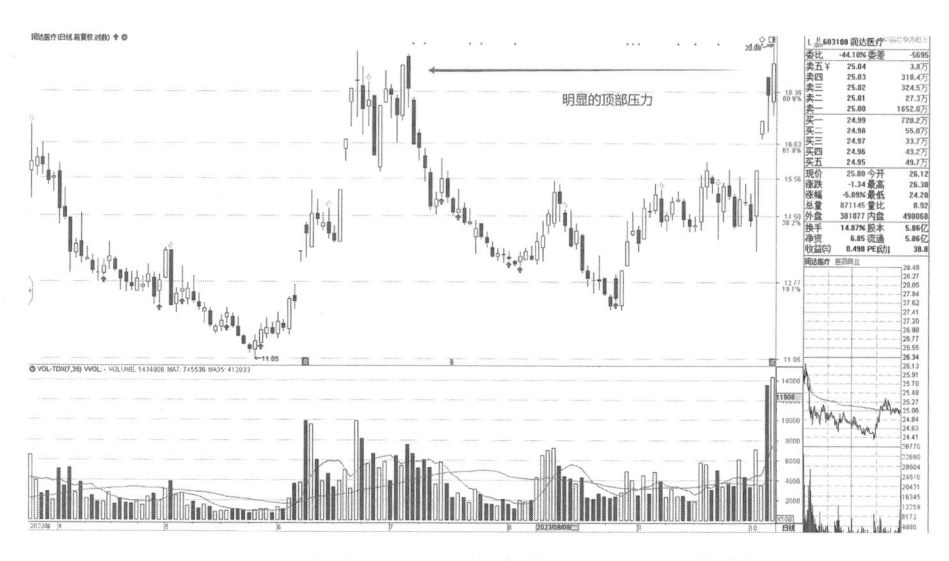

图 1-36 润达医疗（603108）走势（2023 年 10 月 13 日）

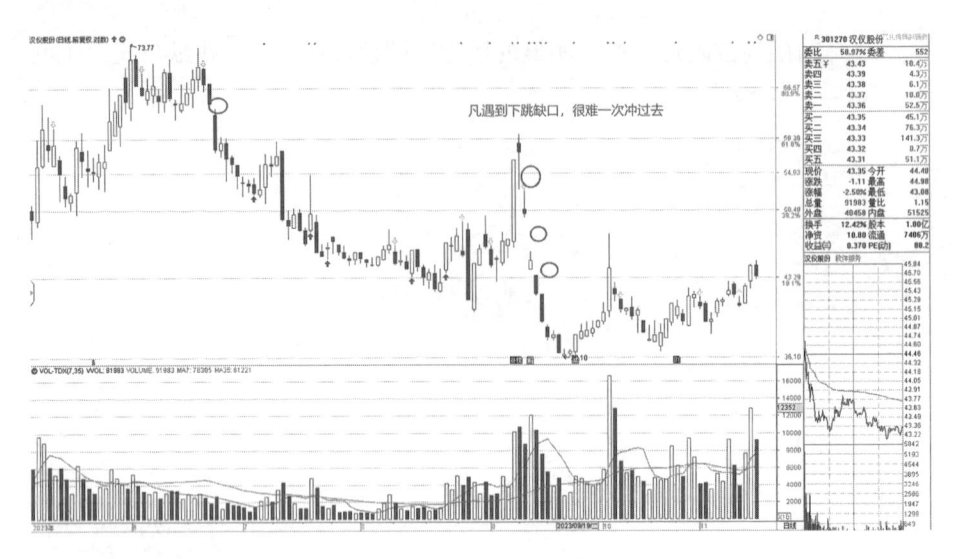

图1-37　汉仪股份（301270）走势（2023年9月初）

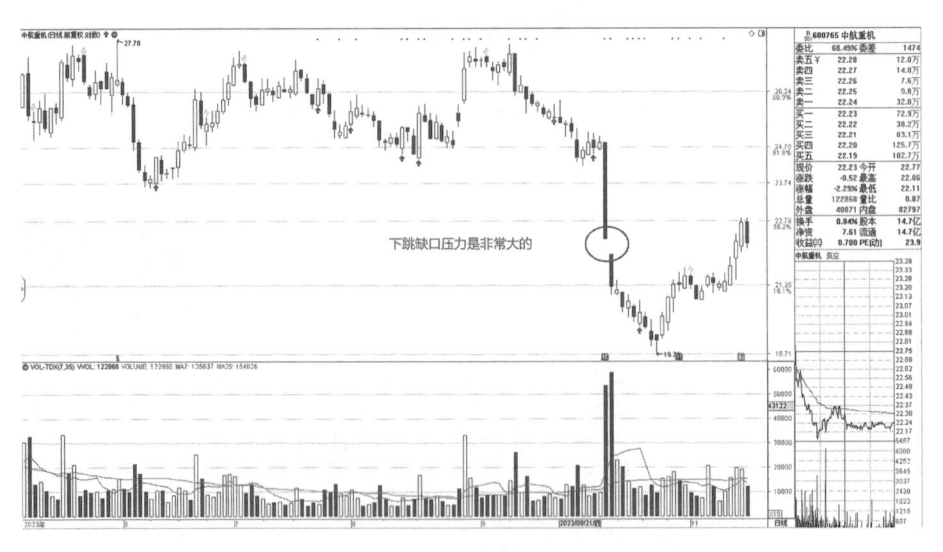

图1-38　中航重机（600765）走势（2023年10月12日）

二是要求最好"三低"，即价格低、位置低、市值低。"三低"一方面容易吸引投资者的眼球，另一方面股价翻倍相对更容易些。当然，也不是市值越低越好。市值太低，容纳的资金有限，有些大资金就不愿意去做，因为收集筹码困难，出货派发也很难。

内在筹码结构是指个股的股东中有中央汇金公司、基金（社保基金、保险基金）、公募、券商理财、银行理财、老庄、外资等不同类型的长线资金，且占比较大。这些长线资金成分复杂，潜伏时间长，拉升阻力会非常大，游资很少去碰它们（见图 1–39）。

603960 克来机电	图文F10	最新提示	公司概况	财务分析	股东研究	股本结构	资本运作	业内点评	行业分析	关闭
		公司大事	研究报告	经营分析	主力追踪	分红扩股	高层治理	龙虎榜单	关联个股	

☆股东研究☆ ◇603960 克来机电 更新日期：2023-12-19◇ 港澳资讯 灵通V8.0
★本栏包括【1.控股股东与实际控制人】【2.股东增减持计划】【3.股东持股变动】【4.股东变化】★

★年报季报披露进行时，聪明资金、实力机构、私募牛散相比上季报
★新进增持哪些股票？请到港澳F10网站 www.gaf10.com 查一查！

【1.控股股东与实际控制人】

控股股东	谈士力【联席股东：陈久康】(21.70%)
实际控制人	谈士力【联席股东：陈久康】(控股比例(上市公司):21.70%)

【2.股东增减持计划】
暂无数据

【3.股东持股变动】
暂无数据

【4.股东变化】
截至日期：2023-09-30 十大流通股东情况 A股户数:2.0891万 户均流通股:1.2521万
累计持有:1.3836亿股，累计占流通股比例:53.09%，较上期变化:-873.49万股↓

股东名称	持股数(股)	占流通股比(%)	股东性质	增减情况(股)
谈士力	5709.3945万	21.83 占A股	个人	未变
陈久康	4182.4464万	15.99 占A股	个人	未变
全国社保基金四零六组合	1074.5838万	4.11 占A股	全国社保基金	未变
香港中央结算有限公司	616.7049万	2.36 占A股	其他	↓-400.8633万
基本养老保险基金一六零五二组合	535.67万	2.05 占A股	其他	未变
王阳明	455.2284万	1.74 占A股	个人	未变
交通银行股份有限公司－汇丰晋信智造先锋股票型证券投资基金	374.3884万	1.43 占A股	基金	-
交通银行股份有限公司－汇丰晋信智造先锋股票型证券投资基金1	336.9823万	1.29 占A股	基金	-
何永义	301.8649万	1.15 占A股	个人	新进
沈俊杰	297.9785万	1.14 占A股	个人	新进

社保基金、保险基金均占比不高

股东关联关系或一致行动的说明：
谈士力、陈久康为一致行动人，共同作为公司实际控制人

图 1–39　克来机电（603960）股东研究

是不是有机构持仓的股票，游资就一定不会去碰它呢？这不绝对，一定要看持股比例，如果整体比例不大，也不会有问题。当周期情绪处于上升阶段时，机构重仓股会走白马路线。如有重大利好消息，大家都需要抬轿，就会出现庄游同乐的局面。

第四节 符合波浪理论和杯柄形态

波浪理论的创立者艾略特指出，股市的发展是依据一组特殊且不断重复

的规律运动。这组规律就是以"五个上升浪和三个下跌浪"作为一个周期，循环地交替推进着。多头市场的一个循环，是由前五个波段推动的，而前五个波段中，第一、三、五，即奇数属于推动上升，第二、四，即偶数属于调整下跌。第三浪最长，即上升涨幅最大，我们称为主升浪。三个下跌浪可以理解为是对五个上升浪的调整（见图1-40）。

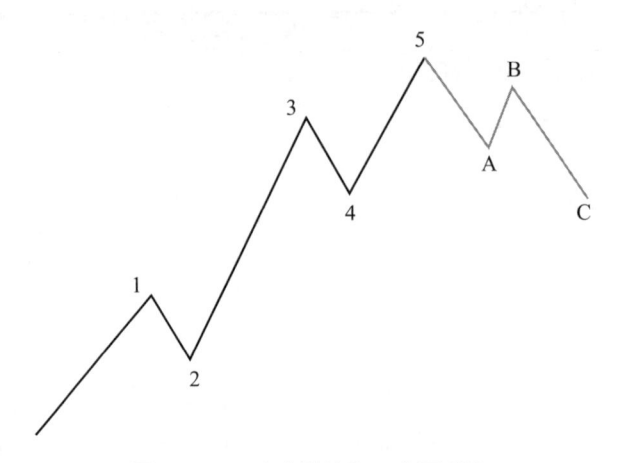

图1-40　五个上升浪和三个下跌浪

只有在牛市才会出现上升五浪，多数情况下只有三浪。量价异动的几个环节符合波浪理论：强势收集是一浪拉升，健康调整是二浪回调，经过强势再收集和变盘信号之后出现三浪强势拉升。

威廉·欧奈尔在他的《笑傲股市》中介绍了一种最普遍的价格形态——"带柄茶杯形态"，我们称为杯柄（见图1-41）。

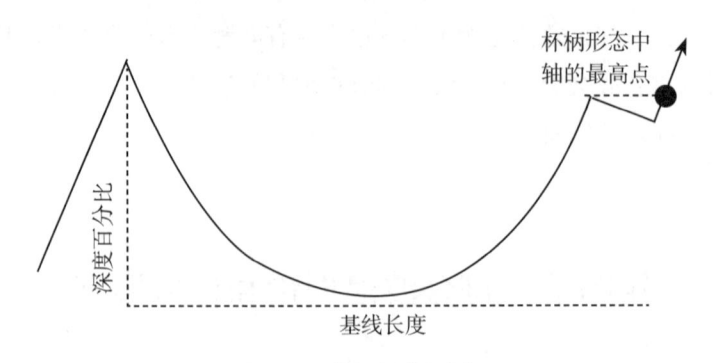

图1-41　带杯柄茶杯侧面

从侧面观察其轮廓，我们会发现，其价格形态看起来就像一个带杯柄的茶杯。从整体上看是一个完整的三浪图，一浪拉升吸筹，二浪回调，回调到位后开始强势再收集，进行三浪拉升，当股价到达前高附近时出现一个短暂的回调，出现变盘信号后继续进行三浪的强势拉升。如果把调整到位后的起点算作一浪，前高附近的回调看成二浪回调，之后的拉升就是新的三浪（见图1-42、图1-43）。

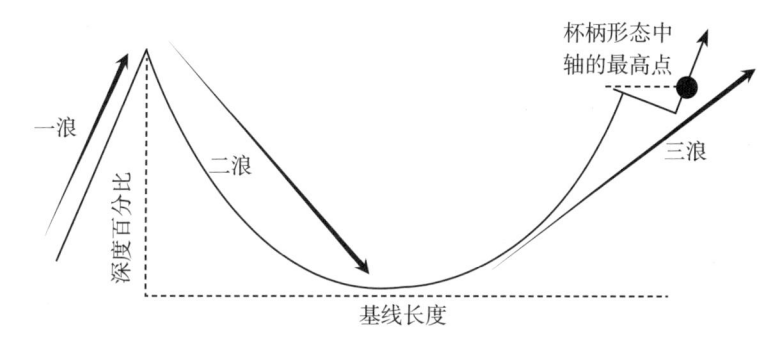

图1-42 杯柄大三浪

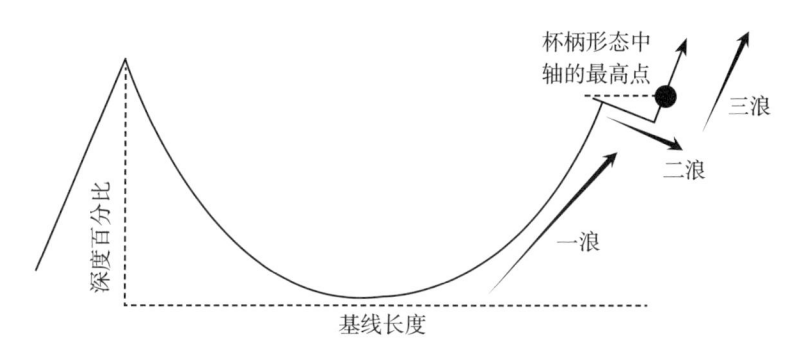

图1-43 杯柄小三浪

我们把突破杯柄形态最高点开启的三浪称为"三浪三"，人们常说，三浪三，刺破天。

在实际操作中，我们一定要特别注意股价到达前高附近时的小幅调整，这里最容易出现变盘信号。杯柄的实质是强势再收集后，股价大幅拉升前的窄幅调整，之后进入"三浪三"的拉升，这是最强势、最猛烈的一段拉升。这对我们精准把握买点有着非常重要的意义（见图1-44～图1-48）。

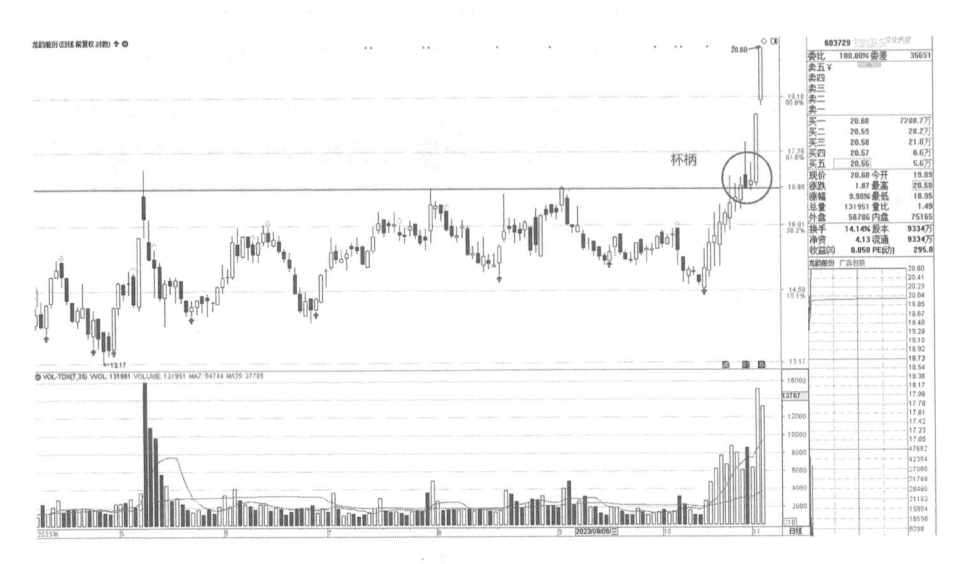

图1-44　龙韵股份（603729）走势（2023年10月31日、11月1日）

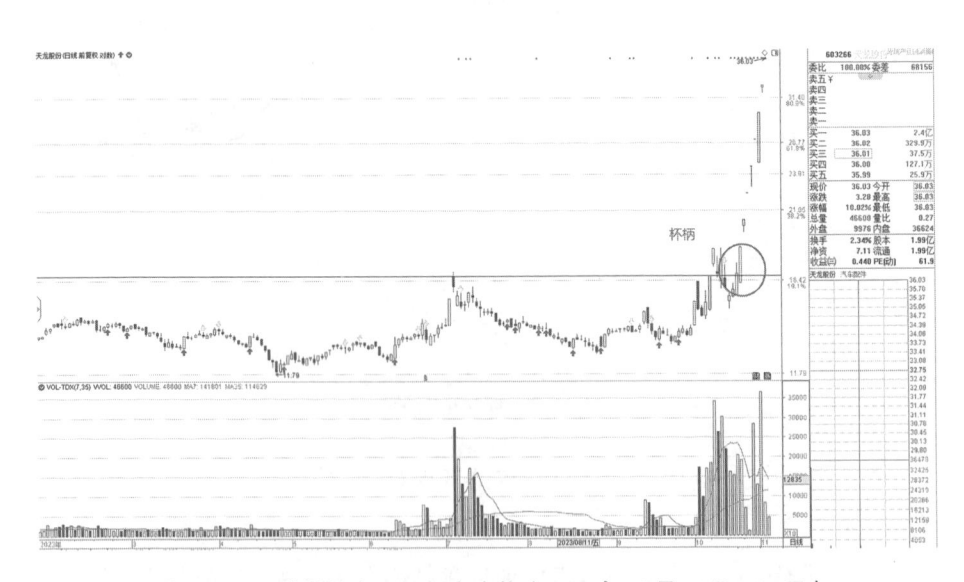

图1-45　天龙股份（603266）走势（2023年10月17日—25日）

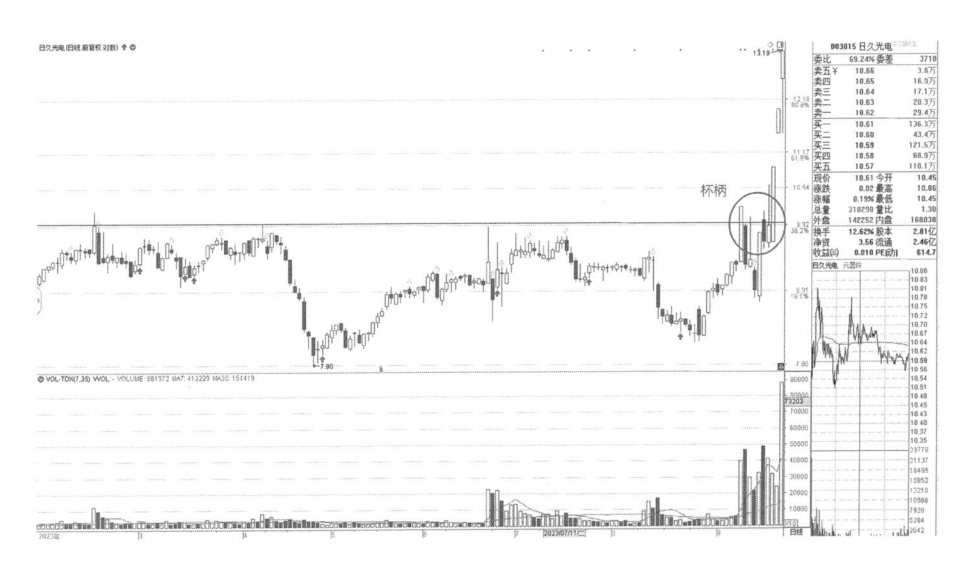

图1-46　日久光电（003015）走势（2023年9月11日—18日）

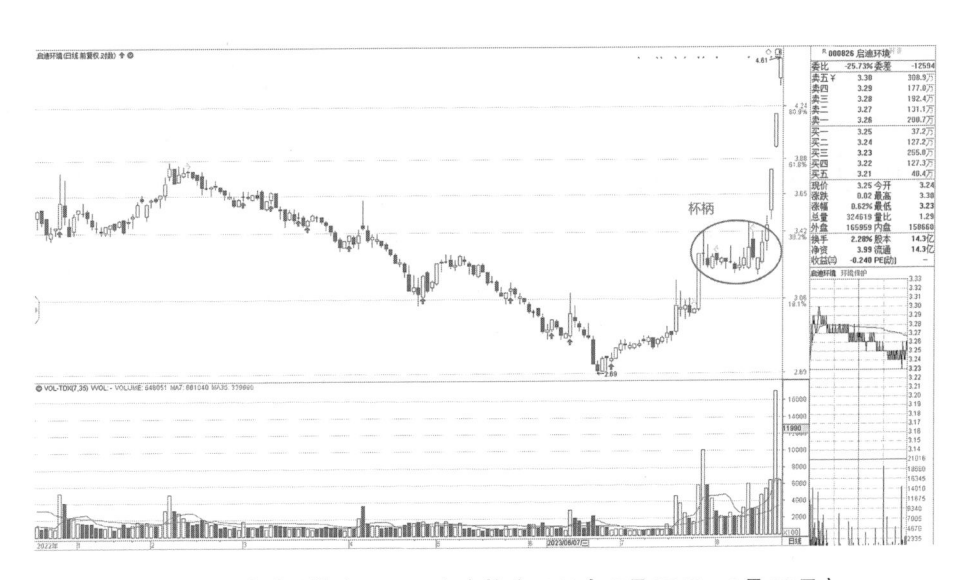

图1-47　启迪环境（000826）走势（2023年7月27日—8月16日）

029

图1-48　中马传动（603767）走势（2023年6月19日）

第五节　万法皆N

股价经过放量拉升后，健康调整，调整到位后再次拉升。其过程就是波浪理论中的一浪吸筹，二浪调整，三浪拉升。N字形是量价异动最突出的表现形式。在盘面上我们随处可见大大小小的N字形。可以说，股价的拉升就是一个N接着一个N，大N套小N，NN相连的过程（见图1-49～图1-51）。炒股的方法千千万，归根结底就是：熟悉N，把握N，按照N的规律进行操作。用一句话概括就是："万法皆N。"

低位的N字形是为了吸筹，中位的N字形是为了消化底部获利盘，高位的N字形是为了出货。这里我们重点研究的是低位的N字形，即强势再收集后出现的N字形（见图1-52、图1-53）。

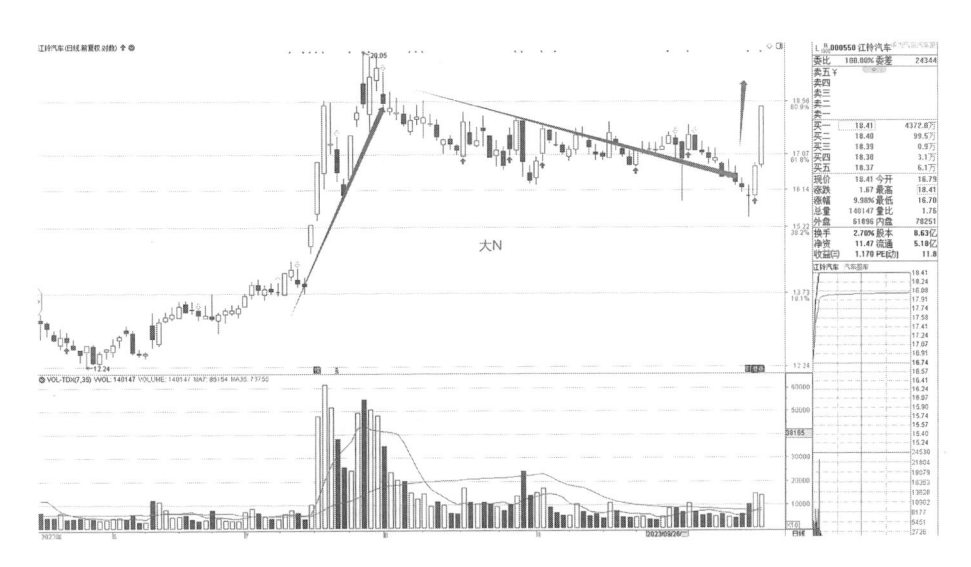

图1-49 江铃汽车（000550）走势（2023年7月—10月）

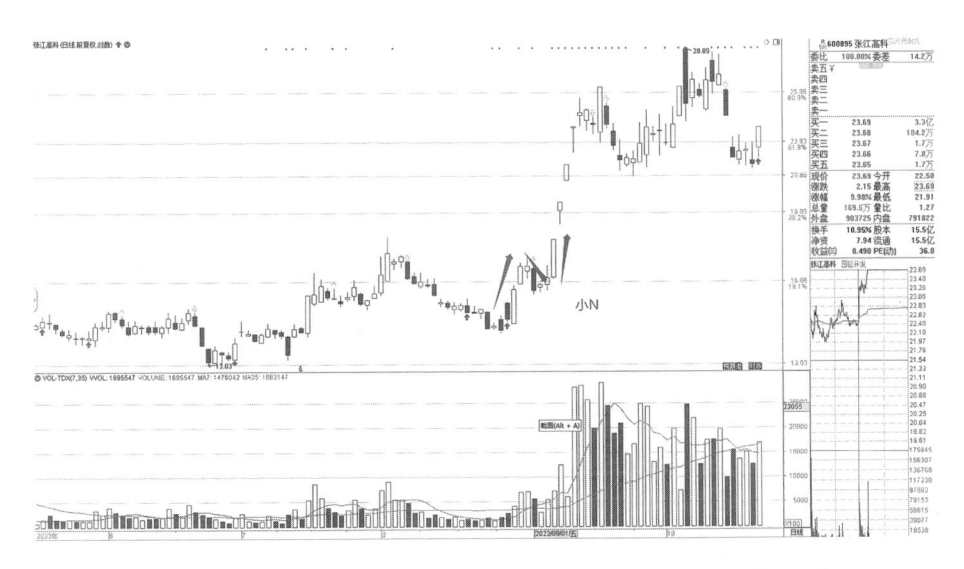

图1-50 张江高科（600895）走势（2023年8月29日—9月7日）

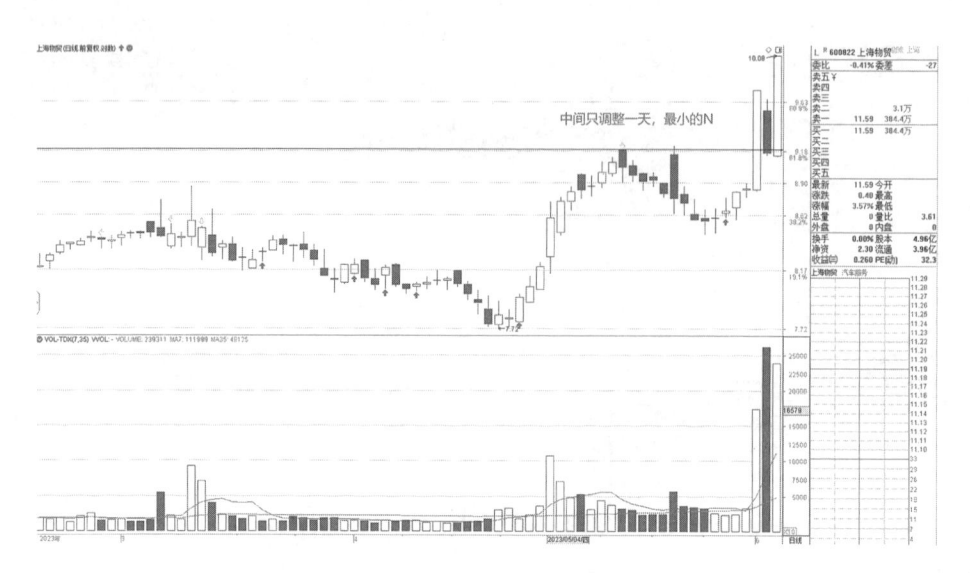

图1-51　上海物贸（600822）走势（2023年6月1日—5日）

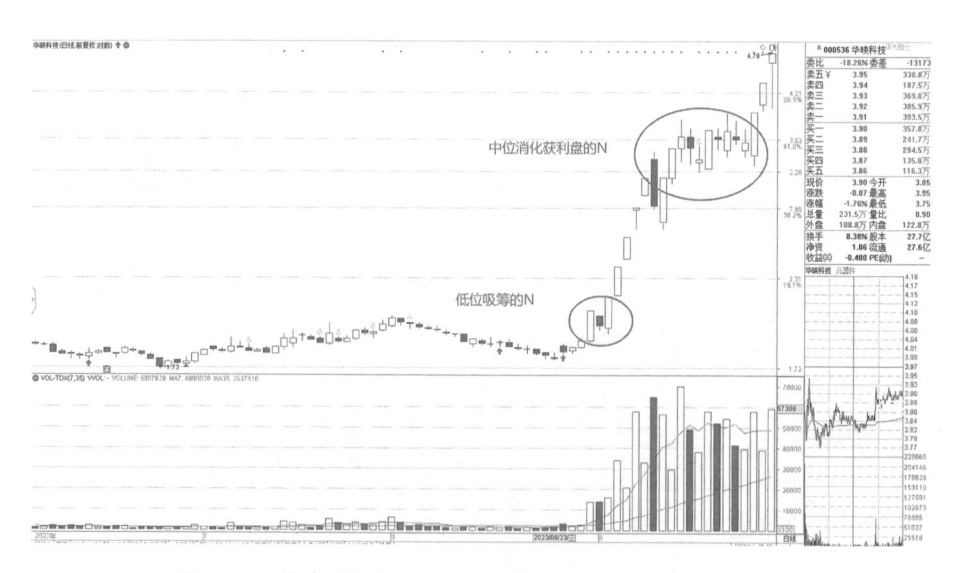

图1-52　华映科技（000536）走势（2023年8月底—9月）

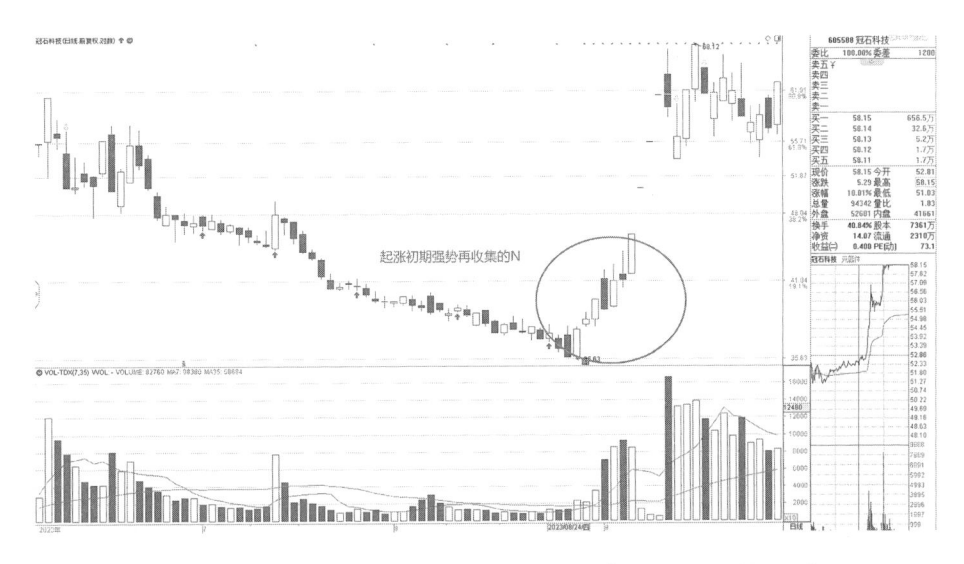

图1-53　冠石科技（605588）走势（2023年8月29—9月6日）

根据调整幅度的大小，可以把N字形分为天、地、人、神四种类型（见图1-54）：

天：在启动大阳线的收盘价位置横向调整；地：调整到启动大阳线的开盘位置；人：调整到启动大阳线的中间位置；神：在启动大阳线的上方进行调整。

图1-54　天、地、人、神

天：在启动大阳线的收盘价位置横向调整（见图1-55、图1-56）。

图1-55　赛力斯（601127）走势（2023年8月29日—9月4日）

图1-56　永贵电器（300351）走势（2023年9月25日—10月9日）

地：调整到启动大阳线的开盘位置（见图1-57、图1-58）。

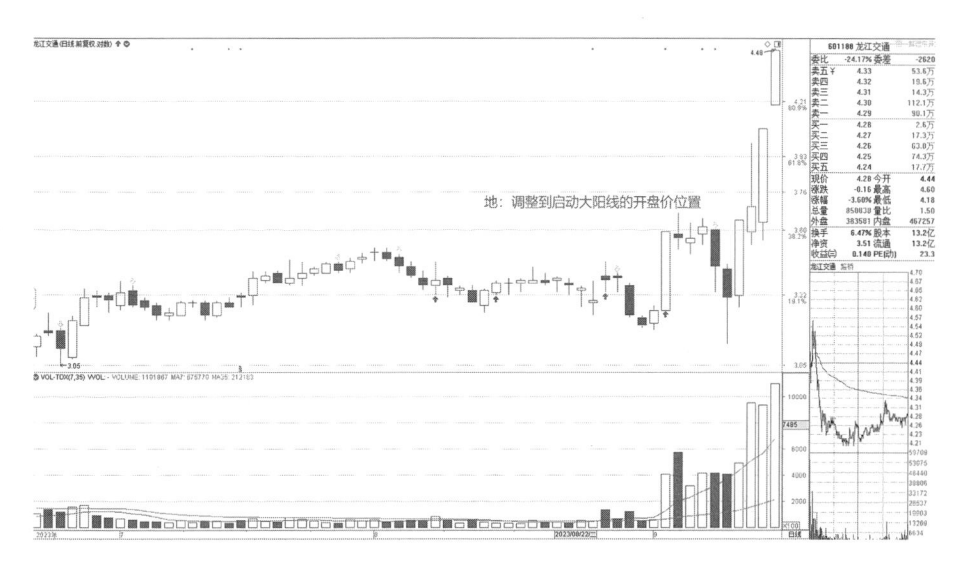

图1-57　龙江交通（601188）走势（2023年9月4日—12日）

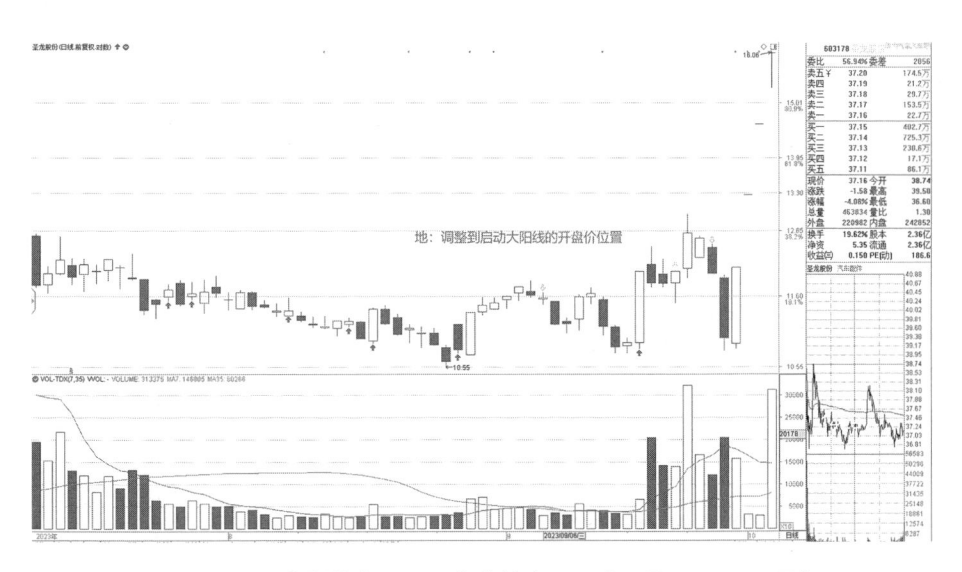

图1-58　圣龙股份（603178）走势（2023年9月18日—28日）

人：调整到启动大阳线的中间位置（见图1-59、图1-60）。

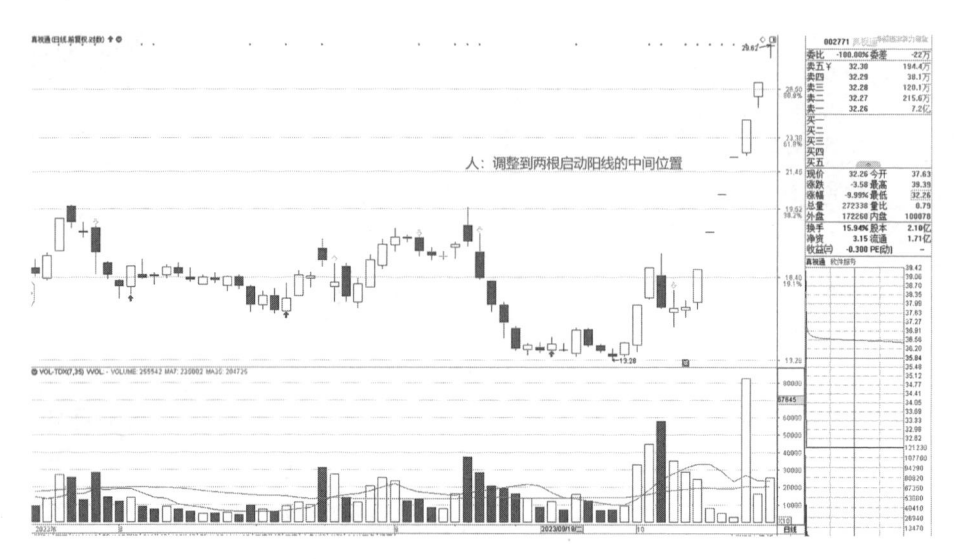

图1-59　真视通（002771）走势（2023年10月9日—16日）

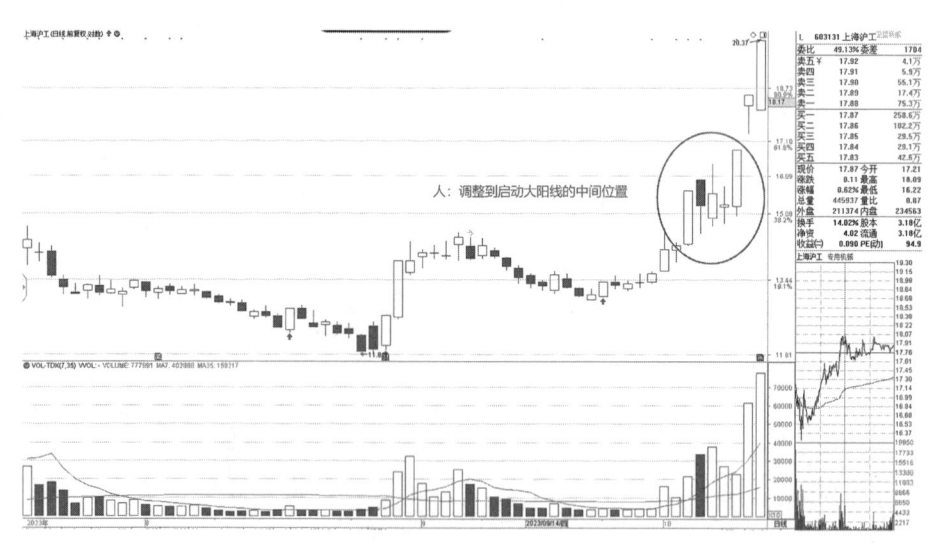

图1-60　上海护工（603131）走势（2023年10月11日—17日）

神：在启动大阳线的上方调整（见图1-61、图1-62）。

图 1-61　恒润股份（603985）走势（2023年10月18日—23日）

图 1-62　宝馨科技（002514）走势（2023年9月22日—10月9日）

天、地、人、神四种N字形态，只有调整幅度大小之分，没有优劣之别，只要调整结束，成功收回，就是股价重新走强的信号，我们要高度关注。

第六节　万宗归于趋势

一、认知趋势

技术分析有三大原理：市场的行为涵盖一切信息、股价沿着趋势移动、历史会重演。其中第二大原理就是股价沿着趋势移动。何为趋势？趋势是指市场价格在一定时间内呈现一定的方向性和持续性的运动。

趋势有两大特点：一是方向性，二是持续性。在股市中方向性表现为K线形态及走势；持续性表现为成交量的大小，即量能作为动力。因此，趋势往往能很好地反映量价关系：量能是股价运行的动力，股价是量能的外在表现。

趋势一旦形成，方向一般不会轻易改变，量能也不会立即消退，会形成惯性，沿着趋势所指的方向运行一段时间，一般外力不会轻易使之停止，更不会改变其运行方向。这就类似于汽车，从启动到加速，再到快速平稳运行，一旦形成向前运行的方向和动能，巨大的惯性随之产生，不会立即停止。

《孙子兵法·势篇》曰："如转圆石于千仞之山者，势也。"其意思是：就好像把圆石从八千尺高的山上往下飞滚那样不可阻挡，这就是"势"。

趋势确立后就会形成惯性，趋势总是顺着市场阻力最小的方向运行。所以，我们必须认知趋势，把握趋势，顺势而为。只有顺势而为才能踏准股价的节奏。

二、把握趋势

趋势具有一定的可预测性，它是对过去和现在的观察和总结，也是对未来的预测和推断。趋势可以帮助我们更好地了解和把握未来的发展方向，从而做出更明智的规划和决策。

股价走向的趋势有三种：上升趋势、下降趋势、震荡趋势。我们需要把握的是股价进入上升通道，形成上升趋势。

我们把K线的低点连线，就形成了上升趋势线，表现为低点逐步抬高。把K线的高点连线，就形成了下降趋势线，表现为高点逐步降低（见图1-63、图1-64）。

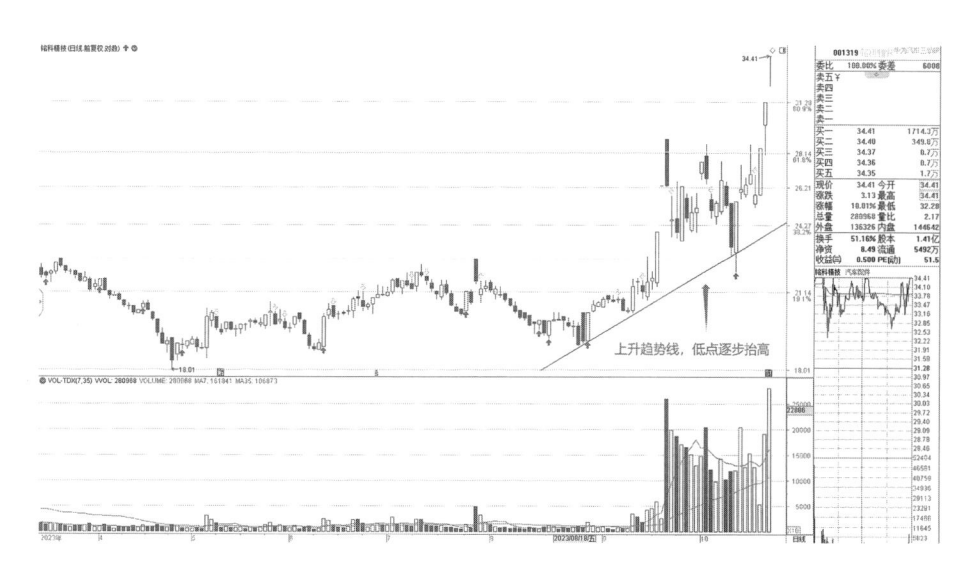

图1-63　铭科精技（001319）走势（2023年9月—10月）

图1-64　英方软件（688435）走势（2023年4月—10月）

无论是上升趋势还是下降趋势，都不是直线运行，而是波浪式上升或下降的。也就是说，涨势一峰比一峰高，一底比一底高，这是涨势行进的基本结构；跌势反弹一峰比一峰低，一底比一底深，这是跌势行进的基本结构；在惯性没有被破坏前，不宜武断趋势发生反转。

股价总是螺旋式上升的，这符合否定之否定规律。

三、顺势而为

天下大势，顺之者昌，逆之者亡。求事之成，必先为势，势不可造，则可借势。趋势的力量是巨大的，凡人无法阻挡。我们必须借助趋势而为，趋势是你最好的朋友，要永远做趋势的追随者。投资股市如果弄不清趋势运行的方向和基本规律，注定要失败。利弗摩尔说，价格既不是空头，也不是多头，只有一个方向，那就是正确的方向。利弗摩尔所说的方向就是趋势的方向，只要方向对了，路就不远了。我们必须看懂宏观趋势，把握投资机会。投资的最高境界是顺势而为，只有努力在战略上做到顺势而为，与趋势为伍，才能在财富的赛道上事半功倍。人们常说，选择永远大于努力。运用趋势理论选择股票，核心就是要寻找量价异动的股票，量价异动之后出现变盘信号的股票。变盘信号是趋势转变的拐点，是技术面选股的核心。

趋势理论的目标就是要判断趋势，找到拐点。拐点分为支撑性拐点和突破性拐点。

支撑性拐点往往出现在健康调整结束后，在强势再收集过程中，出现的支撑。如，均线支撑（5、10、30、60日均线）、趋势线支撑、前低点支撑（见图1-65～图1-69）。

突破性拐点出现在前高点附近，即强势收集后的成交密集区。

在出现突破性拐点，上升趋势形成初期，会让投资者多次产生怀疑，又多次消除怀疑。如果在多次怀疑之后，趋势发展依然如故，那么趋势必然出现加速，市场会出现极端的现象，市场行为严重扭曲，市场进入非理性状态，这预示着高潮即将到来。其实这就是前面说的威廉·欧奈尔的"杯柄"（见图1-70、图1-71）。

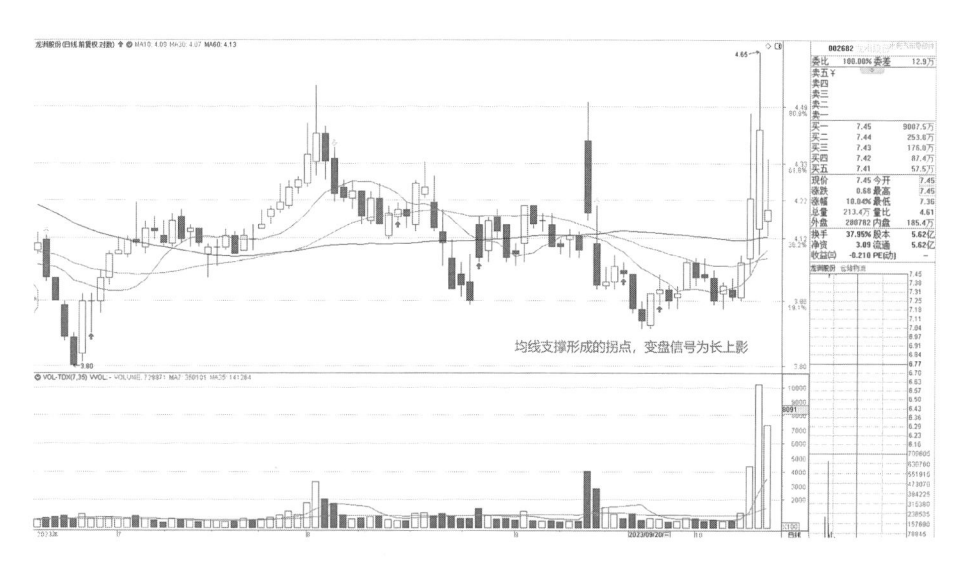

图1-65 龙洲股份（002682）走势（2023年10月17日—19日）

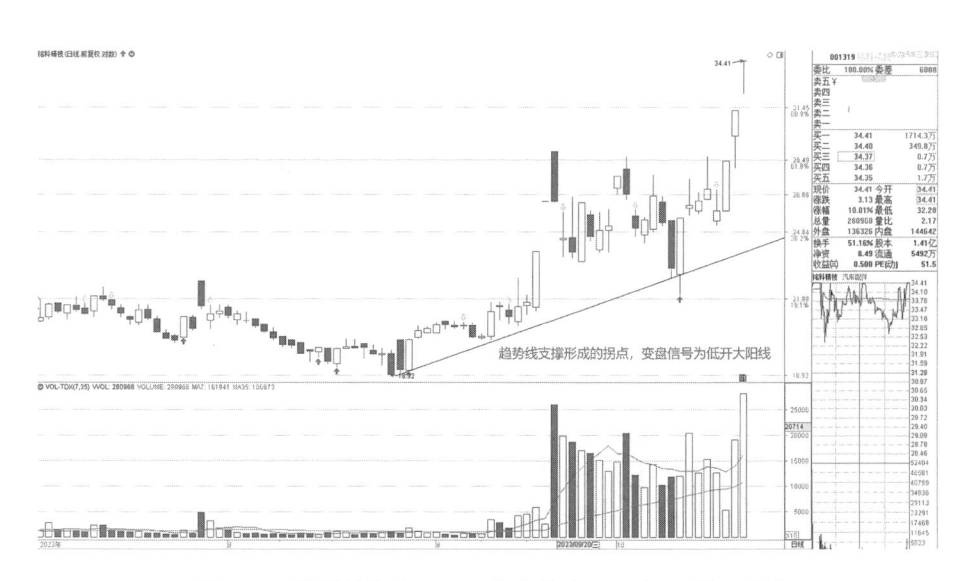

图1-66 铭科精技（001319）走势（2023年10月18日）

041

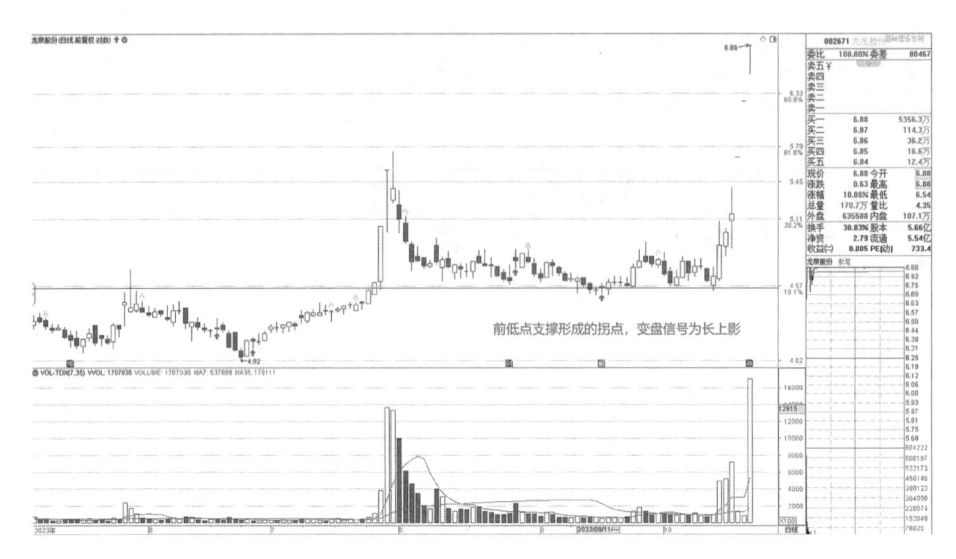

图1-67　龙泉股份（002671）走势（2023年10月20日）

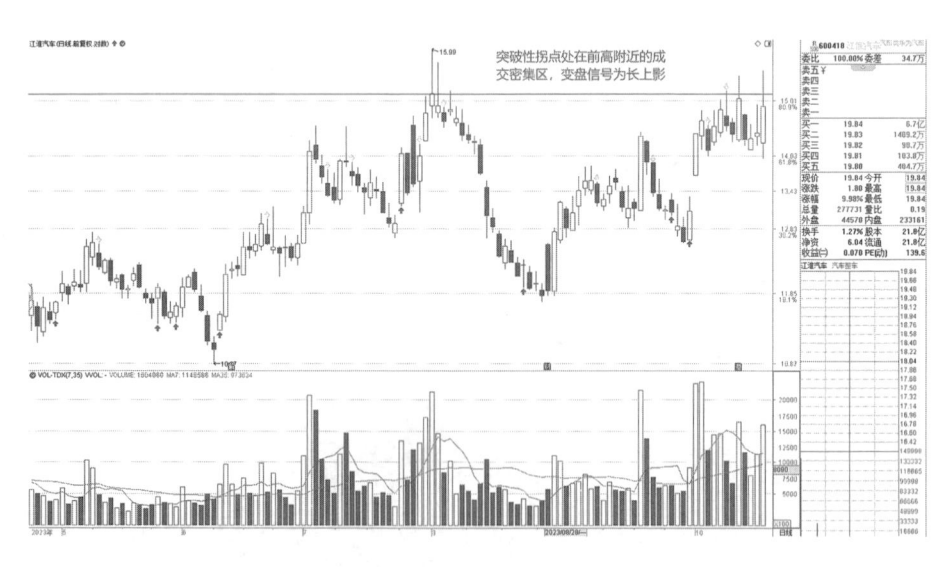

图1-68　江淮汽车（600418）走势（2023年10月24日）

图 1-69　恒天海龙（000677）走势（2023年10月19日—20日）

图 1-70　日久光电（003015）走势（2023年9月8日—18日）

图1-71 通化金马（000766）走势（2023年8月18日—9月8日）

除了股价的走势以外，还有时机之势、题材牵引之势、板块助攻之势、龙头人气之势、情绪逆转之势……

技术分析是基础，依靠技术形态可以买卖股票，有的技术派高手运用技术分析，获利丰厚。技术形态的选股思路是：小处着手，大处着眼。先看变盘信号，再回看前面有无量价异动。如果能结合题材、资金、龙性、周期进行综合研判，效果会更好。

如何选出符合技术条件的个股，我们会在后面的章节中详细阐述。

第二章

资 金 量 能

——短线龙头股的内在动力

资金是推动股价上涨的根本动力。

成交量是市场资金在盘面上的表现。其表现形式有：量柱、量比、换手率、换手Z、开盘换手Z、开盘金额、未匹配量等。

第二章 资金量能——短线龙头股的内在动力

前面我们重点讲述了股价起涨前量价异动的特征，通过量价异动实现强势收集和强势再收集，在主力收集到大量筹码以后，股价得以连续拉升，这在股市是常态。还有一种情况，前期没有量价异动，在相对低位看不到主力吸筹的痕迹，股价在下跌到低位时，绝地反击，连续涨停。其原因是出现突发利好或突然爆发大题材，主力来不及准备，以涨停板的形式边拉边吸，次日在市场合力的推动下继续拉涨停板，吸引各路资金纷纷入场，股价继续涨停。

第一种情况（见图2-1）是主力资金提前潜伏，等待时机成熟后拉升股价至涨停；第二种情况（见图2-2）是题材突然爆发，在没有任何准备的情况下，市场合力拉升股价至涨停。无论哪种情况，拉升股价都要靠资金，只

图2-1 天龙股份（603266）走势（2023年7月—10月）

不过第一种情况是前期投入了大量资金，完成资金布局后强势拉升；第二种情况，前期没有准备，拉升时投入的资金更大、更集中。

资金是推动股价上涨的根本动力。

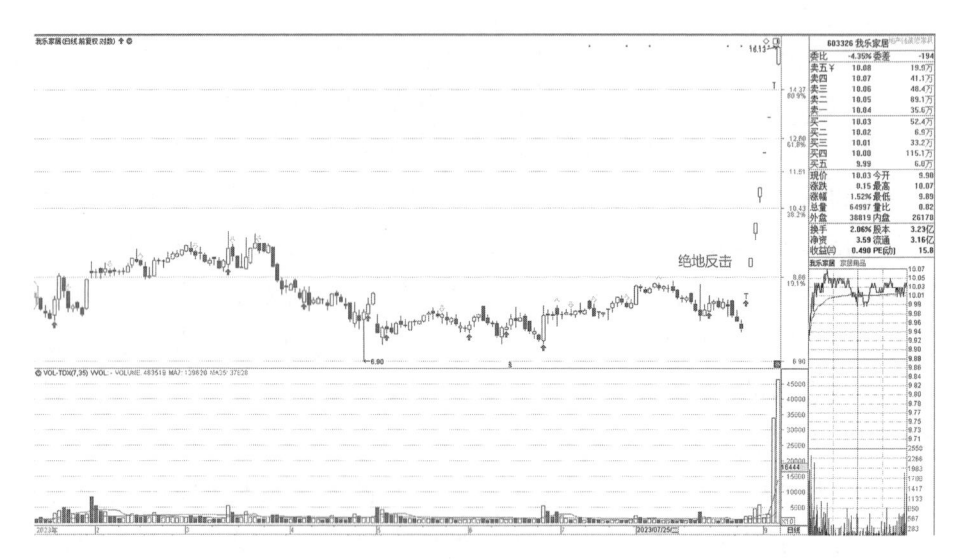

图2-2　我乐家居（603326）走势（2023年8月28日）

第一节　资金是推动股价上涨的根本动力

在股市中，剔除所有因素，剩下的只有两个因素，一个是资金，一个是筹码。股市交易的过程就是资金换筹码、筹码换资金的过程。这里的资金表现为成交量，筹码表现为股价，反映的正是量、价这两个股市最原始、最本真的要素。

资金和筹码的博弈，是形成趋势和股价波动的原动力。可以说，股票的量和价即成交量和K线，是用资金堆出来的。

有人认为基本面和公司的业绩是股价上涨的根本原因。实际上，它们只是推动股价变化的催化剂。如果没有资金的驱动，无论多大的利好，多好的业绩，再大的题材，多么充足的理由，都等于零。

所有的基本面、业绩、题材、利好必须得到主力资金的认可，才会导致股价上涨。

一、资金总量是基础

这里的资金总量是指沪深两市每天的市场量能。通常情况下，沪深两市一天的量能在1万亿元左右，1万亿元以下市场相对较弱，超过1万亿元，市场就相对比较强。

表2-1是2023年10月18日—11月10日，沪深两市每日市场量能统计表。10月18日—25日五个交易日，量能最大的一天只有8 127亿元，导致三大指数要么下跌，要么在低位徘徊。10月25日以后随着量能的放大，开启了一波小的反弹行情。反弹期间量能一度达到10 642亿元，但市场仍然偏弱，就当下的市场容量，真正的大牛市，两市的量能需要达到13 000亿～15 000亿元（见表2-1、图2-3）。

表2-1 2023年10月18日—11月10日两市量能统计表

单位：亿元

时　间	市 场 量 能	时　间	市 场 量 能
10月18日	7 666	10月31日	9 183
10月19日	8 127	11月1日	8 119
10月20日	7 317	11月2日	7 668
10月23日	7 211	11月3日	8 095
10月24日	8 041	11月6日	10 642
10月25日	8 738	11月7日	9 930
10月26日	8 424	11月8日	10 366
10月27日	9 644	11月9日	9 624
10月30日	10 381	11月10日	8 274

注：数据来源于"开盘啦"App。

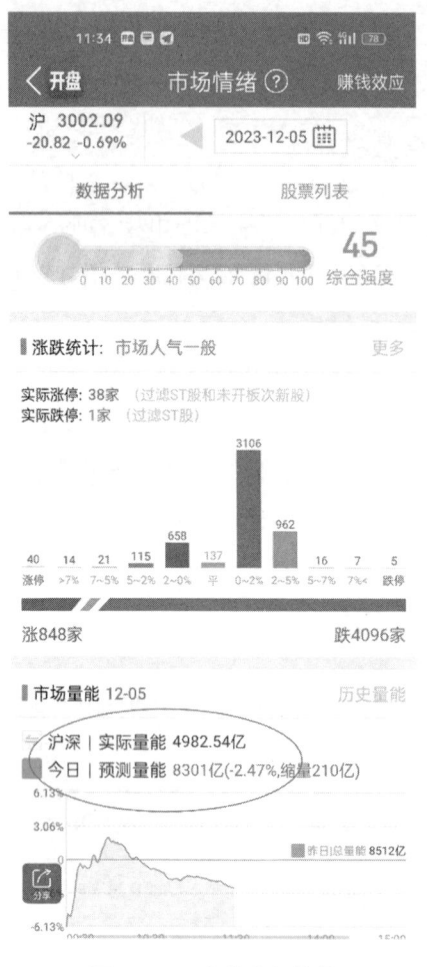

图2-3 开盘的市场情绪

资金是市场上最核心的要素，市场资金的总量决定市场的总体机会，这就类似捕鱼，池塘中的鱼越多，我们捕到鱼甚至捕到大鱼的机会就越多。这也类似打猎，森林中如果没有猎物，或者猎物很少，猎枪再好，枪法再准，狩猎技术再精湛，也不会有太大的收获。

弱势行情，不能吸引新的资金进入市场，只是存量资金在博弈，机会减少，赚钱的难度加大；行情好转，吸引大量的资金进入市场，形成增量资金。在资金总量相对充裕的强势市场中，多数题材都会得到资金的关照，大涨甚至涨停的个股大幅增加，出现普涨行情，很多股票都能赚钱，人人都是股神。

2018年一整年，整个市场处于下跌趋势，两市单日成交额只有4 000亿元左右，超过5 000亿元的天数屈指可数，最低时只有3 000亿元。导致市场单边下跌的根本原因就是市场缺钱。

2019年年初，市场止跌，尤其是春节后，市场出现了小牛市，两市的单日成交额达到7 000亿～9 000亿元，甚至超过10 000亿元，最高时达到13 599亿元。这一轮小牛市出现的根本原因是市场增量资金的进入。

在市场极度疲软的情况下，国家一般实行经济政策刺激股市，如配资、降准、降息、扩大外资投入、养老金入市、增持等，这些政策、措施的实质就是增加市场的资金量。大量增量资金进场，市场止跌企稳，驱动市场整体上涨。

从2023年8月底开始，国家亮出了"十一道金牌"救市政策，这些政策的出台为投资者提供了更多的机会和福利。

第一，印花税减半。这意味着我们在交易股票时需要支付的印花税将大大降低，从而减轻投资者的负担。这不仅能够鼓励更多的人参与股市，而且能够提升市场的流动性。

第二，手续费下降。随着证券交易手续费的降低，我们买入和卖出股票的成本降低。这将吸引更多的人参与股市，增加市场的活跃度。

第三，周IPO数量减少。国家决定减少每周的新股发行数量，避免新股供应过剩的情况发生，减少市场的波动性，也给投资者更多时间和机会进行充分研究和决策。

第四，IPO融资额减少。国家进一步限制新股的融资额度，这将减少市场的风险，保护投资者的利益。

第五，减持从严。为了防止大股东减持股票对市场造成的冲击，国家加强了对减持行为的监管，以保护投资者的权益。

第六，加大融资。国家通过各种政策措施，鼓励企业融资，提高市场的资金供给，为投资者提供更多的投资机会。

第七，IPO暂停受理。在市场出现较大波动时，国家暂停受理新股的申请，以维护市场的稳定。这也给投资者提供了更多的时间和机会进行风险评估和调整。

第八，降低存款利息。降低存款利息，使得投资者更加倾向于将资金从银行流出，投入股市，增加股市的流动性。

第九，降低个人所得税，个税扣除可高达1万元。国家大幅度降低了个人所得税的税率，并减少了个税的扣除项，减轻了投资者的负担，激发了更多的投资热情。

第十，降低房贷利率。国家降低了房贷利率，使得购房更加便宜，减少了家庭的负担，也为投资者释放了更多的购买力。

第十一，整顿量化。

这些政策旨在规范市场行为、增加市场的资金量、提振投资者的信心。随着一系列救市政策的逐步出台，2024年2月初市场出现了一波小牛市。

两市总成交额的大幅增加，给我们提供了整体的市场机会，这是基础，并非每一只股票都有盈利的机会。熊市中有大涨的股票，牛市中也有大跌的股票。这只能说存量市场机会较少，且不好把握；增量市场机会较多，且容易把握。在良好的氛围下，我们必须明确哪个题材是最强题材，在最强题材中抓住龙头个股。如果不能抓住每年稀缺的上涨机会，不能抓住上涨机会中的上涨板块，不能抓住上涨板块中的龙头个股，那么，想在市场赚钱的概率非常小，亏钱的概率反而会非常大。

二、资金集中度是关键

市场增量资金大量进入，导致市场走出各种级别的牛市，是比较容易把握的行情，但这种情况比较稀缺。市场绝大部分时间是震荡波动的，每天的市场量能7 000亿～8 000亿元，资金量不算大，也不算太小，这种情况是市场的常态。在这样的市场条件下，必须使数量不多的资金集中攻击某一两个题材及其中的个别股票，这样就形成了震荡行情下的结构性机会。

这就好比一个很大的池塘，水却很浅，兔子也可以淌过去，但如果把这些水集中到一个小池子，水就有了深度，照样可以游泳。结构性机会是秋日里的秋老虎，是冬日里的暖阳，给短线操盘手提供了震荡行情下盈利的机会。短线高手是不会等到明显的大牛市到来再去操作的，往往会抓住各种短线机会，搏风打浪。

（一）题材集中度

市场上的题材如果比较多，热点散乱，资金分散，就会造成热点轮动太快，每个热点都形不成合力，市场形不成赚钱效应，也就没有赚钱的机会。如果题材少，且能被有限的资金集中攻击，这样就形成了结构性的赚钱机会。不少游资讲：不怕题材少，就怕题材杂；不怕资金少，就怕资金散。

我们用数据加以说明：

2024年1月23日，指数趋势周期和短线情绪周期冰点共振，两市成交总额由6 000多亿元增加到7 000多亿元，有上海、人工智能、年报增长等九个概念。其中上海概念涨停10只，是当天涨停数量最多的题材；人工智能涨停7只，名列第二，成为当天的次强题材。说明当天主力资金在攻击上海和人工智能这两个板块。1月24日集合竞价结束后发现这两个题材仍在延续，可以在这两个题材中寻找标的。

2024年4月29日，两大周期已形成反转向上之势，两市成交总额达12 111亿元，有地产链、一季报增长、锂电池、智能驾驶等十多个题材。其中地产链涨停36只，占当天涨停数量的33%，成为当天的最强题材；一季报增长涨停28只，占当天涨停数量的25%，成为当天的次强题材。说明当天市场的资金在攻击地产链和一季报增长这两个板块，4月30日集合竞价结束后发现这两个题材仍在延续，我们就可以在这两个题材中寻找介入标的。

再用2023年国庆节后一周的数据加以说明：

华为官方宣布，问界首销超过5万台，销量持续超预期；由华为数字能源助力打造的多个全液冷超充站正式上线，受以上消息的刺激，包括华为概念、华为汽车叠加汽车零部件概念的大华为概念爆发，成为市场上最亮眼的题材，这一题材吸走了市场上大量的资金，形成了大华为概念一枝独秀的局面。该概念的涨停个股占两市当日涨停股数量的比最低27%，最高达67%。连板个股占当天总连板个股的占比更高，最低50%，最高达75%，表现出良好的延续性。这就是热门题材吸金的威力。

10月9日两市涨停55家，大华为概念占了37只，占比达67%；两市连板股票17家，大华为概念占了12只，占比达71%。

10月10日两市涨停45家，大华为概念占了25只，占比达56%，两市连板股票14家，大华为概念占了8只，占比达57%。

10月11日两市涨停37家，大华为概念占了10只，占比达27%；两市连板股票8家，大华为概念占了6只，占比达75%。

10月12日两市涨停28家，大华为概念占了12只，占比达43%；两市连板股票6家，大华为概念占了3只，占比达50%。

10月13日两市涨停35家，大华为概念占了13只，占比达37%，两市连板股票8家，大华为概念占了5只，占比达63%。

（二）连板高度

市场上连板高度最高的股票，往往是主力资金集中攻击的目标，大多数是市场上的龙头股或妖股。市场中有一句人们耳熟能详的话：逆势出妖，强势出龙！妖股是点，龙头是面。这句话的意思是说，在市场极弱的情况下，容易出现妖股；而在强势市场中通常出现龙头股。妖股和龙头股最大的区别是有没有板块效应。妖股是纯粹资金炒作的产物，独立于板块题材而存在，是纯资金博弈到极致的产物。而龙头股与题材板块紧密联系，龙头股受益于板块中其他个股的联动性，又反过来强化板块的持续性，与题材板块共生共存。所以，妖股类似特立独行的侠客，龙头类似众星捧月的团队领袖。

无论是龙头股还是妖股，都是资金抱团集中炒作的产物，尤其是妖股，在市场极弱，市场总资金量不足的情况下，有限的资金集中攻击一只个股，成为寒冬的火把、夜晚的明星。因为龙头股和妖股都是资金抱团炒作的产物，合力一旦形成，很难在短时间内散去，所以龙头股和妖股不仅是最暴利的，而且是最安全的。

在2023年国庆节后的行情中，大华为概念成为最大的热门题材，从

10月11日开始，圣龙股份（603178）与欧菲光（002456）争夺龙头地位。10月14日第七板时，圣龙股份胜出，之后走出了14连板的高度，成为两市最吸金的个股，之后还出现了龙头二波、龙头三波。10月26日圣龙股份倒下，天龙股份（603266）二连板，当时谁也不知道它会成为新的龙头。10月31日龙头地位确立，天龙股份成为市场上主力资金集中攻击的对象。

（三）虹吸效应

虹吸效应又称虹吸现象，是指由于液态分子间存在引力与位能差，液体会由压力大的一边流向压力小的一边。

利用虹吸现象可以把容器内的液体抽出来。

市场上资金的总量是一定的，最热门的题材、龙头股和妖股会吸走市场上有限的资金。如果一个新题材和新龙头出现，必然分流和吸走老龙头和其他板块的资金，造成其他板块与个股的合力失血。因为最强题材、龙头股、妖股对市场资金的吸金能力最强，所以我们必须时刻紧盯、跟随、介入龙头股和妖股。

主流热点思维、龙头思维是我们在这个市场能够生存并得以长足发展的根本保证。

三、资金活跃度是核心

资金的活跃度主要体现在成交量放大，换手充分上（见图2-4）。市场上有人买就必然有人卖，否则买不到；有人卖也必然有人买，否则卖不出。所以买卖双方都是以对方为对手盘的。我进你出，你进我出，资金才能活跃起来。只有换手充分了，才说明接力资金群体参与度高，这样接力成本才能相近，各资金群体互相抬轿，共同把股价拉高，大家都有利可图。如果换手不足，说明接力资金不活跃，处于观望或等待之中。卖单没有人承接，或卖出的人少，这样就造成新入者比持仓者成本高。买盘意愿不强，卖盘一旦卖出，无人承接，就会导致股价暴跌。可以说，龙头股多数是充分换手上去的。

主力在强势收集和强势再收集的过程中需要量价异动，这个量价异动的目的是吸筹。在拉升过程中也需要量价异动，这个量价异动的目的是进行筹码交换，就是要完成充分换手（见图2-5）。只有充分换手才会有充分的接力，股价的上涨才有动力，才可信，才能行稳致远，才能拉出高度。

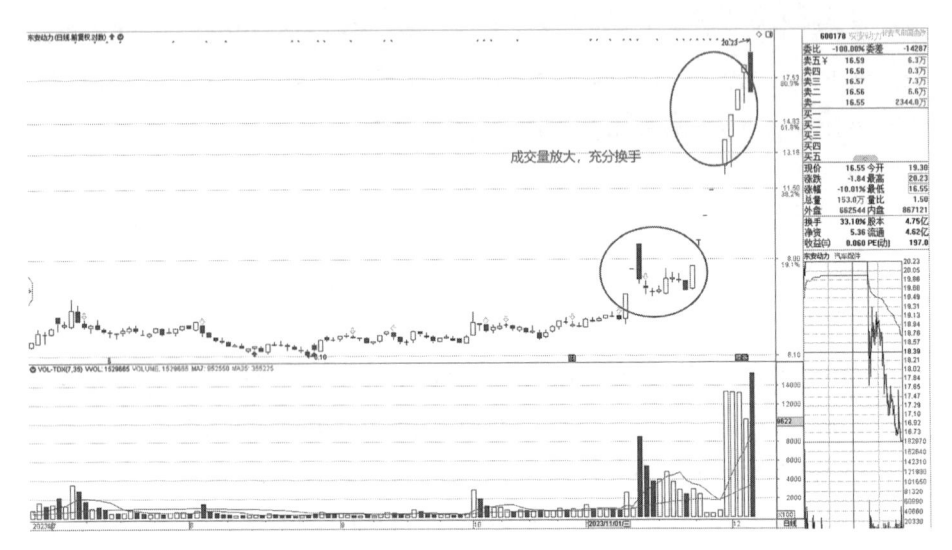

图2-4　东安动力（600178）走势（2023年11月9日—12月5日）

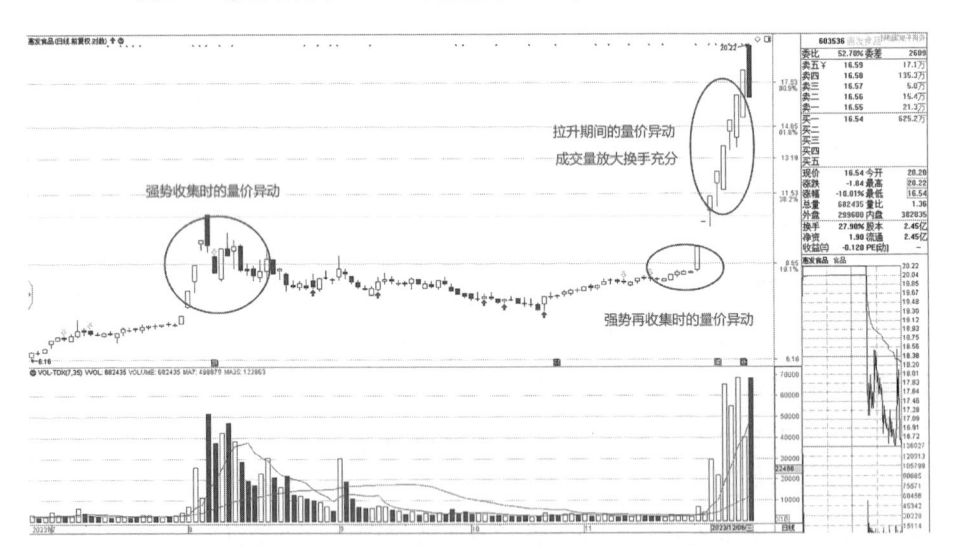

图2-5　惠发食品（603536）走势（2023年8月—12月）

一般来说，充分换手的龙头股在拉升过程中，成交量持续放大，K线连续涨停，外形饱满圆润，分时图通过分歧一致完成充分的换手。明白了这个道理后，你就不至于在龙头拉升的过程中被甩下车。

第二章 资金量能——短线龙头股的内在动力

【案例2-1】 图2-6至图2-9是东安动力（600178）2023年11月30日—12月5日的分时图，可以看出，每天都在进行充分换手，表面饱满圆润的K线图背后暗流涌动，潜藏着巨大的风浪和残酷的斗争。

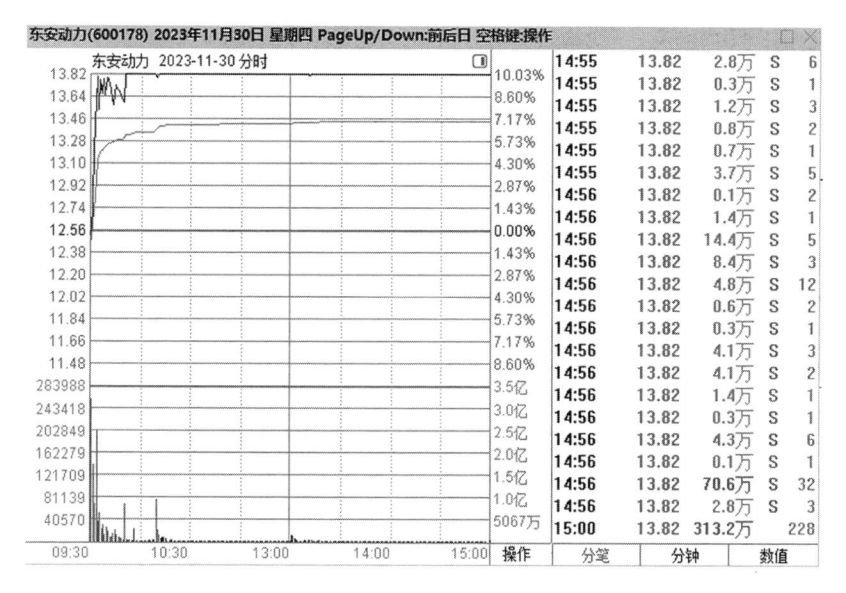

图2-6 东安动力（600178）分时走势（2023年11月30日）

图2-7 东安动力（600178）分时走势（2023年12月1日）

057

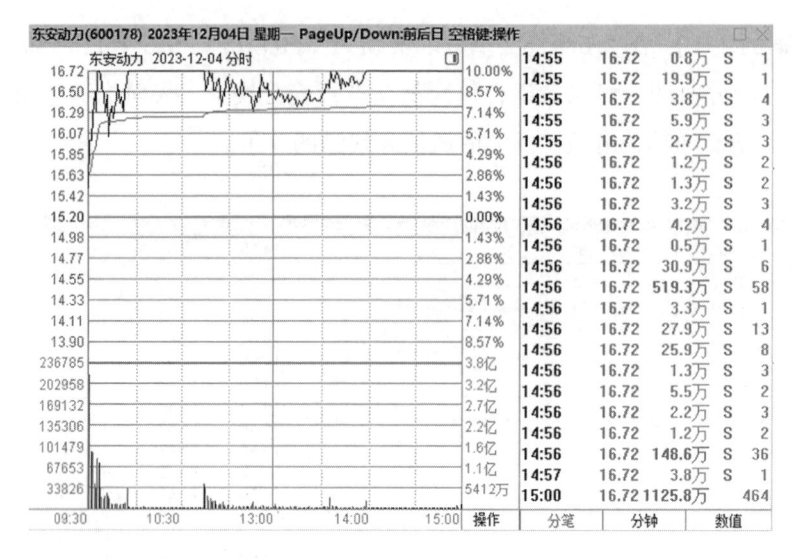

图2-8　东安动力（600178）分时走势（2023年12月4日）

图2-9　东安动力（600178）分时走势（2023年12月5日）

没有充分的换手就没有充分的接力。凡是在很多涨停板之后，出现无量一字板或缩量加速板，说明新买单的成本比里面锁仓资金的成本高很多，后面接力资金的情绪就会降低。所以在高位出现连续无量一字板或缩量加速板，就可以基本断定，行情快要结束了，只要接力一断，行情就会见顶（见图2-10、图2-11）。

058

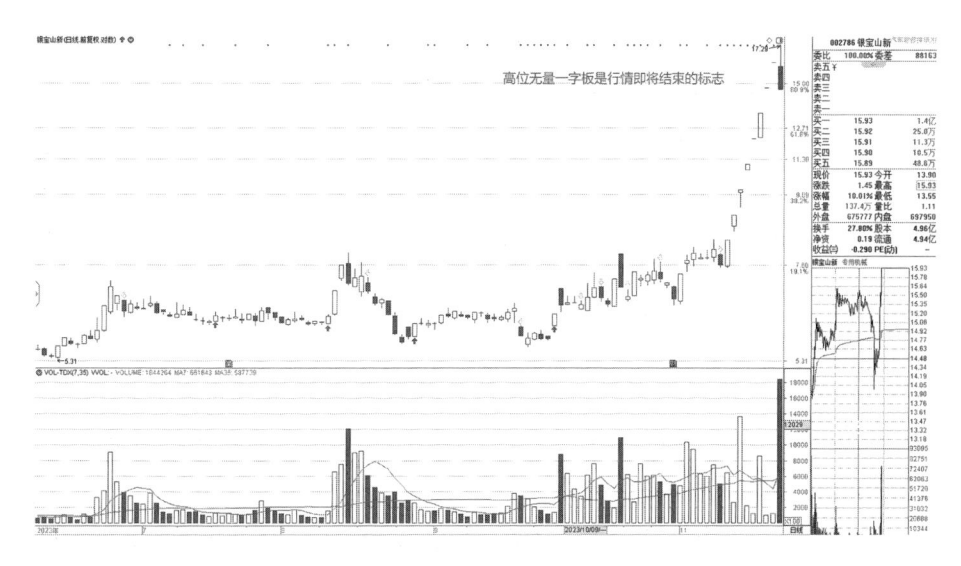

图2-10　银宝山新（002786）走势（2023年11月20日—21日）

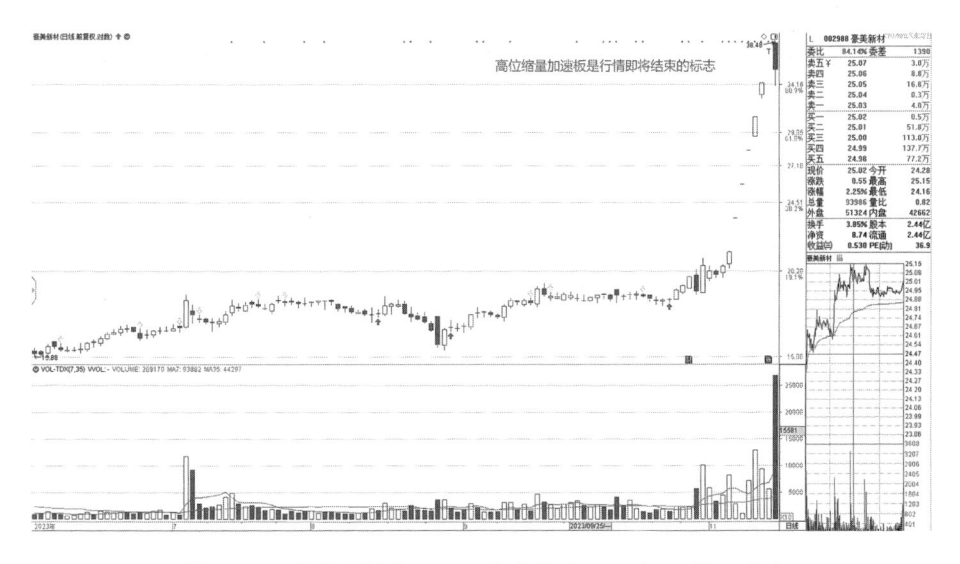

图2-11　豪美新材（002988）走势（2023年11月14日）

四、股价走势是印证

2009年12月，张艺谋的新作《三枪拍案惊奇》在全国上映。全剧围绕一支枪展开。当枪在波斯商人手里的时候，它成了一个杂耍的玩具；当枪在张三手里的时候，它变成了一个杀害店老板麻子的工具；当枪在老板娘手里的时候，它又成了击毙张三、伸张正义、惩恶扬善的利器。枪有好坏吗？当波斯商人拿着枪的时候，可以说这支枪是无害的枪吗？当张三拿着枪的时候，可以说这支枪是恶枪吗？而当老板娘拿着这支枪的时候，是不是又可以说这支枪是善枪呢？其实，枪并无善恶之分，关键是看拿枪的人想干什么。

量能就像一支枪，要看掌握在多方手中还是空方手中。一只个股经过充分换手，代表了买卖双方进行了大量的筹码交换，也就是个股中的买卖双方进行了充分的大战。那么，大战之后上涨，说明多方完全占优，如果向下，或横向震荡，就说明空方胜利。

多空交战，多方必须封涨停才算完胜，才能让多方体现出强势必胜的决心。如果双方大战之后，上涨了，但没封涨停，说明多方的优势或决心并不突出，军心就不稳。

巨大的量能必须与股价的实际走势，尤其是完胜的走势相配合才有意义（见图2-12、图2-13）。

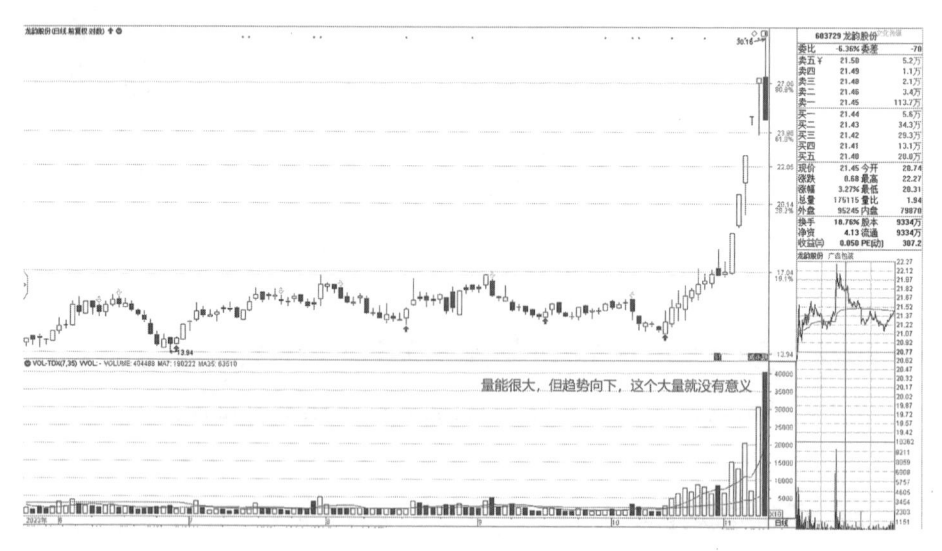

图2-12 龙韵股份（603729）走势（2023年11月9日）

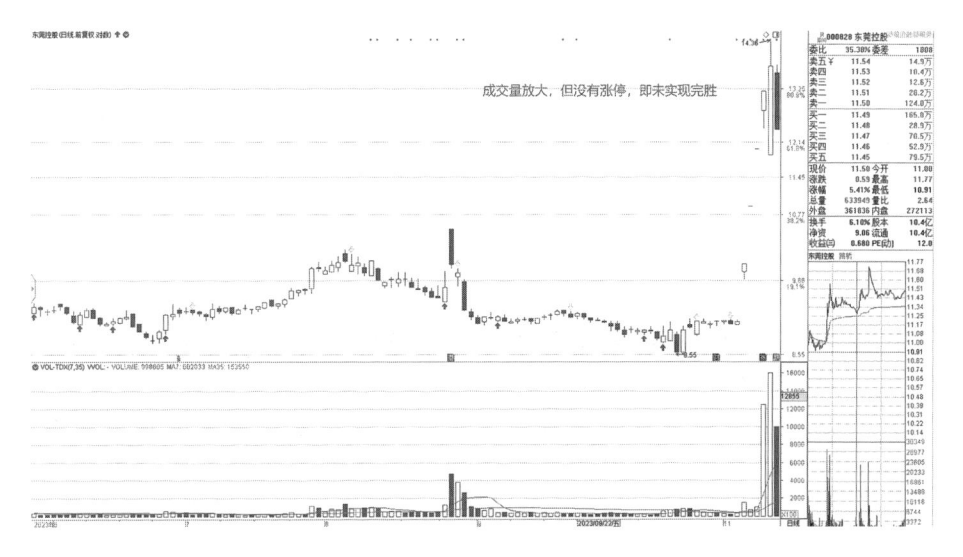

图2-13　东莞控股（000828）走势（2023年11月10日）

第二节　成交量是市场资金的表现

成交量是由资金和筹码之间的博弈产生的，能够反映交易过程中资金与筹码的供求关系，资金和筹码的博弈引发股价的波动，量能是趋势运行和转换的原动力。

在交易市场，资金表现为大大小小的成交量。

一、成交量的表现形式

（一）量柱

量柱是股票市场的成交量，是股票买卖双方达成交易的数量。买卖是双边的，买方买进10万手，必然卖方要卖出10万手。在计算成交量时，买方10万手加卖方10万手，计为20万手。股市成交量反映成交的数量多少，一般可用成交手数（手）和成交金额（元）两项指标来衡量。成交量在交易软件上用VOL表示，加TDX显示虚拟成交量。

股票成交金额是指某一特定时期内，交易市场成交的某种股票的金额，即成交量乘成交价格，以人民币"元"计。成交额用AMO表示，加入TDX出现虚拟成交金额（见图2-14）。

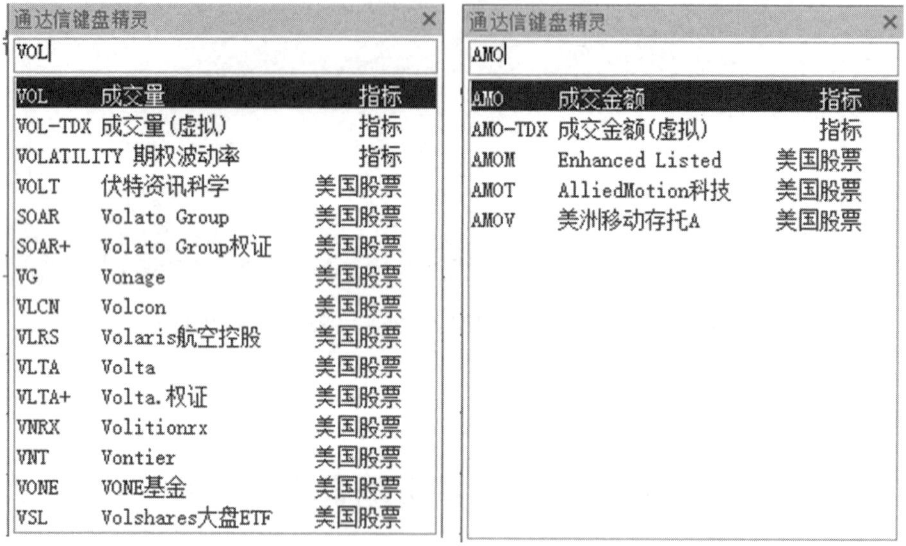

图2-14 通达信键盘精灵

在K线图上输入：VOL，选择VOL成交量，也可选择VOL-TDX（虚拟）。

在K线图上输入：AMO，选择AMO成交金额，也可选择AMO-TDX（虚拟）。

通常系统默认显示成交量。

另外，在委买委卖区单击右键，出现菜单键，可点击"买卖盘和明细显示金额"，可以在成交手数和成交金额之间切换（见图2-15）。

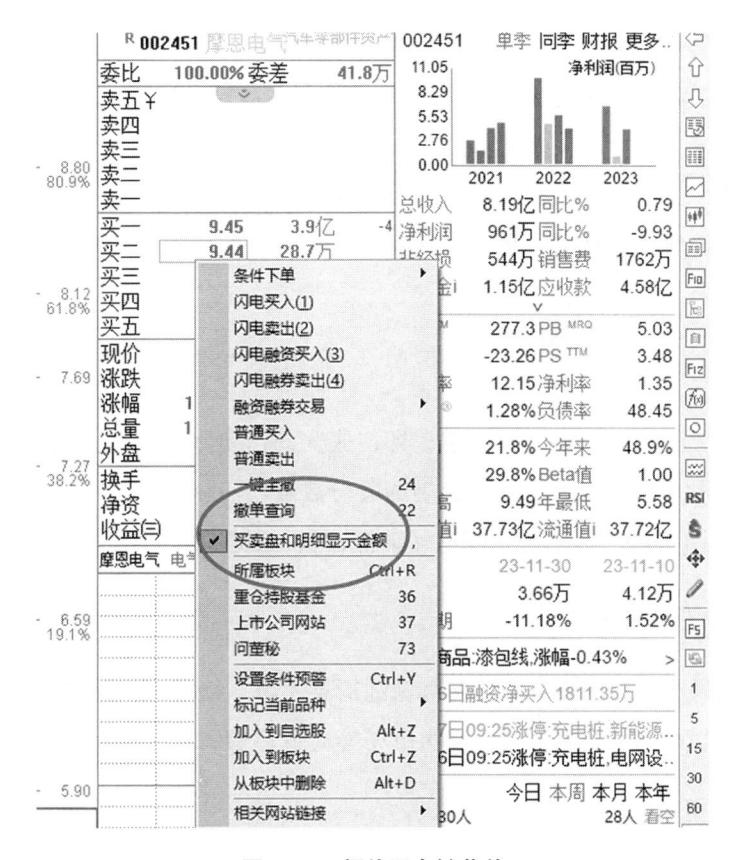

图2-15　报价区右键菜单

（二）量比

量比是衡量相对成交量的指标，是指股市开市后平均每分钟的成交量与过去5个交易日平均每分钟成交量之比。其计算公式为：量比=［现成交总手数/现累计开市时间（分）］/过去5日平均每分钟成交量。

量比在观察成交量方面，是很有效的，它将某只股票在某个时点上的成交量与过去一段时间的成交量平均值进行比较，排除了因股本不同造成的不可比情况，是发现成交量异动的重要指标。

（三）换手率

换手率是指在一定时间内，市场中股票转手买卖的频率，是反映股票流通性强弱的指标之一。其计算公式为：换手率=（某一段时期内的成交量）/（发行总股数）×100%。

换手率与成交量、流通股本有紧密的联系。当股票的流通股本固定时，股票的成交量可以看出换手率的情况，换手率也可以看出成交量的情况。一般情况下，成交量越大，换手率越高；成交量越小，换手率越低，两者之间是正比关系。

（四）换手Z

换手Z是指实际流通股换手。即，成交额占实际流通股总市值的比例。实际流通股是指市场上实际可交易的股份数量。实际流通股=流通股－持有股东5%以上的部分。换手Z剔除了非流通股，其换手更真实可靠。

（五）开盘换手Z

开盘换手Z是指集合竞价实际流通股换手率。换手率反映当天市场的活跃程度，较高的开盘换手Z，说明市场参与者热情高涨，交易活跃度也相应提高。

（六）开盘金额

开盘金额是指开盘时第一笔成交金额，反映交易的活跃程度。开盘金额是一个绝对数值，在实际运用中还要考虑其流通市值。可以对某两只或几只股票的开盘相对金额（开盘金额/流通市值Z）进行比较，确定哪一只更活跃。

（七）未匹配量

未匹配量是指截至揭示时，集中申报簿中，在集合竞价参考价位上的，不能按照集合竞价参考价虚拟成交的，买方或卖方申报剩余量。即卖出价和买入价不同的数量。一般来说，数量越大，该股越活跃；数量越小，该股越疲软。

以上指标从不同的角度反映成交量的大小。开盘换手Z、开盘金额，9:25集合竞价结束后，盘中不再变化。未匹配量，在同花顺软件盘中不再变化，开盘后一直保留；在通达信软件中，只是在9:15—9:25显示，9:25集合竞价结束后，就不再显示。以上几个指标在实际操作中非常有用，当我们面对两只或几只目标个股，不能做出确定性选择时，可以对以上几个指标进行比较，做出最终选择（见图2-16）。

	代码	名称	现价	开盘%	涨幅%	涨跌	买价	卖价	总量	封单额	量比	涨速%	换手%	换手Z	开盘金额	开盘换手Z	未匹配量	流通市值Z	流通市值
1	000001	平安银行	9.30	-0.32	-1.48	-0.14	9.30	9.31	102.1万	--	1.45	-0.10	0.53	1.25	982.3万	0.01	--	758.92亿	1804.72亿
2	000002	万科A	10.78	-0.28	-1.10	-0.12	10.78	10.79	493011	--	0.73	-0.08	0.51	0.76	245.9万	0.00	--	697.88亿	1047.46亿
3	000004	国华网安	17.20	0.12	-0.52	-0.09	17.19	17.20	54724	--	0.80	-0.05	4.33	6.39	25.27万	0.02	--	14.73亿	21.72亿
4	000005	ST星源	1.38	0.00	-1.43	-0.02	1.38	1.39	46279	--	1.17	0.00	0.44	0.52	8.93万	0.01	--	12.18亿	14.60亿
5	000006	深振业A	4.71	-0.41	-2.28	-0.11	4.70	4.71	363958	--	0.90	0.00	2.70	4.28	99.60万	0.02	--	40.06亿	63.58亿
6	000007	*ST全新	4.84	-0.20	-1.22	-0.06	4.84	4.85	7976	--	0.44	0.00	0.26	0.35	0.0	0.00	--	11.14亿	14.95亿
7	000008	神州高铁	2.40	-0.40	-2.83	-0.07	2.40	2.41	320750	--	1.27	0.00	1.19	1.97	14.34万	0.00	--	38.98亿	64.48亿
8	000009	中国宝安	11.85	-0.08	0.59	0.07	11.85	11.86	219783	--	1.32	0.00	0.86	1.41	55.32万	0.00	--	184.40亿	302.34亿
9	000010	美丽生态	3.23	0.60	-3.00	-0.10	3.23	3.24	229399	--	1.31	-0.30	4.39	5.10	10.82万	0.01	--	14.53亿	16.87亿
10	000011	深物业A	9.15	-0.11	-3.17	-0.30	9.15	9.19	57091	--	1.55	-0.32	1.08	3.05	11.66万	0.01	--	17.11亿	48.17亿
11	000012	南玻A	5.63	-0.18	1.26	0.07	5.62	5.63	249668	--	2.43	0.54	1.28	1.94	79.12万	0.01	--	72.54亿	110.18亿
12	000014	沙河股份	11.50	-0.09	-0.86	-0.10	11.50	11.51	99195	--	1.56	-0.08	4.10	6.21	34.19万	0.02	--	18.37亿	27.84亿
13	000016	深康佳A	4.02	-0.24	-1.71	-0.07	4.02	4.03	91648	--	1.00	-0.24	0.57	0.85	5.71万	0.00	--	43.13亿	64.18亿
14	000017	深中华A	4.28	0.45	-3.17	-0.14	4.27	4.28	63105	--	1.40	0.23	2.08	2.64	5.37万	0.01	--	10.25亿	12.97亿
15	000019	深粮控股	7.43	0.26	-1.72	-0.13	7.41	7.43	77450	--	1.28	0.27	1.86	2.86	22.29万	0.01	--	20.11亿	30.92亿
16	000020	深华发A	12.38	0.24	-1.04	-0.13	12.36	12.38	19671	--	0.78	0.00	1.09	3.18	9.03万	0.01	--	7.66亿	22.43亿
17	000021	深科技	17.12	-0.24	2.33	0.39	17.12	17.13	499391	--	1.34	0.00	3.20	5.35	117.3万	0.01	--	159.90亿	267.07亿
18	000023	ST深天	6.23	0.16	0.48	0.03	6.22	6.23	13239	--	1.70	-0.15	0.95	1.43	2.24万	0.00	--	5.77亿	8.64亿
19	000025	特力A	16.01	0.00	-1.78	-0.29	16.00	16.01	42149	--	1.15	0.00	1.07	2.55	7.66万	0.00	--	26.50亿	62.88亿
20	000026	飞亚达	11.53	0.17	-2.29	-0.27	11.52	11.53	41969	--	1.11	0.00	1.16	2.10	1.18万	0.00	--	23.01亿	41.80亿
21	000027	深圳能源	6.14	0.33	1.15	0.07	6.13	6.14	157004	--	1.49	0.16	0.33	1.27	31.21万	0.00	--	75.88亿	292.10亿
22	000028	国药一致	28.50	0.00	-0.80	-0.23	28.50	28.53	40667	--	0.80	-0.20	0.85	2.45	25.86万	0.01	--	47.39亿	136.25亿
23	000029	深深房A	12.17	-1.78	-1.38	-0.17	12.17	12.18	37356	--	0.81	-0.07	0.42	1.42	127.1万	0.04	--	32.01亿	108.52亿
24	000030	富奥股份	5.61	0.00	-1.58	-0.09	5.60	5.61	109584	--	0.92	0.00	0.65	2.26	27.87万	0.01	--	27.18亿	94.93亿
25	000031	大悦城	3.11	-0.62	-2.81	-0.09	3.10	3.11	154283	--	0.96	-0.31	0.39	1.49	8.33万	0.00	--	32.14亿	124.49亿
26	000032	深桑达A	21.68	0.28	2.22	0.47	21.67	21.68	475773	--	1.11	0.09	7.38	11.78	415.0万	0.05	--	87.53亿	139.78亿
27	000034	神州数码	32.69	-0.47	2.96	0.94	32.68	32.69	273631	--	1.22	-0.02	4.97	6.11	194.3万	0.01	--	146.30亿	179.81亿
28	000035	中国天楹	5.05	0.58	-1.56	-0.08	5.04	5.05	178184	--	1.15	0.00	0.73	1.12	9.96万	0.00	--	80.24亿	123.89亿

图2-16　行情报价界面

二、量、价匹配的变化规律

（一）放量上涨

放量上涨在底部区域和上涨过程中是非常健康的，在反弹或反转时也非常健康。但在顶部区域，出现天量天价或单日天量，都是见顶的信号。

放量上涨总体是健康的，但如果出现天量天价，就说明多方用力过猛，次日承接就会出现问题，大概率承接不住，承接不住股价就要下跌。一句话，放量上涨是健康的，但如果放的量太大，就会过犹不及，走向它的反面。

（二）放量滞涨

放量滞涨就是放了大量，但股价没有涨多少。这种情况在底部是好现象，是主力在吸筹。请记住这样一句话：底部放量滞涨，来日黄金万两。在顶部放量滞涨，就是见顶信号。

（三）放量下跌

放量下跌是指股价在高位开始下跌，还要继续下跌。在低位的放量下跌，是最后一跌，最后杀出恐慌盘，就见底了。

（四）缩量上涨

在上涨初期，缩量上涨表明庄家高度控盘，快速封板，来不及放量，这种情况之后还要再涨。有一句话叫：上涨途中，缩量上涨还要涨。在反弹的过程中，缩量表明动力不足，反弹有限。高位缩量上涨随时有可能见顶。

（五）缩量滞涨

低位止跌，高位止涨。在低位缩量滞涨，表明出现了成交量和K线萎缩，是变盘的信号，因为已经到了底部，所以它只能是反弹或反转。在高位的缩量滞涨，也是变盘的信号，股价在选择方向，因为是高位，所以只能是向下选择。

（六）缩量下跌

我们平时最重视的就是放量上涨和缩量下跌。在上涨途中的缩量下跌一般是健康回调，回调之后还要再涨。一方面，高位的缩量下跌，是下跌的开始，因为刚开始下跌，多数人认为是健康回调，所以下跌放不出量来。另一方面，说明在破位时市场一致看空，导致市场上只有抛售筹码者，没有承接筹码者，抛售的筹码无法成交，因而成交量无法放大。

有一句话叫：下跌途中，缩量下跌还要跌。高位见顶后无论是放量下跌，还是缩量下跌，都要引起足够重视。所以对于缩量下跌，一定要明确它是健康回调，还是大幅下跌的开始。

以上是量价匹配在K线图上的变化规律，这个规律同样适用于分时图。这些都是最基本的技术分析知识，在此不再赘述。

第三章

题 材 热 点
——短线龙头股的生长土壤

是题材热点向各路资金发出统一行动的号令。

题材级别越大、越新颖、越有延续性、越有想象空间，就越能聚集人气。

题材热点板块内个股的联动性称为板块效应。一个板块内有龙头股、先锋股、助攻股和跟风股。

第一节　什么是题材热点

股票市场上存在两大主力，一是机构，二是游资。机构包括国家队、各种基金。机构是股市的正规军，崇尚价值投资、长线投资。游资属于游击队，善于营造氛围，形成合力，崇尚短线投机套利。

毫无疑问，资金是股票上涨的根本动力。但多数人不明白，无论机构还是游资，他们互不相识，互不联系，是什么让他们形成共识，把资金投入某个领域、某几只股票上的呢？

是谁发出了统一行动的号令？——是题材。

目前A股有5 300多只股票，每天能上涨3%以上的一般不超过500只，也就是1/10左右，其他大部分股票不是下跌就是趴在原地不动。而这上涨1/10的股票中，涨停或者上涨多的一定是当前热点题材的股票，所以对当下热点题材的理解和把握就显得至关重要了。

什么是题材？为什么股市要有题材？

广义的题材是指文学、艺术作品所反映的社会和自然的某些方面。

文学作品有题材，如：革命战争题材、农村题材、都市爱情题材、历史题材等。

美术作品也有题材，如：人物题材、山水题材、风景题材等。

题材聚焦了社会生活和自然的某些方面，吸引读者，聚集人气，能增强文学艺术作品的感染力和宣传效果。

股市的题材能吸引各路资金关注，激起人们买入股票的欲望。如，"新冠"防控期间的口罩、呼吸机、疫苗等；2017年8月底至9月初的国产芯片替代进口芯片；2022年的数字经济、基础建设题材等；2023年的消费电子、汽车零部件、华为概念题材等；2024年的新质生产力、文生视频、氢能源、芯片题材等。

股市中的题材是指能引起人们对股价上涨预期的各种政策和信息。

股价的上涨是多方资金形成合力的结果，合力就是主力和散户对一类股票或某几只股票形成共识，愿意投入资金至某些股票。

也就是说，题材是点燃人气的导火索、是战场上的冲锋号、是高高飘扬的战旗。题材向各路资金发出统一行动的号令，引导市场各路资金涌入某个题材、某几只股票。

题材的最大作用就是吸引人气，能够吸引人气的题材就是最好的题材。

从根本上讲，题材其实就是价值观。如，一杯咖啡的成本价不到5元，而在星巴克卖到25元。情人节时的鲜花，平安夜的苹果，尽管价格很高，但大家都愿意买，大家都认为值，这些都凝结着价值共识。

题材不等于热点，热点指的是当下市场正在炒作的题材。每只股票都有题材，我们要的是当下被市场高度关注的热门题材、最强题材。

题材具有生命周期，总有过气的时候，过气之后，回头再看，它仍然是题材，但已经不是热点题材，那我们就不能继续纠缠在已经过去的题材当中。

对于题材我们要持"过往不恋、未来不迎、当下不杂"的态度。

当下也会出现很多题材，我们要紧紧抓住最热门的题材，不要被众多的题材搞晕了头。只有紧紧抓住热点题材，才能把握住市场主流方向。

第二节　题材的分类

一、公司行业类

（一）业绩类

业绩类包括：季报、半年报、年报，产品涨价，销量增加。

季报分一季报和三季报。一季报在4月1日—30日发布；三季报在10月1日—31日发布；半年报也叫中报，在7月1日—8月30日发布；年报在次年1月1日—4月30日发布。

2023年4月13日晚，浙能电力（600023）发布公告，预计2023年第一季度实现归属母公司所有者的净利润为9亿～11亿元，与上年同期相比，将增加2.73亿～4.73亿元，同比增长43.54%～75.44%。预计2023年第一季度实现扣除非经常性损益后，归属母公司所有者的净利润为7.22亿～9.22亿元，与上年同期相比，将增加人民币3.01亿～5.01亿元，同比增长71.5%～119%。主要是由于煤炭价格有所回调，公司控股机组及参股煤机经营效益上升。

受此利好消息刺激，2023年4月14日浙能电力跳空高开2.07%，封板后反复开板，尾盘封死涨停，之后震荡上行，涨幅达30%。

2023年10月17日晚，玉龙股份（601028）发布公告，预计2023年前三季度实现归属股东的净利润为3.39亿～3.81亿元，同比增长143.82%～174.03%。公司本期新增黄金贵金属采选业务，主要系公司于2022年取得位于澳大利亚昆士兰州的帕金戈金矿控制权，帕金戈项目自交割完成后，已达到满负荷生产状态。

受此利好消息刺激，2023年10月18日玉龙股份拉出涨停板，次日调整后又涨了两天。

2023年7月13日晚，中央商场（600280）发布预计中报业绩，净利润为600万～900万元，增幅为22.4%～83.61%。

该股叠加商业零售业题材，走出了一波轰轰烈烈的市场行情。

2023年1月6日晚，电子城（600658）发布公告，预计2022年度实现归属母公司净利润为4.7亿～6.8亿元，同比增长1 388.52%～2 053.06%。按计划实现了科技园区项目交付，同时科技服务业务运营质量进一步提升。公司归属于上市公司股东的净利润和上市公司股东的扣除非经常性损益的净利润与上年同期相比实现大幅度增长。

2023年1月9日一字开盘，连续四个一字板，五板一字开盘后下杀，行情结束。

产品涨价最能反映企业的业绩，能最大限度地调动各投资方的积极性，无论是公募、私募、国家队，还是游资、散户，都对商品涨价题材情有独钟。

2017年6至8月石墨电极涨价，导致方大碳素（600516）大涨。2017年12月天然气涨价导致贵州燃气（600903）大涨。贵州茅台（600519）长期以来一直处于涨价中，成为A股的白马龙头。

产品销量增加，体现在订单增加上。订单增加为公司带来直接的营业收益。

多数情况下产品涨价和销量增加会叠加在一起。

2022年4月13日晚，蓝焰控股（000968）发布公告，2022年一季度公司实现煤层气单价、销售量、销售收入稳定提升，实际收到并确认的煤层气补贴同比大幅增加。预计2022年一季度净利润为2.4亿～3亿元，同比增长136.7%～195.88%。

2022年4月14日，蓝焰控股大幅高开8.92%，并迅速封板，走出了四连板的行情。

2023年10月23日晚，华力创通（300045）公告，截至本公告披露日，公司在连续12个月内，累计收到某客户订单总金额4.92亿元人民币（含税）[注：含上次已披露的2.1亿元人民币（含税）]，超过公司

2022年度经审计主营业务收入的100%。本合同标的主要为芯片类产品。本合同的签订有利于进一步推进公司卫星应用领域的产业化进程。

受此消息刺激，2023年10月24日华力创通开盘跳空高开13.03%，在涨停板附近震荡，上午收盘前封死涨停。因为该股前期已有一波大的涨幅，再加上它不是卫星导航的龙头，所以只维持了一天的强势上涨行情。

业绩增长是资本市场永恒的题材，也是最硬的题材，所有的题材都在有意无意往业绩上靠，都想沾业绩增长的光。

（二）股权类

股权类包括：并购重组、借壳上市、收购兼并、资产注入、大股东更替、合并、高送转、戴帽摘帽、定增、大股东增持、员工持股计划等。

股权类题材是一个超级大题材，这个题材诞生过很多大牛股。重组的本质就是更换老板，公司的基本面、盈利水平、行业地位将会出现重大变化，这给市场提供了极其广阔的想象空间。

2015年中国南车和中国北车合并成为中国中车(601766)，2016年的四川双马（000935）、三江购物（601116），2017年的中公教育（002607），2018年的正威新材（002201），2019年的宝鼎科技（002552），2020年的琏升科技（300051），2021年的新华锦（600735）、新力金融（600318），2022年的海汽集团（603069），2023年的豪美新材（002988）、哈森股份（603958），2024年的文投控股（600715）等都是股权题材出牛股的典型案例。

下面列举近期的几个例子：

2023年5月15日晚，日播时尚（603196）公告，公司拟通过资产置换和发行股份的方式购买锦源晟100%股权，并向特定投资者发行股份募集配套资金，股票复牌；标的公司的主营业务为新能源电池正极前驱体材料及上游关键矿产资源一体化的研究、开发和制造业务。

5月16日，该股一字开盘，开启了一波轰轰烈烈的龙头行情。

2023年8月30日晚，新诺威（300765）公告，公司正在筹划对标的公司巨石生物实施现金增资，取得巨石生物51%以上股权，实现对巨石生物的控股。

8月31日，该股快速涨停，经过回调之后开启了慢牛之路。

2023年11月22日晚，盈方微（000670）披露重大资产重组预案，公司拟以发行股价及支付现金的方式，购买华信科49%的股权和WORLD STYLE 49%的股份；同时拟向舜元企管等募集配套资金。交易完成后，华信科及WORLD STYLE将成为公司全资子公司。

11月23日，该股一字开盘，连续一字板。

2023年11月23日晚，电工合金（300697）公告，江阴金康盛成为电工合金的控股股东，公司实控人由陈力皎和冯岳军变更为厦门市国资委。

11月24日，该股一字开盘，中间打开，六分钟后迅速封死。

（三）科技类

科技类包括：新技术、新产品、新的商业模式。

新技术和新产品能给企业带来直接的经济效益，新的商业模式对行业未来的发展提供了潜在的动力。如，5G、芯片等技术和产品给国家和人民生活带来很高价值，也给相关的企业带来很大利润，使银宝山新（002786）、西陇科技（002584）、中通国脉（603559）、武汉凡谷（002194）等公司受益，引发了这些公司股票的大涨。新的商业模式如：网红经济、滴滴打车、曹操出行、美团、淘宝、网上直播、抖音，能为企业带来直接或间接的收益。

2019年2月柔性屏题材爆发，11日晚"开盘啦"称：京东方A（000725）为OLED行业龙头，公司是国内OLED面板绝对龙头，产量

第一，国内首条AMOLED5.5代生产线已投产。

2月12日，春节后开盘第一天，京东方A涨停，开启了一波波澜壮阔的柔性屏炒作行情。

初步研究表明，富勒烯类化合物在抗HIV、酶活性抑制、切割DNA、光动力学治疗等方面有独特的功效。由内蒙古碳谷科技有限公司创建的国内首条吨级富勒烯生产线在内蒙古呼和浩特市正式投产。通产丽星（002243）（现名为力合科创）是A股最正宗的富勒烯概念股。

受此消息刺激，2018年7月12日力合科创平开高走，上午即拉升至涨停，开启了一波115%的上涨行情。

2023年11月15日晚，引力传媒（603598）发布公告，公司抓住抖音、快手、B站、视频号等平台快速发展的红利期，利用公司在内容创意、客户资源、营销能力强大等优势，快速切入红人营销与内容电商营销业务。公司出品制作的快手平台精品短剧，在终端取得了累计超过1.5亿次的播放量。公司精品内容的输出能力持续提升，并充分助力各业务链条快速发展。

2023年11月16日，引力传媒带领抖音短剧板块的个股走出了一波轰轰烈烈的行情，成为弱市中一道靓丽的风景。

二、宏观政策

（一）货币政策

中央银行的货币政策对股票价格有直接的影响。货币政策是政府重要的宏观经济政策，中央银行通常采用存款准备金政策、再贴现政策和公开市场业务等工具调控货币供应量，从而实现稳定物价、充分就业、经济增长等目标。中央银行采取宽松性货币政策，增加货币供给，股市资金增加，对股票的需求增加，促使股价上升；反之，中央银行采取紧缩性货币政策，减少货币供应，股市资金减少，对股票的需要减少，股价下跌。对股市影响比较大的主要有：加息、降息、降准，扩大外资入市，养老金入市。

降息会导致资金从银行流出，大量资金流入股市，增加市场的流动性，从而有利于股价上涨；加息使银行存款利息变多，人们更愿意把钱存入银行，流入股市的资金变少，会使股市因缺钱而下跌。

中央银行调低法定存款准备金率，会造成准备金释放，为商业银行提供新增的可用于偿还借入款或进行放款的超额准备金，以此扩大信用规模，刺激经济繁荣。

养老金入市是指把基本养老保险基金中的个人账户基金用来进行证券投资。把养老金投资于市场，可以实现养老金保值增值，也可以起到稳定市场的作用。2015年10月27日，人力资源和社会保障部表示2016年启动养老金入市，规模或超过2万亿元人民币。养老金入市于2016年5月1日施行，以目前中国养老金规模约2万亿元人民币估算，如果投资额度达30%，最高将有6 000亿元人民币养老金入市。

扩大外资入市和养老金入市都增加了市场的流动性，有利于股市上涨。

（二）调控政策

国家直接调控股市的政策有四种：大小非问题、印花税、新股发行的暂停与否、融资融券业务。

需要解禁的股票占上市公司总股本5%以上的股东叫大非，5%以下的股东叫小非。大小非解禁导致抛盘加大，对市场造成负面影响。

印花税是国家根据一笔股票交易的成交金额，按固定百分比征收的税种。目前，股票印花税为1‰，是单边征收，即只向卖出股票的人征收，不向买入股票的人征收。印花税是股票成本的重要组成部分，提高或降低印花税是国家调控股市的重要工具。

印花税的调整，基本不会改变股票市场的大势，但会使股市在短期内发生剧烈变化。如，2007年5月30日凌晨两点，国家税务总局突然宣布把印花税从1‰上调至3‰，造成历史上有名的"5·30"大跌。

IPO是指第一次公开募股，也就是市场上发行新股。金融市场的最主要作用就是为企业融资，但新股发行过多、过密会吸走市场上本来就不多的资金，造成市场失血，导致股市大跌。所以新股发行的规模要在国家利益和股民利益之间寻找平衡点。

融资融券是指投资者向具有融资融券业务资格的证券公司提供担保物，借入资金买入证券（融资交易）或借入证券并卖出（融券交易）的行为。包括券商对投资者的融资、融券和金融机构对券商的融资、融券。融资融券运用杠杆原理扩大投资者的资金量，实现高比例杠杆操作。

调控政策的实质是资金与股票的博弈。在股票市场上，如果钱变多、股票数量不增加，或盈利能力得到改善，那么股票将上涨；如果钱变少、股票变多，或盈利能力被削弱，那么股票将下跌。

下面总结一下调控政策对股市的影响。

存款准备金率降低，会使市场上的钱增多，是利好；反之，是利空。

再贴现率降低，会使市场上的钱变多，是利好；反之，是利空。

存款利率提高，会使银行存款变得比股市更有吸引力，是利空；反之，是利好。

人民币升值，会使国际游资进入中国市场，是利好；反之，是利空。同时，人民币升值对出口企业是利空，对进口企业是利好。

税率提高，使企业利润变少，是利空；反之，是利好。

大小非问题的出现，增加了市场上可供流通的股票数量，是利空。

印花税上调，会使股市的交易成本提高，进入股市的资金数量减少，是利空；反之，是利好。

暂停新股发行，使股票数量暂时不再增加，是利好；反之，是利空。

……

2023年，国家陆续出台了包括印花税减半、手续费下降、周IPO数量减少、IPO融资额减少、减持从严、加大融资、IPO暂停受理、降低存款利率、降低个人所得税、降低房贷利率、整顿量化等一系列政策，有力地提振了市场信心，为市场的健康发展打下了坚实的基础。我们有理由相信国家将会继续出台更多的政策来促进股市的繁荣。

（三）制度变革

制度变革，如注册制、深港通、沪港通等。

证券发行注册制实行公开管理原则，实质上是一种发行公司的财务公开制度。它要求发行人提供关于证券发行本身以及和证券发行有关的所有信息。发行人不仅要完全公开有关信息，不得有重大遗漏，而且要对所提供信息的真实性、完整性和可靠性承担法律责任。证券监管机构不得对证券发行行为及证券本身做出价值判断，对公开资料的审查只涉及形式，不涉及任何发行实质条件。注册生效等待期满后，如果证券监管机构未对申报书提出任何异议，证券发行注册生效，发行人即可发行证券。但如果证券监管机构认为报送的文件存在缺陷，会指明文件缺陷，并要求补正或正式拒绝，或阻止发行生效。

2018年2月24日，第十二届全国人民代表大会常务委员会第三十三次会议决定：2015年12月27日第十二届全国人民代表大会常务委员会第十八次会议，授权国务院在实施股票发行注册制改革中，调整适用《中华人民共和国证券法》有关规定的决定施行期限届满后，期限延长两年到2020年2月29日。

2018年11月5日，习近平主席出席首届中国国际进口博览会开幕式并发表主旨演讲，宣布在上海证券交易所设立科创板并试点注册制。

2020年4月27日，中央全面深化改革委员会第十三次会议审议通过了《创业板改革并试点注册制总体实施方案》，将在创业板试点注册制。

2020年10月9日，国务院印发《关于进一步提高上市公司质量的意见》，提出将"全面推行、分步实施证券发行注册制，支持优质企业上市"。

2023年2月1日注册制正式推行。

注册制政策每向前推进一步，都对市场产生重大影响。

沪港通、深港通。"沪"是指上海证券交易所。"深"是指深圳证券交易所。"港"是指香港联合交易所。"通"是指上海或深圳证券交易所与香港联合交易所建立技术连接。

沪港通包括沪股通和港股通。沪股通指的是香港投资者通过香港证券公司或经纪商在买卖规定范围内上海证券交易所上市的股票，2014年11月沪股通开通。深港通包括深股通和港股通。深股通指的是香港投资者通过香港证券公司或经纪商在买卖规定范围内深圳证券交易所上市的股票，2016年12月深股通开通。

港股通是指投资者通过内地证券公司或经纪商在买卖规定范围内香港联合交易所上市的股票。2014年11月11日，中国建设银行、中国工商银行成为首批"港股通"业务结算银行，获准办理"港股通"业务的资金跨境结算以及换汇等业务。

沪港通、深港通的推行有利于通过一项全新的合作机制，增强我国资本市场的综合实力，有利于巩固上海和香港两个金融中心的地位，有利于推动人民币国际化，支持香港发展成为离岸人民币业务中心，对证券市场产生了极其深远的影响。

（四）领导人言行

2019年5月20日中午，习近平总书记抵达江西赣州，首先考察江西金力永磁科技股份有限公司。在企业展厅，他认真听取企业生产经营和赣州稀土产业发展情况介绍，详细了解我国稀土资源的分布状况、开发技术、应用情况以及生产加工中采取的环境保护举措。在生产车间，他仔细察看包装自动检测线、高性能烧结炉等设备生产运行情况，同现场工人亲切交流。他对企业加大科研投入、致力科技创新、注重生态修复的做法给予肯定。他强调，稀土是重要的战略资源，也是不可再生资源。要加大科技创新工作力度，不断提高开发利用的技术水平，延伸产业链，提高附加值，加强环境保护，实现绿色发展、可持续发展。

这则新闻刺激金力永磁（300748）开启了一波240%的上涨行情，稀土永磁的龙头由英洛华（000795）变为金力永磁。

（五）重要会议

每年的两会、中央经济工作会议、金砖会议、APEC会议等都是高级别的重要会议。

2023年10月30日，中央金融工作会议在北京举行，主要内容有：要着力营造良好的货币金融环境，切实加强对重大战略、重点领域和薄弱环节的优质金融服务。优化资金供给结构，把更多金融资源用于促进科技创新、先进制造、绿色发展和中小微企业，大力支持实施创新驱动发展战略、区域协调发展战略，确保国家粮食和能源安全等。优化融资结构，更好发挥资本市场枢纽功能，推动股票发行注册制走深走实，发展多元化股权融资，大力提高上市公司质量，培育一流投资银行和投资机构。促进债券市场高质量发展，稳步扩大金融领域制度型开放，提升跨境投融资便利化，吸引更多外资金融机构和长期资本来华展业兴业。切实提高金融监管有效性，依法将所有金融活动全部纳入监管，全面强化机构监管、行为监管、功能监管、穿透式监管、持续监管，消除监管空白和盲区，严厉打击非法金融活动，及时处置中小金融机构风险。建立防范化解地方债务风险长效机制，建立同高质量发展相适应的政府债务管理机制。健全房地产企业主体监管制度和资金监管，完善房地产金融宏观审慎管理，一视同仁满足不同所有制房地产企业合理融资需求，因城施策用好政策工具箱，更好支持刚性和改善性住房需求，加快保障性住房等"三大工程"建设，构建房地产发展新模式。维护金融市场稳健运行，规范金融市场发行和交易行为，合理引导预期，防范风险跨区域、跨市场、跨境传递共振。加强外汇市场管理，保持人民币汇率在合理均衡水平上的基本稳定。健全金融监管机制，有效防范化解重点领域金融风险，着力做好当前金融领域重点工作，保持流动性合理充裕，融资成本持续下降，活跃资本市场，更好支持扩大内需，促进稳外贸、稳外资，加快培育新动能新优势。

这次会议有力地提振了市场信心，使A股出现一波反弹行情。

（六）国家级政策

西部大开发、京津冀协同发展、上海自贸区、"一带一路"、雄安新区、工业互联网、"独角兽"、数字经济、发展新质生产力等都属于国家级政策。

2017年4月1日，国家宣布设立雄安新区，这是党中央做出的一项历史性重大决策，是继深圳特区、上海浦东新区之后又一具有全国重要意义的新区，是千年大计、国家大事。这项决策级别高，意义重大。从2017年清明长假结束开市后，市场就开启了一波澜壮阔的雄安新区行情。

受益的行业包括房地产、港口、钢铁、环境保护、基础建设、地下管网等，走出了冀东装备（000856）、创业环保（600874）、*ST美谷（000615）、中化岩土（002542）等大牛股。这些股票的暴涨，均受益于雄安新区设立这一国家级政策。

"新基建"主要是指以5G、人工智能、工业互联网、物联网为代表的新型基础设施，本质上是信息数字化的基础设施建设。2018年12月召开的中央经济工作会议首次提出"加快5G商用步伐，加强人工智能、工业互联网、物联网等新型基础设施建设"。2020年年初举行的中央高层会议，多次聚焦新型基础设施建设，市场将5G基建及应用、光伏电网及特高压、工业互联网、城际高速铁路和城际轨道交通、新能源车及充电桩、人工智能、云计算大数据中心七大领域归类，并冠以"新基建"这一概念。

在这样的大题材背景下，2018年以来产生了风范股份（601700）、新疆交建（002941）、东方通信（600776）、春兴精工（002547）、铭普光磁（002902）、欣天科技（300615）、华阳国际（002949）、宏润建设（002062）、保变电器（600550）、汉钟精机（002158）等大牛股。

2023年8月27日，中国证券监督管理委员会（简称"证监会"）发布消息称，证监会统筹一、二级市场平衡优化IPO、再融资监管安排。其中明确，房地产上市公司再融资不受破发、破净和亏损限制。此外三部门宣布推动落实首套房贷款"认房不认贷"。9月1日下午，北京、上海宣布"认房不认贷"。

地产链异动，开启了一波行情，走出了我乐家居（603326）、中迪投资（000609）等牛股。

2023年10月24日，十四届全国人大常委会第六次会议通过决议，中央财政将在今年四季度增发2023年国债10 000亿元，增发的国债全部通过转移支付方式安排给地方，集中力量支持灾后恢复重建和弥补防灾减灾救灾短板，整体提升我国抵御自然灾害的能力。

该消息刺激了基础建设概念的爆发，走出了龙洲股份（002682）、顺控发展（003039）、青龙管业（002457）等牛股。

2023年11月17日，国务院联防联控机制发布《关于做好冬春季新冠病毒感染及其他重点传染防控工作的通知》，尽管该题材不大，且缺乏新颖性，也引发了一波小小的涨幅，其代表有贝瑞基因（000710）、四环生物（000518）等。

三、重大事件

重大事件涉及的范围非常广泛。主要表现为突发事件，如：疫情、地震、海啸、洪灾、旱灾、蝗灾等各种自然灾害，战争、政治动荡等各种冲突，能源危机、粮食安全、交通安全等各种危机。突发事件的发生具有一定的偶然性，但对人类的生产、生活，社会的政治经济有着重大的影响，所以在一定程度上影响着股市。

（一）国内事件

2008年5月12日，四川汶川发生特大地震，根据中华人民共和国地震局的数据，此次地震的面波震级达里氏8.0 Ms、矩震级达8.3 Mw，地震烈度达到11度。地震波已确认共环绕地球6圈。地震波及大半个中国及亚洲多个国家和地区，北至辽宁，东至上海，南至中国香港、中国澳门、泰国、越南,西至巴基斯坦均有震感。

这次大地震严重破坏的地区超过10万平方公里,其中,极重灾区共10个县(市),较重灾区共41个县(市),一般灾区共186个县(市)。截至2008年9月18日12时,5·12汶川地震共造成69 227人死亡,374 643人受伤,17 923人失踪,是中华人民共和国成立以来破坏力最大的地震,也是继唐山大地震后伤亡最严重的一次地震。

地震对当地造成了极大的破坏,无论是当时的救援还是灾后的重建,都对基础建设提出更高的要求,客观上为基建公司尤其是路桥公司提供了大量的机会。四川路桥(600039)公司业务为各级公路工程和桥梁、隧道工程的施工,又是四川本地的公司,强烈的预期成为主力资金炒作的对象,成就了该股五连板的行情(见图3-1)。

图3-1　四川路桥(600039)走势(2008年5月14日—22日)

2020年暴发的"新冠"疫情历时三年,对全球人民生命安全带来严重威胁,对社会经济、政治、人民生活造成巨大影响。这一突发的公共卫生事件对疫苗研发、医疗物资、防控经验等提出了新的要求。这也为资本市场提供了炒作的机会,随着毒株的变异,疫情的发展,炒作的重点也在发生变化。口罩、疫苗、呼吸机、新冠药轮番炒作。这一时期出现了联环药业（600513）、道恩股份（002838）、英特集团（000411）、克劳斯（600579）、正川股份（603976）、九安医疗（002432）、北大医药（000788）、中设股份（002883方舱概念）、新华制药（000756）、航天长锋（600855）等飙涨股（见图3-2、图3-3）。

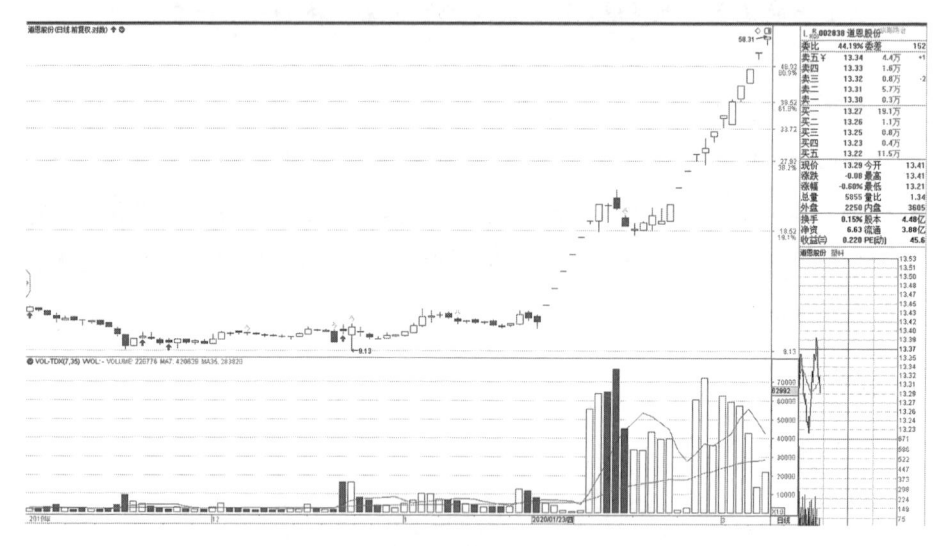

图3-2　道恩股份（002838）走势（2020年2月3日—3月9日）

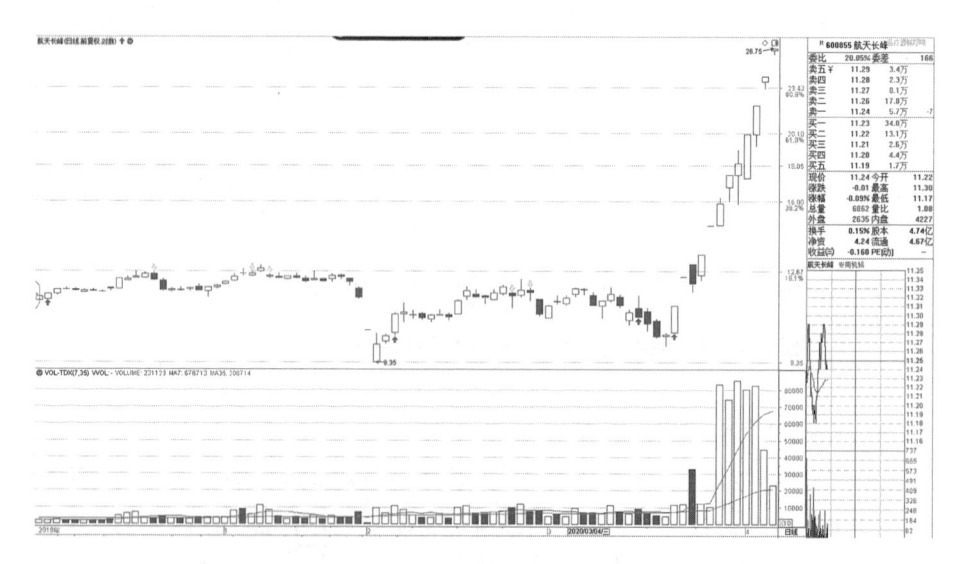

图3-3　航天长锋（600855）走势（2020年3月20日—4月7日）

（二）国际事件

2018年3月23日，美国总统特朗普正式签署对华贸易备忘录，他当场宣布：美国政府计划对至少500亿美元的中国进口商品征收25%的关税。此外，美国将针对对华技术转移中资收购美国公司施加限制。同一天，中国商务部迅速反击！宣布拟对自美国进口的部分产品加征关税，以平衡因美国对进口钢铁和铝产品加征关税给中方利益造成的损失。之后，中美之间的贸易摩擦、科技博弈一直在持续。"中兴事件"之后，双方又在高精尖技术领域对抗。2019年5月16日，特朗普签署了一项行政命令，宣布国家进入紧急状态，禁止企业使用被视为对国家安全造成风险的外国电信设备，矛头直指中国的华为，同时，命令美国商务部在未来150天内制定法规和计划。美国商务部声明，将把华为及70个附属公司列入管制的"实体清单"，美国企业必须经过美国政府批准才可与华为交易。

这一国际事件，直接导致反制概念股大涨，走出了英洛华（000795）、金力永磁（300748）两只龙头股（见图3-4、图3-5）。

图3-4　英洛华（000795）走势（2019年5月9日—30日）

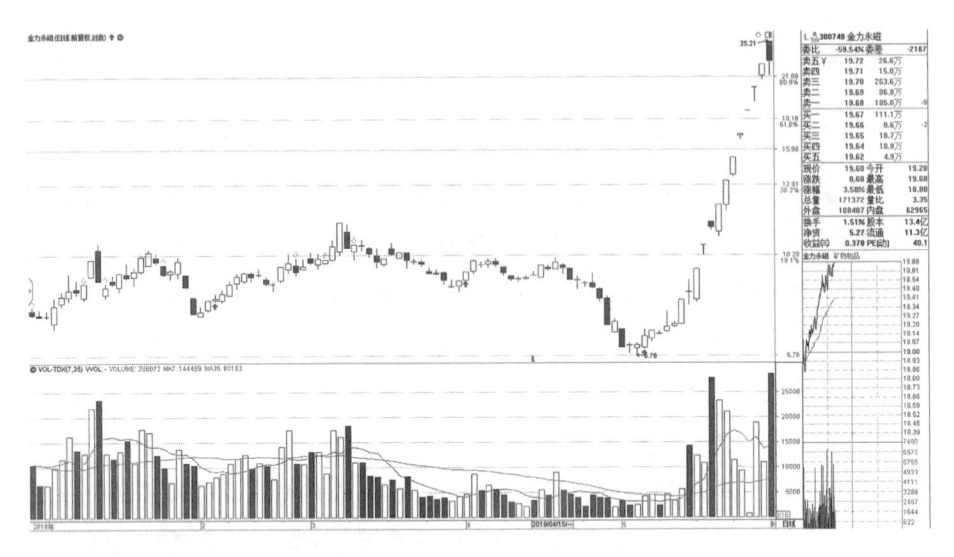

图3-5 金力永磁（300748）走势（2019年5月16日—31日）

四、常用题材

（一）次新股

（1）次新股的分类。我们把上市半年以内的次新股叫近端次新，把上市半年以上到两年的次新股叫远端次新。要重点关注近端次新股，远端次新股按一般股炒作。

（2）近端次新股的特点。近端次新股是市场上最为活跃的一类股票。它没有控盘主力，没有套牢筹码；近端次新干净，不存在亏损问题，很少业绩爆雷；大众都有喜新厌旧的心理，对刚刚上市的新股充满好奇，所以近端次新股关注度高、人气旺。

基于以上原因，次新股的炒作在整个A股市场是非常频繁的。

（3）操作策略。

① 如果市场上有热门题材，我们的第一反应是在这个题材中找一找，有没有叠加近端次新的个股。因为这类次新股很有可能被市场炒作。这是第一个条件反射，即有热门题材的时候要去看近端次新股。

② 如果没有热点，市场比较冷清的时候，也可以去看看近端次新股有没有机会。因为当市场没有热点的时候，近端次新本身就是热点，资金没地

方去，就一定会找去的地方，近端次新是最有可能去的地方。

（二）老龙头

老龙头是指前期被市场爆炒过的龙头股。

当市场回暖后，没有合适的题材去炒作，一定会去炒老龙头。人们常说，行情回暖买老龙，也就是说，行情回暖时，老龙头是最先被关照的。老龙头有一个很大的优势叫作"炒记忆"，因为它前面被爆炒过，大家都记得这只股票。一旦它再次涨停，就会唤起人们的记忆。

老龙头的操作策略：

① 当市场特别不好，没有热点的时候，老龙头会集体反弹，成为市场的热点，新周期的龙头。

② 当市场足够火爆的时候，这时赚钱效应特别强大，资金也容易去做老龙头的反弹。

这和近端次新是一个道理。

（三）超跌低价

超跌低价是由于长期下跌造成的。在长期下跌过程中空头被有效释放，成为潜在的多头，一旦情绪好转，就有反弹的要求。超跌低价上涨空间大，性价比较高。另外，低价区还是大众的舒适区，市场上多数人喜欢做低价股，因为高价股大家都觉得价格太高了，让人望而生畏。一般来说20元以内都属于低价股。

从2023年5月开始，市场进入漫长的下跌，直到2024年2月止跌企稳。春节长假前后，超跌低价股比比皆是，出现了超跌低价题材的炒作机会。

第三节　题材的价值判断及其本质

一、题材的价值判断

大级别题材孕育着大机会，超级大题材孕育着一波大牛市，小级别的题材存在小级别炒作的机会，也可能是"一日游"。判断题材的级别大小非常重要，这需要具备一定的功力，不仅要了解题材本身，而且要有一定的经验积累。对题材价值的判断，可以从以下几个方面进行分析。

(一) 级别大小

大题材影响国运、影响民生，如，国家级题材："一带一路"、深圳社会主义示范区、雄安新区、5G等。

(1) 从数量上看：一个题材的涨停绝对数在40家以上，相对数量占总涨停股数的1/3，这样的题材属于大题材。

(2) 从级别上看：具有革命性、影响广泛且深远的题材属于大题材。

第一，最高领导人推动的国家政策为最强题材。如"一带一路"、西部大开发、雄安新区、深圳社会主义示范区、浦东新区。

第二，国务院及各部委提出的政策。如工业和信息化部、国家发展改革委等部委推出的人工智能、工业互联网、"独角兽"等。

第三，龙头企业提出的题材。如阿里巴巴、腾讯等。

因为A股本身就是一个政策市场，所以国家政策直接影响股市，级别越高，影响越大。

小题材影响局部，多为某行业或少数几家公司受益。如共享单车、无人超市、两轮车等。

面对热点题材，我们切不可"见风就是雨"，人为放大事件的影响，把浪花当成浪潮；也不能对大题材无动于衷、麻木不仁。既要看题材的级别，还要看股价的实际走势，从而确定该题材对市场的影响力。

(二) 新颖程度

A股向来有炒新不炒旧的倾向，新题材和新概念更容易吸引资金。以前没有听说过或者虽然听说过，但又说不清，给人一种耳目一新的感觉。如区块链、"独角兽"。有的老题材沉寂了好长时间，再次成为热点，也可以按新题材处理。"新"和"大"结合起来才更有价值。

（三）强度延续

（1）具有延续性。即该题材爆发的次日，题材内出现了批量二板、批量反包、批量一字板。说明该题材的强度得以延续，否则就是"一日游"。

（2）建制健康。该题材在大面积爆发前1～3天已经有个股涨停。之后该题材内首板、二板、三板……中间不断板。

题材的延续性非常关键，这意味着它具有持续的催化因素，短期内很难被证真伪，其题材逻辑无法被破解。其强度不是一天就能看出来的，也不是谁的涨停股数量最多谁就最强，必须有延续性。以2018年12月26日的特高压题材为例，当天特高压板块15只股票涨停，吸足了当天的人气，而5G只有6只股票涨停，如果从涨停股的数量来确定，特高压题材是最强的，事实上次日的行情，特高压15只涨停股中，只有风范股份二连板，其他的全部熄火，来了一个标准的"一日游"行情；而5G板块却在次日上演涨停潮，成为真正的强势题材。

（四）虚实交替

市场上的题材有大小之分，也有虚实之别，有的题材实实在在，要么业绩过硬，要么题材级别高，这类题材为广大中小投资者，尤其是机构投资者所认可。

题材炒作要的一定是真实的价值吗？不一定，而是在讲故事，市场需要充满想象力，能吸引资金关注的故事！充满想象力的故事最能煽情，也最具有吸引力，最能产生市场合力，也最好赚钱。越是朦胧，越富有想象力，越迷惑，就越能吸引人，这就是人气。故事要靠编，这是投机炒作的需要。好故事全市场都在编，故事讲到最后，连编故事的人都觉得是真的。

由于我们跟随的对象是游资，游资喜欢讲故事，故事越朦胧就越好编，越有想象力，就越容易吸引人，因此游资在题材炒作上往往喜欢脱实向虚。当然如果遇到特别大的题材，没有机构主力潜伏的题材偏实的个股，游资也会冲进去分一杯羹。

2018年7月，由内蒙古碳谷科技有限公司创建的国内首条吨级富勒烯生产线在呼和浩特市正式投产。力合科创（002243）是A股最正宗的富勒烯概念股，这个题材太吸引人了，太有炒作性了，游资抓住这个难得的题材机会炒作了一番。

2018年11月5G题材爆发时，中兴通迅（000063）的5G题材最为正宗，是实实在在的受益个股，市场却选择了题材并不正宗，而炒作性强的东方通信（600776）。最终东方通信的涨幅是中兴通迅的20倍。

2023年12月19日报道，一位长期关注苹果的分析师暗示，苹果2024年的重点将是可穿戴MR设备，而非iPhone。只是一个小小的暗示，就引发投资者无尽的遐想，大家都相信这是真的，由此VR/AR/MR概念爆发，走出了亚世光电（002952）、双象股份（002395）等龙头股。

二、题材的本质

毫无疑问，题材在股票炒作中占有极其重要的地位。大级别题材、新颖的题材、富有想象空间的题材，容易引起主力资金的认可，容易形成合力，也就容易催生大的行情。尤其是超级大题材自带周期，可以引发特大行情，甚至一段牛市。

2017年清明节假期爆发了雄安新区题材，节后的第一个交易日该板块个股多数跳空高开，带动上证指数上涨1.48%，由此迎来一波轰轰烈烈的行情。

2019年8月18日，《中共中央国务院关于支持深圳建设中国特色社会主义先行示范区的意见》印发，从"先行先试"到"先行示范"，深圳再次扛起新时代的历史使命。这一特大题材直接引爆了市场。

但是，我们必须明确，题材再重要，毕竟是点燃人气的导火索，是资金炒作的载体，是向主力资金下达的集结令，是战场上的一面旗帜。我们要坚决避免唯题材论。对于题材的理解，一定要从工具的角度去思考，不要把题材这个载体当成目标。认为只要是好题材，大级别的题材就可以盲目干，出现大题材后还必须依据股价的实际走势判断。有的投资者没有弄清题材的本质，没有厘清题材与股价上涨之间的逻辑，唯题材至上，认为好题材就必然有好行情，一旦周期情绪不好，就容易出现"大题小做"或者"大题不做"的现象，盲目冲进去就会吃大亏。

2023年8月27日，证监会连发《证监会统筹一二级市场平衡优化IPO、再融资监管安排》《证监会进一步规范股份减持行为》《证券交易所调降融资保证金比例、支持适度融资需求》三项公告，与财政部、税务总局发布的《关于减半征收证券交易印花税的公告》并举，开展证券市场"救市"行动。这些消息不可谓不大，但由于市场太弱，上证指数高开5.06%、深证成指高开5.77%、创业板指数高开6.96%，但做多热情并未持续，高开后持续走低，收盘时三大指数收高开低走的大阴线。

短线炒作本身就不是炒价值，而是炒题材、炒概念、炒故事、炒时机、炒情绪。一只个股的题材如果碰在风口上，那必然被短线资金看上，完成一轮炒作，好题材碰上好时机，题材就生逢其时，获得炒作的机会。好题材碰上坏时机，题材就生不逢时，会被主力资金抛弃。所以时机才是关键，时机、周期情绪永远比题材重要。

由此可见，题材不是本质，炒作才是本质，题材只是炒作的工具而已。

题材投机就是一阵风，风来了，猪都能飞上天；风走了，一地鸡毛。

第四节　板块、板块效应及其运动规律

一、板块现象

板块现象，在社会上表现为大大小小的各种类型的组织或团体。

推动近代社会大踏步前进的两个伟大发明：一是经济上的公司制，二是政治上的政党政治。这两种制度的最大特点就是它的组织性。现代管理学之父彼得·德鲁克说过：组织就是让平凡的人做不平凡的事。

历史上唐太宗李世民能成就一番伟业是因为有长孙无忌、尉迟恭、秦

琼、房玄龄、杜如晦、李靖、徐世绩、魏徵等的鼎力相助。美国共和党、民主党，英国的自由党、保守党等都属于政治组织，直接影响着国家政治、经济、社会、生活的方方面面。

二、板块的含义

板块的含义是指由三只以上有同涨同跌联动效应的股票构成板块。

板块具有以下几个方面的特点：

（1）联动性。同一板块多只个股集体涨跌。

（2）持续性。该热点不能是"一日游"。

（3）建制性。板块内的涨停板相差不到两个板。

（4）主营性。主营业务高度相似的板块更好。如，券商、银行、煤炭、房地产、钢铁等。

题材与板块既有联系又有区别，题材是板块的组成部分，板块是资金对题材的一种强烈回应。题材和板块并没有严格的区别，多数情况下可以混用，板块可以称为题材，题材也可以视为板块。有时把这两个词放到一块，称"题材板块"或"板块题材"。

三、板块效应

几只股票因为相同的原因上涨或下跌，其中要有一定数量的涨停板。它们上涨或下跌具有明显的联动性，我们把这种联动性称为板块效应。一般来说，一个板块内要有龙头股领涨，还要有先锋股、助攻股和跟风股。

四、板块的类型

按照所属地域属性划分，板块可以分为上海板块、浙江板块等。

按行业属性划分，板块可以分为房地产、钢铁、银行、化工等。

按概念划分，板块可以分为央企改革、区块链、量子通信、信息安全等。

……

强调题材、板块的意义在于，让我们明确炒股不是炒个股，而是要把个股放在板块中，把板块放在市场中去分析。这类似于学语文，必须字不离词，词不离句，句不离段，段不离篇。

这反映一位投资者对市场、题材、个股的理解力。

五、板块的运动规律

（一）倒三角模型（渐进式）

一只个股率先涨停，受消息刺激，板块内涨停个股不断增加，出现了强大的赚钱示范效应，并引起市场关注，各路资金涌入，导致整个板块集体爆发。于是，前期买入的资金获利巨大，从而产生分歧，这时跟风力量减弱，龙头不再走强，板块行情结束。其外在表现形式是从无到有（见图3-6）。

图3-6　板块运动的倒三角模型

【案例3-1】 2019年5月7日，芯片概念股只有大港股份一只涨停。5月8日，有大港股份、江化微、康强电子、兆日科技4只芯片概念股涨停。5月9日，大港股份、亚翔集成、康强电子、力源信息、容大感光5只芯片概念股涨停。5月10日，大港股份、容大感光、华胜天成、新莱应材、文一科技、士兰微、晓程科技、兆日科技、必创科技、康强电子、苏州固锝、亚翔集成、东土科技、海特高新、上海贝岭15只芯片概念股涨停。

【案例3-2】 2019年5月9日，稀土永磁概念中只有英洛华一只涨停，在它的带动下，稀土永磁概念于5月16日大面积爆发，英洛华、中钢天源、焦作万方、闽东电力、五矿稀土、北方稀土、金力永磁、广晟有色、北矿科技、盛和资源、银河磁体、宁波韵升、中色股份、厦门钨业、正海磁材、中科三环、横店东磁、科恒股份18只稀土永磁概念股涨停。之后，虽然金力永磁代替英洛华成为稀土永磁的龙头，但是英洛华对这波稀土永磁行情的爆发功不可没。

【案例3-3】 2023年9月5日，芯片概念股有同益股份、跃岭股份、蓝箭电子3只涨停。当晚发布利好：媒体报道，半导体三期将推出，计划融资

3 000亿元提振半导体行业。9月6日，芯片概念股大爆发，跃岭股份、华微电子、蓝英装备、盛剑环境、广信材料、扬帆新材、张江高科、圣晖集成、奥普光电、柏诚股份、常青科技、福晶科技、概伦电子、中瓷电子、容大感光、蓝箭电子、京华激光、茂莱光学18只涨停。9月7日，尽管出现了分化，但仍有5只涨停。9月8日，继续发酵，再度出现了11只涨停的局面。

（二）正三角模型（突发式）

受突发消息刺激，板块整体走强。当天板块内至少有6～10只股票涨停，有时能达到当天两市涨停个股数量的一半甚至更多。涨幅达到一定程度后，市场出现分化，导致非龙头个股跟风乏力，逐步淘汰，在市场的竞争淘汰上位机制作用下，龙头出现且继续走强，直到最后龙头不再封板。整个板块走弱，一波行情结束。其外在表现形式是从有到无（见图3-7）。

图3-7 板块运动的正三角模型

【案例3-4】 2021年11月15日，医疗概念爆发，翰宇药业、雅本化学、众生药业、特一药业、羚锐制药、新天药业、新华医疗、九安医疗8只股票涨停。9月16日分化为特一药业、葫芦娃、太安堂、奇正藏药4只涨停。9月17日后只有九安医疗一枝独秀。

【案例3-5】 2023年8月整个市场极度疲弱，即使在这样的情况下，板块效应的规律也发生作用。8月22日，财政部印发《企业数据资源相关会计处理暂行规定》，引发数字经济板块异动，受此消息刺激，当天该板块的久其软件、新炬网络、三维天地、中远海科、卓创资讯、生意宝、竞业达、华塑控股、中国科传、延华智能、挖金客、云赛智联、中原传媒、金桥信息、慧博云通、人民网、浙数文化、上海钢联、德生科技、瑞茂通、久远银海、安妮股份、梦网科技、新华网、零点有数25只涨停。8月23日经过分化，剩下新炬网络、三维天地、延华智能、中国科传、零点有数、威派格、中公高科、直真科技8只涨停。8月24日只剩下了新炬网络、威派格、王子新材3只涨停。因为这个题材并不大，新炬网络连续一字板，无法参与。随着新炬网络见顶，这一题材的炒作宣告结束。

【案例3-6】 2023年10月24日新华社发布消息，中央财政计划在今年四季度增发2023年国债10 000亿元。这一举措旨在通过转移支付方式将增发的国债全部安排给地方，集中力量支持灾后恢复重建和弥补防灾减灾救灾短板，从而整体提升我国抵御自然灾害的能力。在10月24日举行的十四届全国人大常委会第六次会议上，全国人民代表大会常务委员会通过了关于批准国务院增发国债和2023年中央预算调整方案的决议，明确了上述安排。

受此消息刺激，10月25日基础建设板块爆发，有22只个股涨停。26日分化为7只涨停，27日分化为4只涨停，30日分化为3只涨停，31日随着龙头龙洲股份的见顶只有2只涨停，11月1日该题材熄火。

（三）菱形模型（渐进延展型）

菱形板块运动规律是由倒三角模型板块运动规律演变而来的（见图3-8）。

通常是受消息刺激，某一只个股连续涨停，出现了强大的示范效应，引起市场关注，各路资金涌入，导致板块内个股集体爆发。

集体爆发以后，出现了补涨龙头，带动板块内个股纷纷涨停。前期龙头调整后继续涨停，或者前期龙头加速一字板，这时出现补涨龙头与前期龙头齐头并进的局面。补涨龙头的

图3-8 板块运动的菱形模型

走势并不影响前期龙头的走势。直到跟风股逐渐减少，龙头见顶，行情结束。其外在表现形式是从无到有，再从有到无。

【案例3-7】 2022年1月26日，基础建设板块概念有5只个股涨停：保利联合、冀东装备、银龙股份、棕榈股份、建研设计。27日、28日保利联合成为基础建设概念中唯一涨停的个股，之后春节长假休市。2月7日节后第一天，保利联合带动基础建设板块39只个股涨停，这一天保利联合四连板，成为这个板块理所当然的龙头，但由于之后连续一字板，只有象征意义，没有参与价值。2月8日该题材尽管出现了分化，但热度不减，仍有18只涨停，

这一天连板的股票除保利联合外，还有三连板的冀东装备，二连板的中国海诚、中岩大地、汇通集团、浙江建投、宏润建设、韩建河山、华蓝集团、重庆建工。2月9日11只涨停，经过分化，三连板以上的股票除了保利联合外还有冀东装备、浙江建投、重庆建工、汇通集团、中国海诚。2月10日10只涨停，四连板以上的股票有4只：冀东装备、重庆建工、汇通能源、浙江建投。2月11日分化加剧，有6只涨停，龙头在浙江建投和汇通集团中竞争。2月14日有9只涨停，浙江建投成为真正的市场龙头，带领板块继续走强。2月15日有2只涨停，16日有13只涨停，17日有4只涨停，18日有9只涨停，21日有8只涨停，22日浙江建投停牌，涨停股降为5只，23日该板块暂时熄火，完美演绎了板块运动的菱形发展轨迹。

（四）沙漏形模型（突发延展型）

沙漏形模型板块运动规律是由正三角模型板块运动规律演变而来的（见图3-9）。

通常是一个消息刺激导致一个板块整体走强，大面积涨停，一般至少有6～8只涨停，次日开始出现分化，涨停数量逐渐减少，直到剩下一只龙头股。这是前半段正三角模型。在龙头的带动下，板块再次爆发，涨停数量逐渐增加，出现涨停潮。一般来说，再次大面积涨停的出现，也就是行情将要结束的标志。成为

图3-9　板块运动的沙漏形模型

最后的毕业照，行情结束，这是后半段倒三角模型。在整个沙漏形模型中，会出现贯穿前后两段的大龙头，也有前半部分是一只龙头，后半部分是补涨龙。其外在表现形式是从有到无，再从无到有。

【案例3-8】2023年8月28日，地产链概念爆发，当天有中迪投资、金科股份、三六五网、珠江股份、南山控股、我乐家居、光大嘉宝、新大正、荣盛发展、中南建设、华远地产、天房发展12只涨停。经过分化，8月29日只剩下珠江股份、中迪投资、我乐家居、金科股份、新正大、深物业A、恒林股份7只涨停。8月30日只剩我乐家居一只涨停。以上是典型的正三角模

型。8月31日，有澳柯玛、我乐家居2只涨停。9月1日，扩大为我乐家居、中迪投资、梦天家居、豪江智能4只涨停。9月4日，再度大面积爆发，有我乐家居、中装建设、梦天家居、世联行、顶固集创、亚士创能、亚振家居、三湘印象、中迪投资、华阳国际、新大正、我爱我家、坚朗五金、中源家居、爱丽家居、帝欧家居、金牌厨柜17只涨停。之后再度分化，9月5日，有我乐家居、奥普家居2只涨停。9月6日，有菲林格尔、我乐家居、中国武夷3只涨停。9月7日，只有亚振家居、爱丽家居2只涨停。随着我乐家居的见顶，地产链概念归于沉寂。8月31日之后是典型的倒三角模型，两者组合起来构成沙漏形模型。

第五节　题材、板块在实际操作中的应用

一、题材的获取途径

（一）中央电视台

重点是中央一台的新闻联播、中央二台的财经类节目。新闻联播每天都要报道国家领导人的活动、国内的政策动向、经济形势、国际重大事件，这些都是短线选手需要及时捕捉的重要信息。要养成每天看新闻联播的习惯，提高对重大政策和事件的敏感性及解读能力。中央二台的财经类节目直击国家经济形势、经济政策，是投资者获取市场信息、把握市场动向的一手材料。这些都是官方消息，大道消息，我们要的是大道消息，而不是小道消息。

（二）"开盘啦"App、"同花顺财经"网站

诸如此类的App、网站很多，且大同小异，大家可以根据自己的实际情况选择一两种即可，没有必要全部都看。我习惯看的是"开盘啦"App和"同花顺财经"网站，感觉有这两个就足够了。

"开盘啦"可以看以下几项：

（1）快讯。这里有7×24小时资讯，如果勾选"只看重要"，只显示重要的资讯，且用醒目的红色显示。每天抽几分钟时间浏览一下。

（2）行情—沪深—精选或行业板块。这里有板块的强度、主力净额、上一季度机构增仓等数据。这里的数据是即时的，便于我们在盘中及时发现主力资金的进攻方向和热点题材板块的变化。

（3）复盘啦、市场情绪、大盘直播、实时龙虎榜、北向资金等栏目也非常有用。

大家可以在手机上下载"开盘啦"App，熟悉栏目、菜单及具体内容，用熟了，就顺手了（见图3-10）。

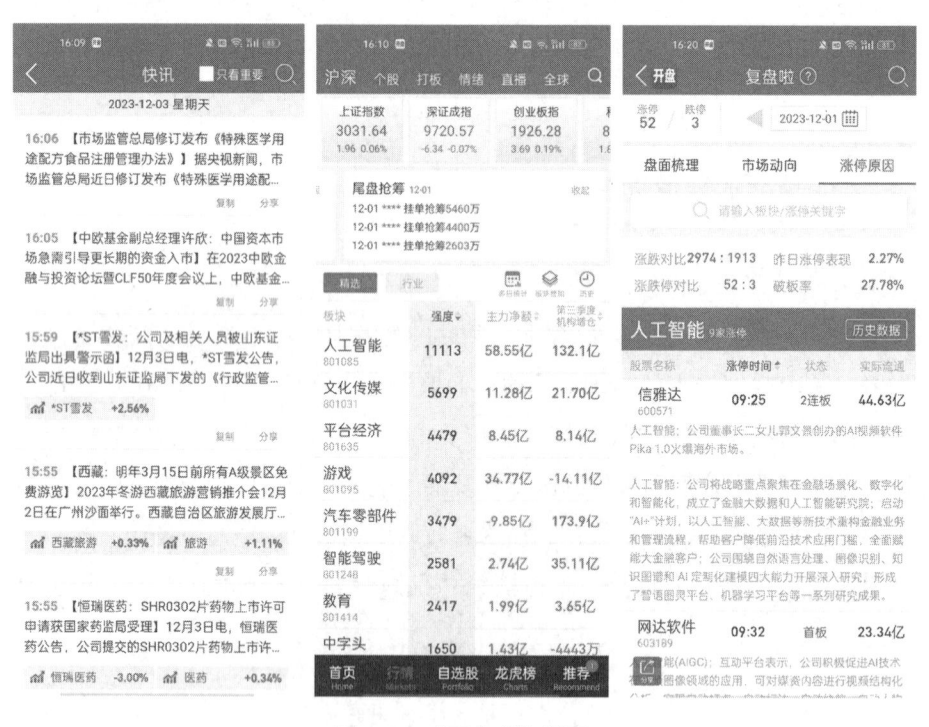

图3-10 "开盘啦"界面

同花顺财经网站的栏目很多，我们可以找到需要的资讯，如国家领导人的活动及讲话、国家重大政策、重要的经济数据等，需要大家经过一段时间的熟悉，用起来才能得心应手（见图3-11）。

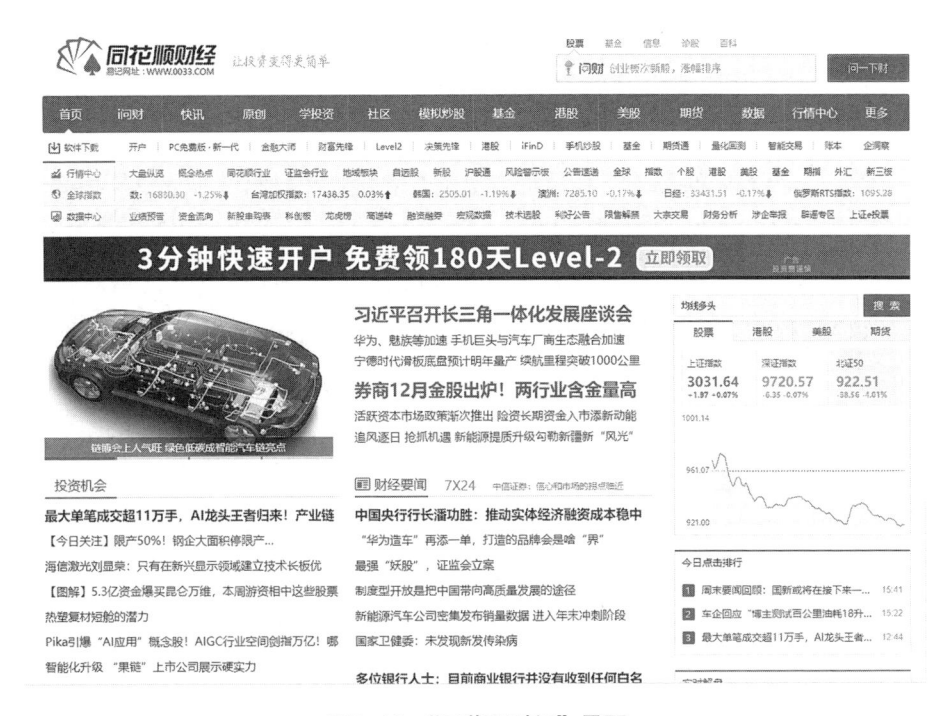

第三章 题材热点——短线龙头股的生长土壤

图 3-11 "同花顺财经"界面

（三）操作系统自带板块归类及个股的板块属性

操作系统的板块标签中列出了证监会行业板块、概念板块、风格板块、指数板块、地区板块、行业板块6大板块，每一个板块还列出了细分板块，也列出了每个细分板块中的个股。最有用的是行业板块和概念板块。

在个股界面下，单击右键菜单，点所属板块，就会给出该股的题材和板块属性。

题材的收集很重要，但解读题材更重要。在重视题材收集的同时，一定要培养对题材的解读能力。这是投资者走向成功必备的功力。

二、题材轮动及板块结构

（一）题材轮动

每天市场上会有多个题材在表现，经常出现多个强势题材轮动混战的局面，这是市场的常态，为什么会出现题材轮动的局面呢？

第一，不可能所有短线资金都装进一个题材板块，单一题材的容量有限。

第二，没有好的位置，其他资金也不会去玩这个题材，不如重新挖掘一个题材找好的位置做。

第三，资金群体扩大后，理解力与风格自然会出现百花齐放的格局。

这样就出现了题材众多，板块轮动，甚至多个强势题材轮动混战的局面。

（二）板块结构

面对题材轮动混战的复杂局面，投资者常常感到眼花缭乱、无从下手，我们要善于从纷繁复杂的乱局中，厘清脉络，理出头绪。也就是说，不论市场上有多少个题材，有多少只股票涨停，我们都必须抓住主要矛盾，搞清楚重点，弄清市场的板块结构。

我们把市场上众多的题材板块分为最强题材、次强题材、新题材、一般题材四大类。一方面要关注当天的最强题材、次强题材、新题材，另一方面要看前一天延续性强的题材。这样市场的脉络就变得非常清晰，我们每天关注的题材只有少数的几个，关注的个股只有少数的几只。大量的一般性题材一概不看，除非它演变成最强题材或次强题材。

如何判断最强题材、次强题材、新题材和一般题材呢？

首先看它的联动性。其标准是数量优先、空间优先、时间优先。

题材中涨停数量最多的就是当天的最强题材；涨停数量相同的，有连板最高个股的题材为最强题材；涨停数量和连板高度相同的以其中个股涨停时间最早的为最强题材。排在第二位的是次强题材。当天刚出现的题材为新题材。其他大量的题材为一般题材。

其次看它的延续性。其标准是次日出现批量二板、批量一字板、批量反包。即使前一天涨停数量最多，但次日没有二连板个股出现，也说明这个题材没有延续性，并不强势，只是"一日游"。当天有联动性，次日有延续性的题材才是我们重点关注的题材。

【案例3-9】 2023年10月24日，新华社发布消息，中央财政计划在四季度增发2023年国债10 000亿元。通过转移支付方式将增发的国债全部安排给地方，集中力量支持灾后恢复重建和弥补防灾减灾救灾短板，从而整体提升我国抵御自然灾害的能力。

10月25日，基础建设板块爆发，两市涨停64只，基础建设涨停22只，占全部涨停数量的1/3，成为当天最强题材。排在第二位的是人工智能（算力租赁）涨停9只，成为次强题材。旅游为新题材，明显不强，可以忽略。其他的为一般题材，完全可以不予关注。所以在次日看盘时，我们只关注两个题材：基础建设和人工智能，只在这两个题材中选择操作标的。

10月26日，涨停数量最多的题材是汽车类（华为汽车）题材，涨停9只，成为最强题材。前一天的基础建设涨停降为7只，但全部连板，说明基础建设题材的强度得到了延续。前一天的次强题材人工智能，只涨停2只，没有延续性，放弃关注。新题材是卫星导航。所以，次日我们只在华为汽车、基础建设、卫星导航三个题材中寻找操作标的。

10月27日，汽车类（华为汽车）10只涨停，有6只连板。基础建设板块仍有4只涨停，全部连板。卫星导航没有表现出延续性，放弃。新题材是医药。次日，我们只在华为汽车和医药中寻找标的，基础建设涨幅过大，前几日买进的继续持有，没有买进的就放弃这个题材。

面对纷繁复杂、杂乱无章的盘面，我们一定要以联动性、延续性为原则，找出当天涨停数量最多、联动性最好的题材，还要找出昨天联动性最好、今天延续性最好的题材。这才是我们重点关注和操作的目标题材。

三、个股题材的多重属性

一只个股有很多题材属性，但引起股价上涨的题材最多只有两个，所以我们在分析个股涨停原因时，一般会找两个原因。长白山（603099）有吉林板块、旅游概念、振兴东北概念三个属性，但引起该股2024年1月上旬上涨的原因是旅游和振兴东北两个属性。亚世光电（002952）有辽宁板块、元器件概念、消费电子概念、虚拟现实概念、OLED概念、电子纸、VR/AR/MR七个属性，但引起该股2023年12月底上涨的原因是VR/AR/MR和OLED两个属性。

题材的两个属性有主次之分。主要属性是股价上涨的主要因素，次要属性是股价上涨的次要因素。对主次属性的判断一定要准确，因为这关系到个股的题材归类、板块效应、个股涨跌联动性的判断。可参考同花顺、开盘啦等App的涨停原因，确定涨停个股的主要题材属性。

有时个股的题材属性是会发生变化的，这种变化有利于个股拓展空间高度。

【案例3-10】 深中华A（000017），2024年1月9日—12日的属性是锂电池和两轮车，15日、16日的属性是锂电池和深圳，17日、18日是锂电池和黄金，19日之后的属性变成了深圳和黄金。随着题材属性的变化，深中华A的高度在不断拓展。深中华A的不同属性带动了不同属性的股票。锂电池属性带动的股票有：德新科技（603032）、金龙羽（002882）、恒兴新材（603276）、东华科技（002140）；深圳属性带动的股票有：华控赛格（000068）、特力A（000025）。

我们要根据题材属性的变化，及时调整板块结构，重新确立新的联动关系，切不可刻舟求剑。

第四章

周 期 情 绪

——短线龙头股的成长环境

周期大如天。

周期情绪是周期的自然现象、社会现象、经济现象在股市的反映。

看清大势,成就大事;小成靠勤奋,大成靠周期。

周期上升时,乘势而上,策马扬鞭;周期下降时,闭门休战,养兵休整,静待进攻时机出现。

在实际操作中，我们特别看重题材的级别和大小，普遍认为，大题材催生大行情，小题材催生小行情。但实际情况往往并不是这样，有时候很小的题材也可以催生大行情，出现大龙头，呈现"小题大做"的现象；有时候很大的题材市场就是不认可，要么"一日游"，要么波澜不惊，呈现"大题小做"或"大题不做"的现象。

一些假的龙头信仰者，习惯于无脑上龙头，结果发现有时成功，有时失败。

总的来说，我们会感到：一段时间好做，一段时间不好做，一段时间怎么做都是对的，一段时间怎么做都是错的。

这是周期在起作用。

当周期上升时，看似不大的题材也能制造大行情，产生大龙头；当周期下降时，大题材也掀不起波浪，逆势上龙头如同飞蛾扑火，自取灭亡。

时来天地皆同力，运去英雄不自由。

炒股就像渔民打鱼，打鱼的方法和技术很重要，选择打鱼的水域也非常重要，因为有的水域有大鱼，有的水域没有大鱼。但更重要的是时机，比如，我们不能在伏季休渔期捕鱼，不能在阴风怒号、浊浪排空的日子出海打鱼。否则，不仅打不到鱼，而且连自身的生命安全都得不到保障。

这里的方法技术是炒股的技能，水域是题材，时机是周期情绪。

所谓周期，是指事物在运动、变化过程中，某些特征多次重复出现，其连续两次及两次以上循环出现所经过的时间。

其实周期就是轮回，周而复始，循环往复。时机是周期运行过程中的某一阶段或某一关键点。

在股市中选择永远大于努力，选择包括择时、择股。小成靠勤奋，大成靠周期。看清大势，才能成就大事。择时重于择股，周期重于题材。

第一节　周期现象

一、周期的自然现象

周期是自然界、人类社会最本质的特征和最基本的事实。如果没有地球围绕太阳作周期性运动，就不可能有气候的变化、生命的萌芽和人类的诞生。正是由于周期的存在，才使我们这个世界万事万物的发展得以延续。

自然界有许多周期现象：太阳东起西落，周期循环；月亮阴晴圆缺，循环往复；春夏秋冬，四季轮回；寒来暑往，周而复始；潮涨潮落，起伏有致。

动物的睡眠与觉醒，人类情绪的高潮与低潮，候鸟的南迁和北归，农作物的播种与收割，花开花谢，草木枯荣，都体现了生物的周期现象。

物理学中的钟摆振动、阻尼运动、天体运动、机械运动均表现出周期性。

周期向人们展示了事物发展以时间为轴，波浪式循环运动的过程。

人们遵循周期规律，春种、夏管、秋收、冬藏、日出而作、日落而息，周而复始、循环往复。

二、周期的社会现象

周期的社会现象普遍存在。《三国演义》的卷首语："话说天下大势，分久必合，合久必分。"社会存在着治乱分合的周期规律。周末七国纷争，并入于秦。及秦灭之后，楚汉纷争，又并入于汉。汉朝自高祖斩白蛇而起义，一统天下，后来光武中兴，传至献帝，遂分为三国。有人把这种分分合合的现象进一步概括为：大动乱、小统一、大统一。春秋战国的大动乱之后是秦朝的短期统一，之后迎来的是两汉的大统一。三国两晋南北朝的大动乱之后是隋朝的短期统一，之后迎来的是唐朝的大统一。五代两宋的大动乱之后是元朝的短期统一，之后迎来的是明清的大统一。这种周期规律，未必适用于现代，但它确实是中国古代历史上存在的周期现象。

历代封建王朝都经历过从建立、发展、鼎盛到衰落的过程。王朝初建时期，统治者励精图治，努力发展生产，恢复经济。随着经济发展、人口增长、国力强盛，王朝进入鼎盛时期。繁荣的背后潜伏着危机，社会矛盾尖锐，阶级矛盾、民族矛盾频发，王朝走向衰落。这是治乱兴衰、王朝更迭的周期现象。

人类社会是在生产力与生产关系的矛盾运动中向前发展的。

当生产关系与生产力的发展要求相适应的时候，生产关系就推动生产力的发展；当生产关系与生产力的发展要求不相适应的时候，生产关系就阻碍甚至破坏生产力的发展。要随着生产力的不断变化去调整生产关系，让生产关系适应生产力发展的需要。生产力和生产关系的变化也呈现周期性的变化。

人类文明中心的转移也呈现周期性的变化。总的来说，古代文明是从太平洋西岸开始的，到现在已经经历了三次大转移：第一次从太平洋西岸转向地中海，第二次从地中海转向大西洋，第三次从大西洋重返太平洋。这是人类文明中心转移的周期性趋势。

中国古代有六十年一个轮回的说法，称为六十年一甲子，人的一生要经历童年、少年、青年、中年、老年，直到死亡，人生就是生老病死的轮回。

从幼年懵懂到少年张狂，从青年激情到中年成熟，直至老年衰退。每个阶段做每个阶段的事情，年少时努力学习，青年时积极进取，中年时奠定事业，老年时老有所养，代代如此，循环往复。

人类社会总是在治乱兴衰中遵循否定之否定规律，螺旋式前进。这是社会自身矛盾运动的结果，也是社会发展的前进趋势和迂回曲折的途径。

三、周期的经济现象

纵观人类历史的发展过程，无论是自然经济、市场经济还是计划经济，各经济体无不在繁荣、衰退、萧条、复苏中周而复始轮回（见图4-1、图4-2）。

图 4-1　标准的经济周期波动

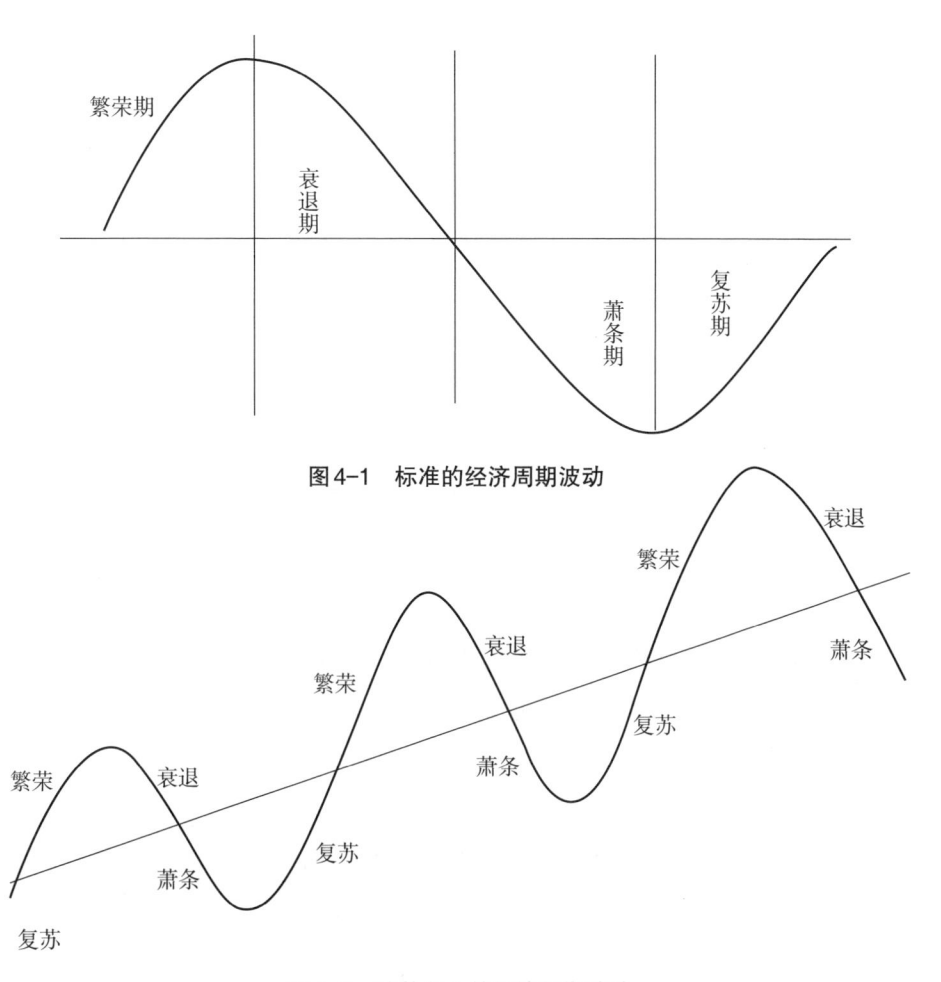

图 4-2　趋势向上的经济周期波动

繁荣，经济活动扩张或向上的阶段。
衰退，由繁荣转向萧条的过渡阶段。
萧条，经济活动收缩或向下的阶段。
复苏，由萧条转向繁荣的过渡阶段。

尽管每次周期或长或短，背后的支撑动力各有差异，但经济发展的周期性是不以人的意志为转移的。正因为周期存在很大的必然性，这也就成为绝大多数经济理论研究者研究的重要对象。

也有人把经济周期分为两个阶段：第一是扩张阶段，第二是收缩阶段。

认为经济周期是经济运行中周期性出现的经济扩张与经济紧缩交替更迭、循环往复的一种现象（见图4-3）。

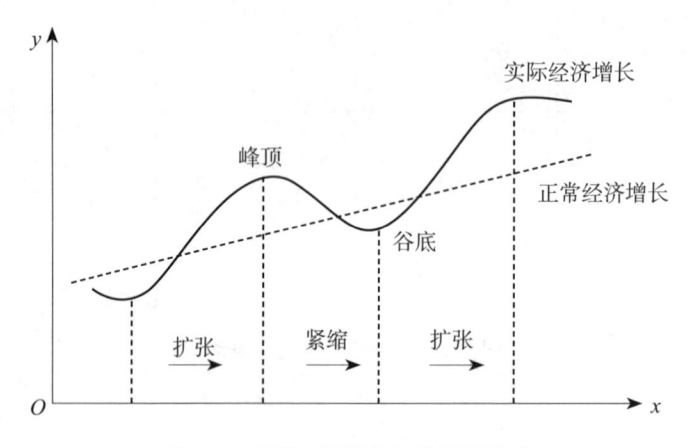

图4-3 扩张—紧缩的经济周期波动

在扩张阶段，市场需求旺盛、订单饱满，企业快速扩张，这时经济发展就会带动经济周期出现繁荣。当企业被市场繁荣冲昏头脑的时候，企业就会受到扩张过快、过热带来的困扰，市场收缩的趋势正式展开。

企业发展也呈现周期性的轮回。企业的发展分为初创期、成长期、成熟期和衰退期四个阶段，不同的发展阶段，企业因面临的情况不同，而采取的发展战略也不同，从而使企业的财务报表呈现不同的特点（见图4-4）。

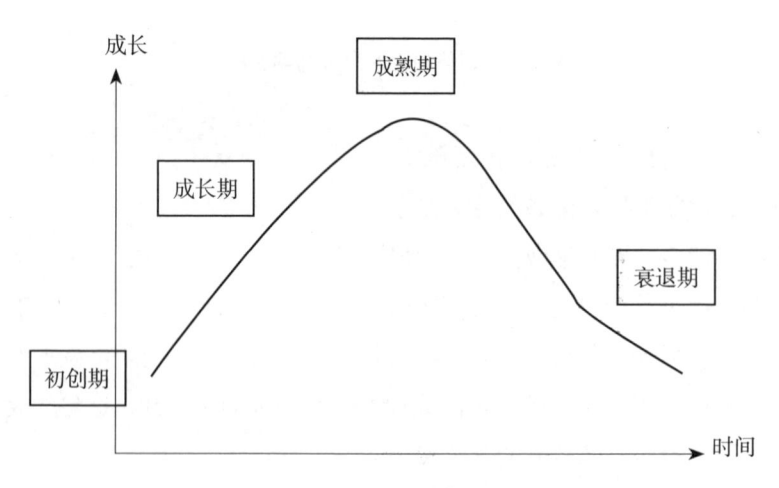

图4-4 企业生命周期

处于初创期和成长期的企业，实施的是扩张型发展战略，企业会加大对固定资产和存货的投入，从报表上来看，存货量会比较大。处于成熟期的企业，产品市场成熟，经营规模稳定，盈利能力强，这时的企业多采用稳定型的发展战略，在企业的财务报表上反映的存货量就小。处于衰退期的企业，由于产能下降，利润率降低，新产品替代旧产品，因此会出现销售业绩下滑、存货积压的现象，这时在企业的财务报表上出现的存货量就很大。

第二节　股市的两类周期

在股民的交流中，我们经常碰到一些词语。如，大局观、市场行情、市场温度、市场情绪、赚钱和亏钱效应、市场环境、指数、时机等。这些词从不同的角度反映股市的周期现象。

股市周期是指股票市场升势与跌势更替出现、不断循环往复的过程，通俗地说，周期是指股票上涨下跌的一个循环，是股价涨跌不断更替的现象。

有位大佬说过，一个人如果把握了股票市场的周期，他将拥有整个世界。周期是虚幻的，很难准确把握，我们只能走一步看一步，通过预判、跟随、应变，最大限度地接近市场周期的真实走势。

股市有两类周期：一是指数趋势周期；二是短线情绪周期。

一、指数趋势周期

大盘指数是所有股市参与者共同作用的结果。我们把大盘指数涨涨跌跌的周期性变化称为指数趋势周期。

在分析个股时，我们可以通过题材、地位、周期等多角度进行分析。而指数没有题材，无法判断其地位，它本身就是周期，所以只能通过技术分析的方法做出判断。

这里的指数是指上证指数、深证指数、创业板指数。多数情况下，三大指数的走势基本是一致的，所以我们以上证指数作为分析的对象。

趋，即方向；势，即能量。趋势是指向某一方向形成明确的运行轨迹及内在蕴藏的能量。趋势一旦确立，方向不会轻易改变，能量不会轻易消退。就像春天一旦来临，接下来必然是夏天，不可能由春天直接转入冬天，必须经过夏、秋之后，才能进入冬天。

未来不可预测，但能判断趋势。

（一）趋势的三种类型

股票的价格趋势有上升趋势、下降趋势、震荡趋势三种。

1. 上升趋势：高点抬高、低点抬高

上升趋势是指，高点逐步抬高，低点也逐步抬高的过程。即C点高于A点，当D点超过B点时，上升趋势成立（见图4-5）。上升趋势中每次回调都是为了进一步上涨（见图4-6）。

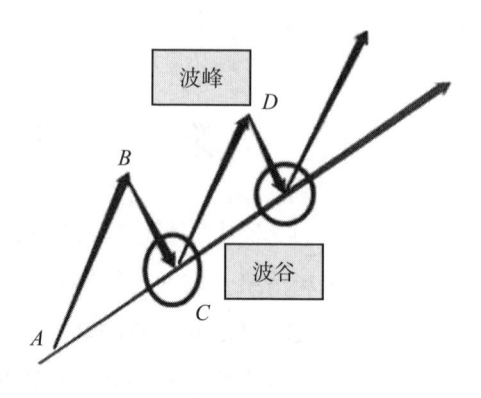

图4-5　上升趋势

图4-6　上证指数的上升趋势（2022年4月27日—7月5日）

2. 下降趋势：高点降低、低点降低

下降趋势是指，低点逐步降低，高点也逐步降低的过程。即C点低于A点，当D点低于B点时，下降趋势成立（见图4-7）。下降趋势中每次反弹都是为了进一步下跌（见图4-8）。

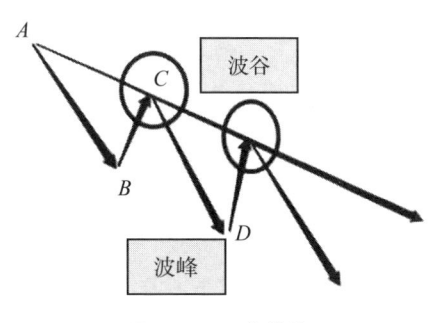

图4-7　下升趋势

图4-8　上证指数的下升趋势（2022年7月5日—10月11日）

3. 震荡趋势：几个顶部和底部基本一致

几个底部和顶部的价位基本一致，形成了横向震荡整理的态势（见图4-9、图4-10）。

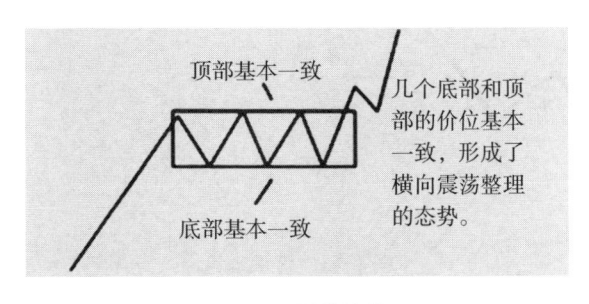

图4-9　震荡趋势

图4-10　上证指数的震荡趋势（2020年7月16日—12月31日）

趋势的力量是巨大的，趋势一旦形成，就会形成惯性。这种惯性向上，就会沿着上升趋势发展。如果惯性向下，就会沿着下降趋势发展。如果惯性横向震荡，就会横向震荡一段时间。这符合艾略特的波浪理论（见图4-11）。

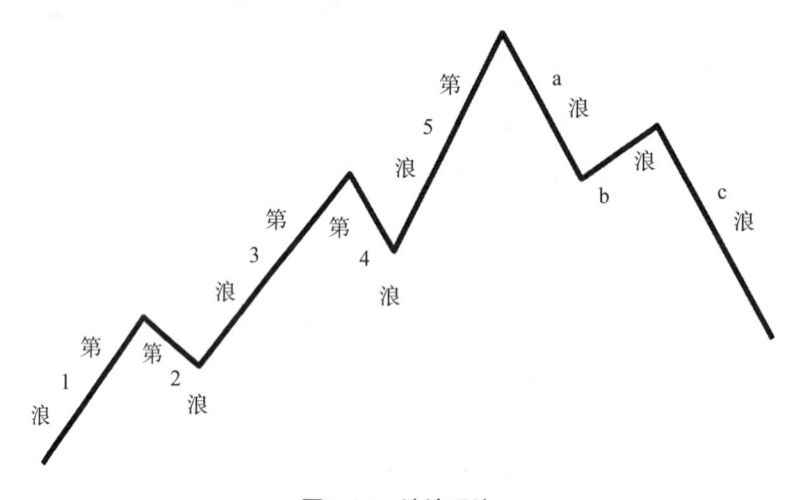

图4-11　波浪理论

（二）如何把握指数趋势周期

1.利用均线进行判断

均线是反映股价运行的一个指标。我们可以把均线设置成5日、10日、30日、60日。60日均线是牛熊线、强弱线、生命线（见图4-12）。

图4-12　60线是牛熊线、强弱线、生命线

股价的上升趋势是指，股价经过一轮下跌，5日均线走平上翘，K线站上5日均线，表明有先知先觉的资金介入。如果出现在下跌中继，会出现反弹行情；如果出现在下跌底部，会出现反转行情。当5日均线上穿10日均线，形成金叉穿越时更可靠。在这个过程中，每突破一条均线，基本上还要回踩该均线。即使是反转也不可能直线上升，它会螺旋式上升，形成高点抬高，低点也抬高的上升趋势。

【案例4-1】　2023年10月26日，上证指数（999999）K线站上5日均线，5日均线走平上翘。10月31日，5日均线上穿10日均线，形成金叉穿越，开启了一波反弹行情（见图4-13）。

图4-13 上证指数（2023年10月）

下跌趋势：经过一轮上涨，5日均线走平下栽，K线跌破5日均线，表明有先知先觉的资金在出逃。当5日均线下穿10日均线，形成死叉穿越时更可靠。在这个过程中，每跌破一条均线，基本上还要反弹至该均线。形成高点降低，低点也降低的下降趋势。

【案例4-2】2023年8月8日，上证指数（999999）K线连续两天跌破5日均线，5日均线拐头向下。8月9日，5日均线下穿10日均线，开启了一波下跌行情，每一轮下跌都创新低，每一次反弹都不创新高。形成高点降低，低点也降低的下降趋势（见图4-14）。

一定要记住，上升趋势的特点是：高点在抬高，低点也在抬高；下降趋势的特点是：低点在降低，高点也在降低。上升趋势中的每一次下跌都是为了进一步上涨。下降趋势中的每一次反弹都是为了更好地下跌。

不要逆势操作，也不要迷信个股会强大到不理会大盘暴跌而独善其身的程度。因为趋势一旦形成，不可能马上反转，不可能刚从ICU出来就直接进KTV。趋势的反转需要时间和成交量的配合。

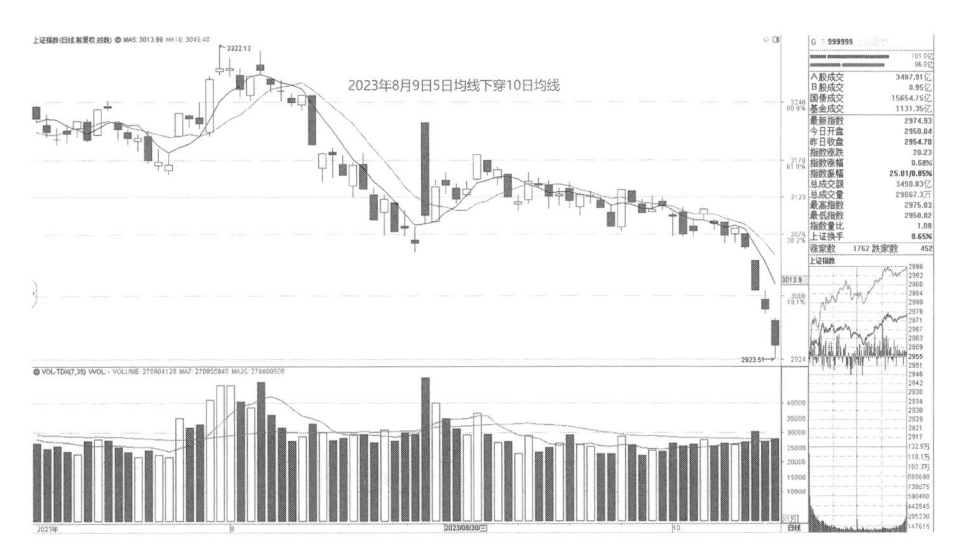

图4-14　上证指数（2023年8月9日）

2. 利用趋势线进行判断

股价的趋势线可以分为上升趋势线、下降趋势线、平行线、水平线。

（1）上升趋势线。将逐步抬高的低点连接起来，将逐步抬高的高点也连接起来，这两条线就是上升趋势线。两条上升趋势线中间就是上升通道。上面的线叫上轨，下面的线叫下轨。下轨是支撑线，上轨是压力线（见图4-15）。

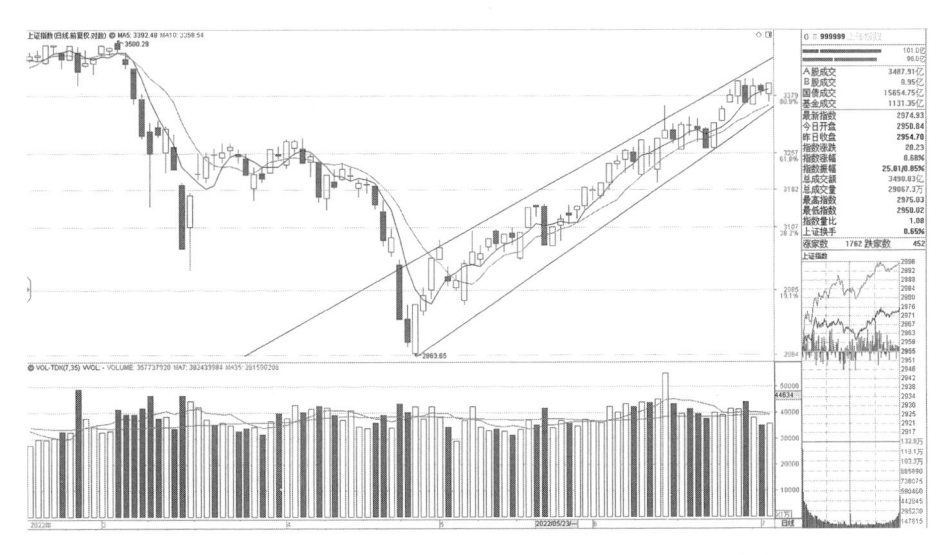

图4-15　上升趋势线（上证指数2022年4月底—7月初）

（2）下降趋势线。将逐步降低的低点连接起来，将逐步降低的高点连接起来，这两条线就是下降趋势线。两条下降趋势线中间的是下降通道。上面的线叫上轨，下面的线叫下轨。下轨是支撑线，上轨是压力线（见图4-16）。

图4-16　下降趋势线（上证指数2023年8月—10月）

（3）平行线。多数时候上下轨是平行的，我们可以画平行线。上升趋势线，先画上轨，然后拖拽画出下轨（见图4-17）。下降趋势线，先画下轨，然后拖拽画出上轨（见图4-18）。下轨是支撑线，上轨是压力线。经过的点越多，越可靠，一开始，取最近的两个低点或高点画线，随着行情的发展，可以不断调整。

上升趋势与下降趋势的两条线是分别画出的，平行线是一次性画出的。

（4）水平线。以前低点画出的水平线叫支撑线，以前高点画出的水平线叫压力线。我们把趋势线和水平线都画出来会发现，两条线的交叉点，一般是变盘点（见图4-19）。

第四章 周期情绪——短线龙头股的成长环境

图4-17 上升趋势平行线（上证指数2022年4月底—7月）

图4-18 下降趋势平行线（上证指数2022年7月—10月）

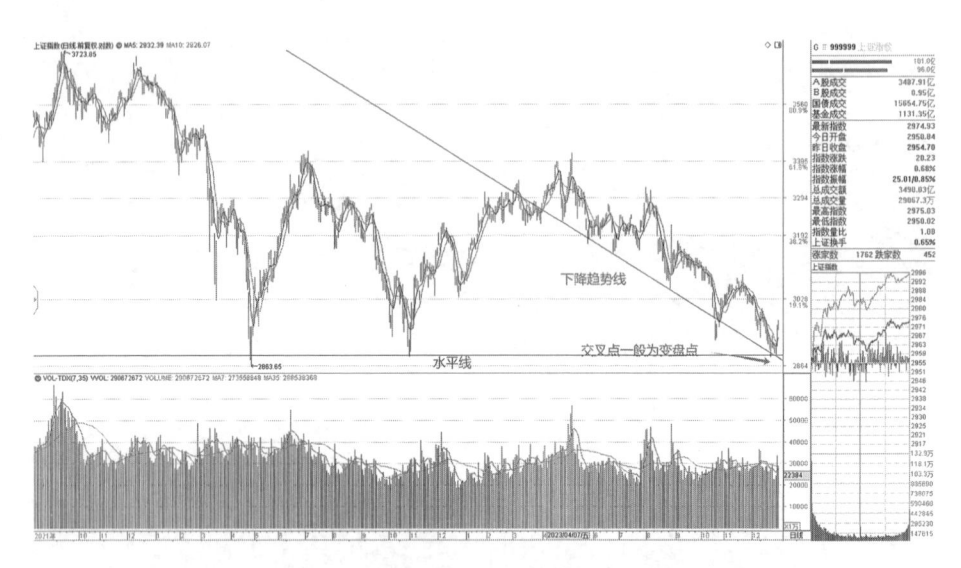

图4-19　水平线与下降趋势线的交叉点为变盘点（上证指数2023年12月）

3.利用MACD指标进行判断

（1）MACD的组成。

① 两条移动线。白线DIF是快线，黄线DEA是慢线。白线上穿黄线叫金叉，白线下穿黄线叫死叉。

② 零轴线。是MACD的中心线，是强弱分界线。相当于60日均线。

③ 红绿柱。这些柱体是DIF和DEA的差值，就是快线值减去慢线值的差值。正值在零轴线上，是红量柱。负值在零轴之下，是绿量柱。

MACD相关概念见图4-20。

（2）MACD的作用。

① 金叉做多，死叉做空。频繁的金叉死叉，没有操作价值。如果要抓大机会，就必须抓住零轴之上的第二次金叉。大家注意，在零轴之下的金叉是开始吸筹的，一直吸到上了零轴，上了零轴之后洗盘，洗盘造成MACD零轴上死叉，但这个死叉不可怕，再次金叉就是进攻信号。

② 红绿柱变长变短更灵敏。金叉和死叉并不灵敏，这时可以看红、绿柱体。死叉后绿柱体由长变短时，就预示着要上攻了。相反，红柱体由最长开始变短时，就说明要开始调整或下跌了。

大家一定记住：绿柱体由长变短，要上攻；红柱体由长变短，要下跌。

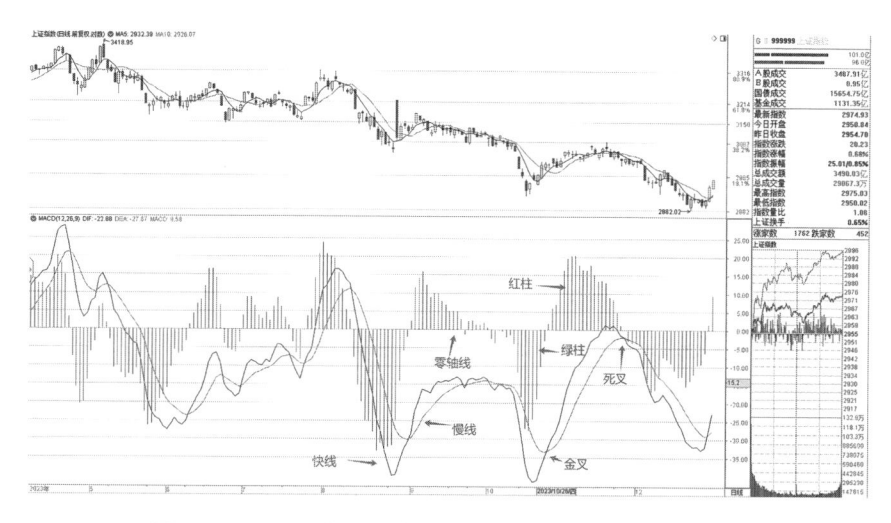

图4-20　MACD相关概念（上证指数2023年8月—12月）

③ MACD顶底背离。当股价下跌，而MACD抬高时，就形成了底背离，表明尽管价格下跌了，但背后的量能在暗流涌动，之后看涨。当股价上涨，而MACD降低，就形成了顶背离，表明尽管价格上涨了，但背后的量能在下降，之后看跌。

④ 风洞和反弹。零轴之上死叉后再金叉的，有风洞，好辨认。也有不死叉就起来的，这叫反弹。反弹比死叉后再金叉更强势（见图4-21）。

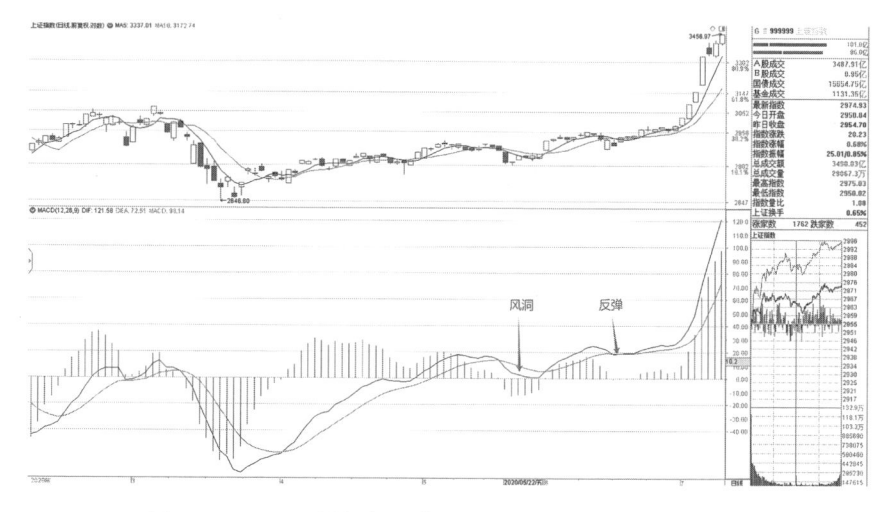

图4-21　MACD风洞与反弹（上证指数2023年5月—6月）

4. 利用K线形态进行判断

见底的形态主要有：关键位置的下影线、十字星、日月合抱，低开大阳线等。大的形态有头肩底、V形底等。顶部形态与底部正好相反。

形态是最不可靠的，但关键位置的形态可以作为判断顶、底的重要参考。

K线形态是最基本的知识，在此不再赘述。

上升趋势是我们炒作股票的黄金时段，大胆做多。震荡趋势是横向盘整，根据资金情绪做多或做空。下降趋势，总的来说应该空仓观望，但每一次反弹都有机会，指数只要给点阳光，游资就会灿烂。

搞清趋势之后，就要找拐点，找反弹的拐点即支撑性拐点，找反转的拐点即突破性拐点。支撑性拐点带来的是小行情，突破性拐点带来的是大行情。

在具体操作中，我们可以按照K线形态——均线——MACD指标线——趋势线——趋势结构的顺序，一步一步进行观察分析。

【案例4-3】2022年4月27日，上证指数走出了低开高走的大阳线，出现了日月合抱的止跌K线组合。4月28日，K线站上5日均线，MACD绿柱变短，快线由下栽开始走平。5月6日，5日均线上穿10日均线，MACD快线上翘。5月10日再收低开高走的大阳线，MACD快线上穿慢线。5月10日的低点高于4月27日的低点，5月11日的高点高于5月5日的高点，上升结构形成。

2022年4月底到7月初，三大指数形成上升趋势，指数趋势周期向上，这一阶段是最好赚钱的（见图4-22）。

这一阶段的龙头股有：

4月22日—5月11日的湖南发展（000722）

4月26日—5月13日的新华制药（000756）

4月26日—5月10日的浙江建投（002761）

5月13日—31日的中通客车（000957）

5月24日—6月2日的宝塔实业（000595）

6月1日—10日的华西能源（002630）

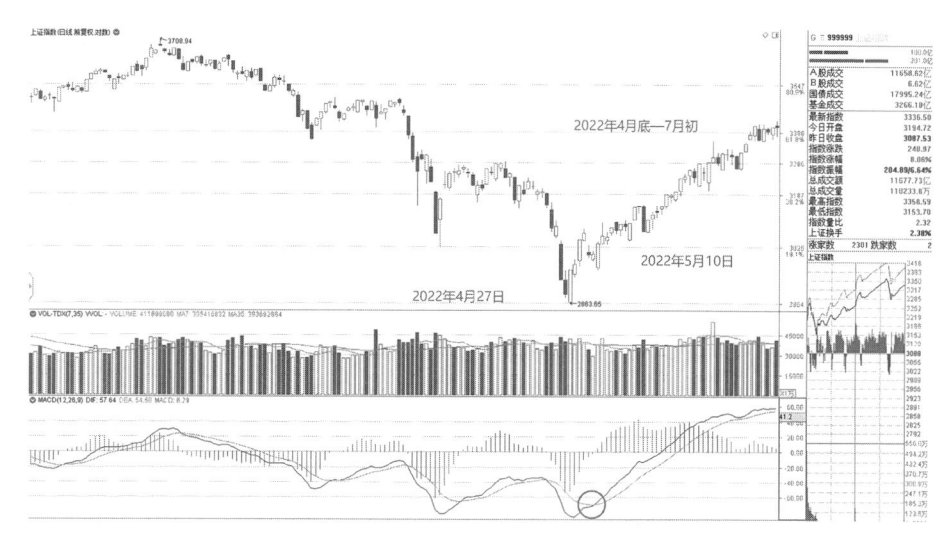

图4-22　上证指数（2022年4月底—7月初）

6月9日—15日的郑州煤电（600121）

6月10日—28日的集泰股份（002909）

6月13日—28日的浙江世宝（002703）

6月21日—29日的巨轮智能（002031）

6月23日—7月1日的传艺科技（002866）

6月28日—7月8日的赣能股份（000899）

这是一个英雄辈出的时段，群星璀璨，做起股票来感觉非常爽。

【案例4-4】　2023年12月底，上证指数经过一段时间的大跌之后，出现了止跌迹象，K线两次出现日月合抱形态，K线站上5日均线，5日均线走平上翘。12月28日，5日均线上穿10日均线，收大阳线。MACD绿柱变短，快线上穿慢线，形成金叉穿越。下降趋势线与水平连线交叉，出现变盘点。但是由于政策乏力，量能没有放大，未扭转颓势，只是出现了一波小小的反弹行情便继续下跌。所以政策支持、量能放大是转势的根本，形态只是外在表现（见图4-23）。

图4-23　上证指数（2023年12月底）

【案例4-5】 2024年2月2日、5日，上证指数走出两根超长下影的K线组合。2月6日一根低开高走的大阳线站上5日均线，MACD绿柱变短，快线上翘。2月7日MACD金叉穿越，股价站上10日均线，下降趋势线与水平连线交叉，出现变盘点。2月8日是春节前的最后一个交易日，上证指数成功站上20日均线。2024年春节长假前的三个交易日，政策全面发力、增量资金高调进场，指数趋势周期反转向上，短线情绪周期由弱转强，做多力量蓄势上攻，一场酣畅淋漓的大反攻拉开帷幕（见图4-24）。

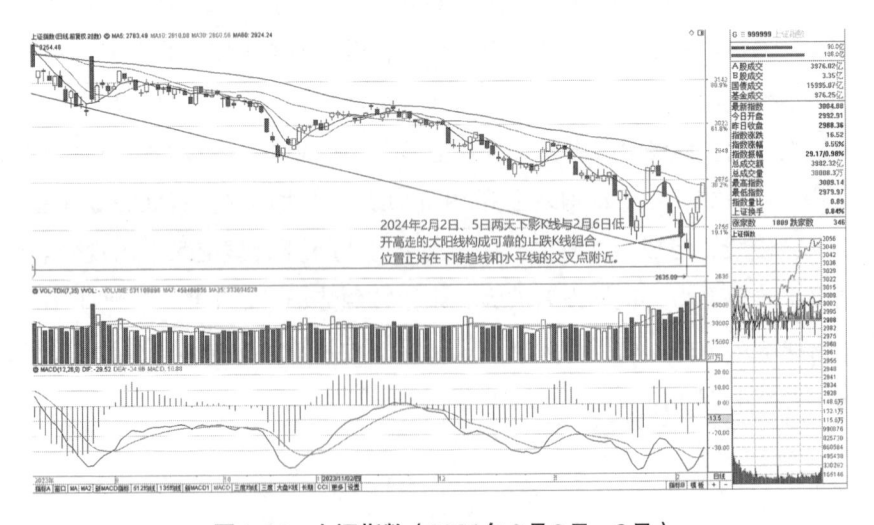

图4-24　上证指数（2024年2月2日—8日）

2022年7月初大盘见顶之后，开始缩量下跌，当时多数人认为是在进行缩量回调，回调之后还要上攻。直到7月18日至8月1日的反弹失败，多数人才意识到下降趋势开始了。

2022年7月大盘见顶回调，期间还出现了金智科技（002090）、山西路桥（000755）、恒大高新（002591）、春兴精工（002547）、惠程科技（002168）、通润股份（002150）、佛燃能源（002911）、襄阳轴承（000678）等强势股。

从2022年8月初开始，行情越来越差。在整个下降过程中，总体看空，空仓观望为主。如果要找机会，只能在大盘反弹时才有机会。大盘像一个大齿轮，它转一圈，龙头个股就要转好几圈。可以这样说，大盘是天，天上一天，地下一年。

也就是说，在下降趋势中只有准确地把握指数反弹的机会，才可能做多，如果把握不好，宁可不做，绝不做错。大家一定注意，下降趋势线和水平线的交叉点，往往就是变盘点，即反弹点或反转点（见图4-25）。

图4-25　变盘点（上证指数2022年3月—12月）

下降趋势线下轨和水平线交叉点形成的支撑点是支撑性拐点，下降趋势线上轨和水平线交叉点形成的突破点是突破性拐点。我们研究周期的目的就是把握时机，这些拐点就是我们必须把握的时机。

下降趋势一旦形成，短期内是无法改变的，在下降趋势时我们要学会空仓等待，但当股价跌到下降通道下轨的时候往往会有反弹，理解力比较好的朋友可以抢反弹，不过一定要明确，风险很大，但作为职业选手，这个功夫必须练，这一关必须过。

【案例4-6】在2022年7月—11月这一轮下降趋势中，指数有六次不同程度的反弹。每一次反弹，都有相应的热点题材出现，当然也就有龙头股产生。如果我们对周期情绪、时机高度敏感，就可以捕捉到这些稍纵即逝的机会。

7月18日这一波反弹出现的龙头股有：春兴精工（002547）、惠程科技（002168）、通润股份（002150）、佛燃能源（002911）。最大的龙头是襄阳轴承（000678）。

8月4日这一波反弹出现的龙头股有：大港股份（002077）、宝塔实业（000595）、远大智能（002689）。

9月5日这一波反弹出现的龙头是物流概念的天顺股份（002800）。

10月11日这一波反弹的龙头有：数字经济概念的国脉科技（002093）、科远智慧（002380）、英飞拓（002528）。

10月25日这一波反弹非常小，但也出现了辉煌科技（002296）这样的小龙头，当时大家可能想不通，为什么辉煌科技（002296）这个龙头没有走远，就是因为这次大盘的反弹力度太小了。

10月31日这一波反弹的龙头有：神奇制药（600613）、粤传媒（002181）、中国科传（601858）、中交地产（000736）。这一波反弹演变成了反转。

二、短线情绪周期

指数趋势周期，是指指数涨跌的大周期。如果指数趋势向上，市场进入牛市，这样的机会是很好把握的，又是非常稀缺的，因为中国股市一直以来都是牛短熊长。作为短线炒手，尤其是专业的短线炒手，不可能等到大牛市出现后再参与炒作。他们会抓住大大小小的赚钱效应，进行短线炒作。

我们把短线市场赚钱效应与亏钱效应的轮回更替的过程称为短线情绪周

期。懂得了短线情绪周期，不仅可以把握牛市机会，而且会把握震荡市或熊市中的结构性机会。

这就好比经济大形势不好，多数人不赚钱，但有人赚了不少钱。就算是秋天、冬天，也有气温高的时候。即便冬日漫长，也会如梅花一样，傲立雪霜，暗香袭人。

（一）判断短线周期情绪的六大指标

判断短线周期情绪的六大指标如下：

（1）大肉个数：涨停股票数（不含未开板新股和ST股）+攻击波（该股票最低价到当前价的涨幅）大于10%的股票数。

（2）大面个数：跌停股票数（不含ST股）+回头波（该股票最高价到当前价的跌幅）大于10%的股票数。

（3）连板高度：首板非一字板，连续涨停涨得最高的板数。

（4）连板个数：二连板及二连板以上个股的数量。

（5）破板率：即开板率，封板失败的个股数与封板个股数的比值。其计算公式为：破板率=封板失败个股数/（封板失败个股数+封板成功个股数）×100%。

（6）市场量能：两市的总成交额。

（二）市场的四种状态

市场的四种状态包括上涨行情、下跌行情、震荡行情、低迷行情。

（1）上涨行情。大肉个数非常多，一般在40家以上；大面非常少，一般少于5家；连板高度4板以上；连板个数15家以上；破板率20%以下；市场量能8 000亿元以上。

（2）下跌行情。大面个数非常多，一般在5家以上；大肉的个数非常少，一般在40家以下；连板高度4板以下；连板个数10家以下；破板率30%以上；市场量能7 000亿元以下。

（3）震荡行情。大肉较多，一般是在40家左右；大面也较多，一般在5家左右；连板高度3板左右；连板个数15家左右；破板率20%左右；市场量能8 000亿元以下。

（4）低迷行情。大肉和大面都很少。连板高度3板左右；连板个数10家左右；破板率30%左右；市场量能7 000亿元以下。

四种市场状态的演变顺序一般是上涨行情之后会出现震荡行情，然后进入下跌行情，最后出现低迷行情。

低迷行情是短线情绪的冰点，最主要的特点是连板高度回归二板、三板。悲观情绪蔓延，危难中孕育着新一轮上升的机会。

表4-1以2023年12月25日—29日一周的数据加以说明，这一周市场处于低迷行情向上升行情的转变时期：

表4-1　2023年12月25日—29日一周的股票数据

时间	项目					
	大肉	大面	连板高度	连板个数	破板率	市场量能（亿元）
12月25日	40	17	4	7	26%	6 081
12月26日	40	7	5	11	19%	6 099
12月27日	34	11	6	7	26%	6 368
12月28日	65	13	7	10	20%	8 844
12月29日	65	2	8	21	12%	8 226

三、两大周期的关系

指数趋势周期和短线情绪周期的关系具有以下三个特征：

第一，指数趋势周期是短线情绪周期的助推器。当短线情绪退潮时，指数情绪的退潮将助推短线情绪迅速降至冰点。反之，当短线情绪由冰点开始复苏，指数情绪的回暖将助推短线情绪向高潮演进。

第二，通常情况下，短线情绪周期可以独立于指数趋势周期走自己的轮回。指数趋势周期的震荡或小跌，并不影响短线周期情绪的赚钱效应。也就是说，只要大盘稳，游资就敢干。但是，如果指数趋势周期出现大跌或暴跌，短线情绪周期就会受到很大的影响。

第三，短线情绪周期比指数趋势周期更灵敏，更有操作价值。短线情绪周期早于指数趋势周期见底或见顶，当指数趋势周期发出见底见顶信号时，更加可靠。所以当短线情绪周期出现反转信号时，我们可以小仓位操作；当指数趋势周期发出见底信号时，可以进行大仓位操作。

第三节 股市周期的本质

一、市场周期变化的五个阶段

（一）周期下降

市场连续下跌，热点题材持续性差，板块效应非常弱，涨停个股很少，连板高度降低，个股涨停无章可循。人心极为涣散，市场很弱，投资者一致看空。市场量能萎缩，只有存量资金在博弈，市场形不成合力，亏钱效应极强。多数投资者要么割肉离场，要么套牢不动，市场充斥着恐慌与忧虑，悲观情绪蔓延。

（二）周期转折

市场下跌放缓，先知先觉的资金悄然进场，开始拉升并封涨停，股性好的超跌个股开始出现连板，涨停股增多。在连板个股持续大涨的带动下，热点题材被市场认可，板块效应显现，出现了些许赚钱效应。市场情绪在犹豫中由冷转暖，多数投资者观望，极少数投资者跟随主力进场，市场出现了一些增量资金，多空双方博弈，总体上市场处于分歧状态。

（三）周期上升

市场转跌为升，热点题材持续性加强，板块效应有所增强，涨停个股增加，连板个股增多，连板高度上升，赚钱效应增强。在赚钱效应的示范下，前期犹豫不决的投资者进场，部分增量资金介入，多数投资者由谨慎变为积极，由多空分歧开始一致看多，市场合力增强，乐观情绪扩散。市场龙头个股经历分歧、一致、再分歧、再一致的过程，带领板块螺旋式上升。个别投资者尽管入场，却踏不准节奏，多数投资者仍在犹豫中观望。

（四）周期高潮

市场行情火爆，热点题材延续性很强，板块效应非常好，没有板块效应的个股也很容易涨停。个股大面积涨停，连板个股大幅增加，龙头个股连板高度创新高，并出现一字涨停。市场增量资金大量涌入，投资者一致看多，赚钱效应爆棚，市场合力强且多点发散。贪婪情绪蔓延，多数散户投资者，盈利预期提升，重仓甚至满仓买入，市场一片狂热，买到就能赚到，仿佛每个人都是股神。先期介入者边拉边出，散户无脑接盘。

（五）周期衰退

市场合力崩溃，主流热点龙头开始滞涨，烂板和开板个股增多，并持续出现跟风个股低开或大幅低开，强势个股开始出现补跌现象，出现大面的个股增多，市场情绪开始谨慎。之后弱势个股出现破位现象，高位股大幅下跌。市场上亏钱效应明显，恐慌心理日盛，市场情绪极度悲观。多数投资者虽感到多空转换，但仍不愿意相信下跌的事实，心存幻想。游资资金全部退出，只有散户的存量资金仍在挣扎，游资赚得盆满钵满，散户成为接盘侠，深套其中，市场完成了利益的重新分配。

这样市场完成了一个周期的轮回，经过一段时间的休整后，又开始新的周期循环。继续按照周期下降、周期转折、周期上升、周期高潮、周期衰退的顺序再次轮回。

二、周期的本质

周期的本质是轮回，循环往复、周而复始。周期像大海的波浪，起起伏伏；似太极图中的阴阳，轮回运转（见图4-26）。山的那一边其实还是山，今天的你我，仍然在重复着昨天的故事。

图 4-26　阴阳太极

杰西·利弗莫尔曾说:"华尔街没有新鲜事,因为投机如同群山一般古老。股市今天所发生的事情,在过去曾发生过,将来也必然再次发生。"

古装戏中的角色常变,但剧情不变,永远是奸臣害忠良,相公找姑娘。股市中股票常变,但逻辑不变,本质不变,股市中有以下几种不变的轮回:

第一,贪婪与恐惧的轮回。短线投资者心理状态是因贪婪而进攻,因恐惧而退却,这两种心理状态和行为周而复始交替变化。

第二,多空转换的轮回。经过长期下跌以后,市场一致看空;先知先觉的资金进场试错,出现分歧;出现赚钱效应后,吸引大量资金介入,一致看多;中间回调时出现分歧,高潮时一致看多;滞涨出现分歧,大跌一致看空。

第三,分歧与一致的轮回。在多空转换的过程中,伴随着分歧与一致的轮回。分歧之后一定是一致,一致之后必然是分歧。机会在分歧中出现,风险在一致中产生。我们所赚的每一分钱都是分歧给的,正因为此,就有了"买在分歧,卖在一致"的说法。

第四，利益重新分配的轮回。多数散户，周期启动看不出，上升途中犹豫观望不敢介入，高潮时追涨，却变成了接盘侠，周期退潮时又抱幻想，不愿意离场，越套越深。游资的筹码被散户悉数接下，这样就完成了一轮利益的重新分配。

第五，赚钱效应与亏钱效应的轮回。大资金通过热点题材、涨停板甚至龙头股制造赚钱效应，吸引散户跟风，大资金边拉边出，为了更好地出货，主力会竭力维护做多的积极情绪，一旦出货完毕，亏钱效应就出现了。

第六，存量资金与增量资金的轮回。在市场亏钱效应出现以后，多数投资者要么出逃，要么深套，整个市场上资金总量有限，只有存量资金在博弈。赚钱效应出现以后，吸引大量资金进场博弈，形成增量资金。随着赚钱效应和亏钱效应的交替，增量资金与存量资金也在更迭。

第七，市场合力形成与崩溃的轮回。随着市场规模扩大，有限的资金很难满足普涨的需要，为了制造赚钱效应，也为了自身的利益，各资金群体抱团炒作，形成市场合力。利益重新分配完成，市场合力随之崩溃。

周期的本质是轮回，其根源是利益的重新分配。游资利用人性贪婪与恐惧的弱点，制造赚、亏效应，采取多空转换和分歧一致的手段，在市场合力的聚散中完成利益的重新分配。

第四节 时机是周期的核心

芒格说过，做投资，你平时就要不断地积累，不断地学习，在你的人生当中，总会有几次重大机会，只要抓住其中一两次就够了，这就是周期。

其实，芒格说的是周期中的关键时刻和关键时段，也就是时机。

时，是指一切事物不断发展变化所经历的时间。

机，是这个变化发展过程中的某一关键时刻，或某一阶段。

所谓时机，就是有利的具有时间性的机会。

时机是一个关键时刻，或者是一个关键时段。

周期是从宏观上研究股市运行规律的，这对我们把握大局观，掌握股市的整体运行趋势有很大的意义。但在实际生活中时机更为重要。

孟子曰："虽有智慧，不如乘势；虽有镃基，不如待时。"意思是说，虽然有智慧，不如借助形势；虽然有农具，不如不误农时。耕种、收获只有在一年中适当的时候才能保证丰收。错过了播种的时机，其他时间你再努力也是白搭。

探险者登顶珠穆朗玛峰，要等待时机。珠峰峰顶常年气温在零下30℃～40℃，风力可达十几级，含氧量极低，气候非常恶劣。每年10月到第二年4月是珠峰的风季，这段时间风力很大，随着海拔的升高，风力也成倍增加，而且峰顶没有遮挡。6—9月是珠峰的雨季，这段时间几乎每天雨雪交加或大风雪，天气瞬息万变。而5月是风季和雨季的交替时间，这一个月就是登顶珠峰的窗口期。即使在这一个月中，一般也仅有几次适宜登山的好天气，稍有不慎，就会错失良机。

科考队去南极、北极科学考察，也要等待时机。去南极考察的最佳时机是每年12月。因为冬至在这个月，冬至日太阳直射南回归线，天气最暖和，南极出现极昼现象，有利于科考队进行考察。最主要的原因是当年11月到次年3月是南半球最暖和的日子。

每年5—8月是北极的暖季，此时太阳直射北半球，是北极地区一年中气温最高的季节，且北极点附近太阳终日不落，出现极昼现象，此时是考察北极地区的最佳时间。

军队的将领，十分重视出战的时机，强调捕捉战机，随机应变。在恰当的时机出击，往往事半功倍。

时机不常在，稍纵即逝，机不可失，时不再来。

我们应该切实把握好市场提供的最佳时机。时机来了，不知道把握，又有什么用？一流智慧的人，创造机会。二流聪明的人，把握机会。而愚笨的人错过机会，失去后又不断抱怨。如同赶公共汽车，一流的人，先买好票，站在第一个位子等着，车子一到，立马上去，有舒适的座位。二流的人，买好票，刚好能挤得上去。三流的人，公共汽车开过了，在后面跑步追赶，赶不上了，便在公共汽车后面的一团黑烟里大声叫骂。

对于投资者而言，把握股市的时机非常关键，踏准周期的节奏，在否极泰来的拐点处，跟随主力进场，在上升周期加仓或持仓，让主力为我们抬轿,"好风凭借力,送我上青天",此时的盈利就非常轻松。

如果踏错了周期的节奏,错过了最佳时机,越努力亏得越多。

一、时机中的关键时刻就是拐点

时机就是周期运行的拐点及拐点之后惯性形成的一段趋势。拐点即变盘点、转折点、分歧点。

拐点有两种类型:一是支撑性拐点,二是突破性拐点。

(一)支撑性拐点

支撑性拐点是止跌反转的拐点。它往往出现在股价跌无可跌或调整结束之后否极泰来之时(见图4-27)。

一是市场经过长期下跌,空头力量衰竭,跌无可跌。深套者持股不动,成为锁仓者。割肉出局者持币观望,成为潜在的多方。这时容易出现否极泰来的拐点。

二是在周期上升途中,会出现上升途中的回调,当回调结束后,热点仍在持续,周期仍然向上,这时也会出现否极泰来的拐点。

图4-27 上证指数(2021年7月28日、8月20日)

(二)突破性拐点

突破性拐点,是指突破前期高点压力位的拐点。它往往出现在前期高点水平线附近(见图4-28)。

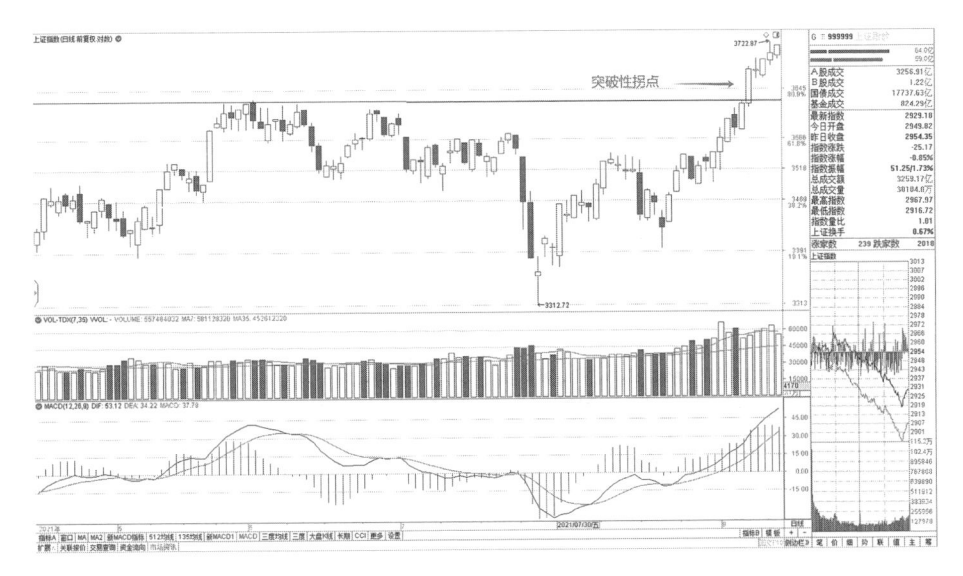

图4-28 上证指数(2021年9月7日)

指数的拐点会开启新周期,在新的节点上,容易产生主线板块行情或龙头股。支撑性拐点引发小周期,突破性拐点引发大周期。在新周期开启之时,往往出现新的板块或个股机会,短线龙头股的第一个涨停往往出现在支撑性或突破性拐点形成当日,次日以更大的阳线实体进行突破,拐点再次被确认,龙头股则会启动连板,从前一天众多的首板中脱颖而出。

【案例4-7】2023年10月24日上证指数出现了支撑性拐点,天龙股份(603266)涨停打开,收带上影线的大阳线,次日涨停突破前高点,形成突破性拐点,之后带领汽车零部件板块演绎了一波轰轰烈烈的行情(见图4-29)。

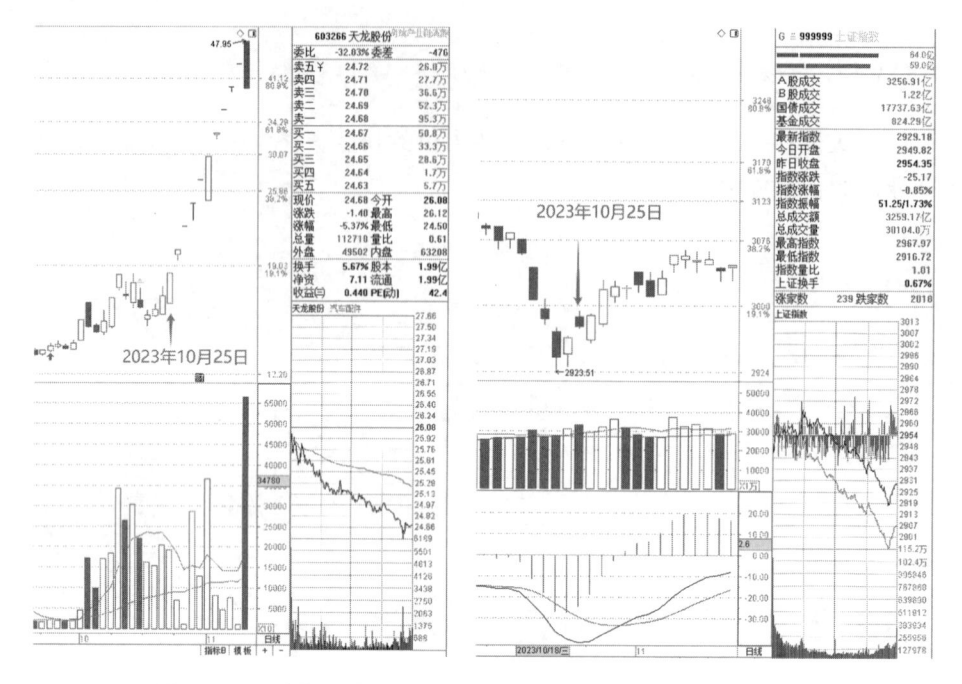

图4-29　天龙股份（603266）与上证指数（2023年10月25日）

二、两大周期共振

（一）两大周期共振的条件

如果指数趋势周期处于拐点或处于上升趋势回调结束时，短线情绪周期也处于赚钱效应形成之时，就形成了两大周期的共振。两大周期共振有两种情况：

第一种情况，市场经过大跌，出现否极泰来的拐点，在这个结点，指数趋势周期出现反弹，短线情绪周期的亏钱效应接近尾声，容易形成两大周期共振。

第二种情况，在周期上升过程中，往往出现上升过程中的回调，当回调结束后，出现否极泰来的拐点，也容易形成两大周期的共振。

每一轮两大周期共振的否极泰来之时，是市场的分歧点，也是行情的拐点，这是我们必须牢牢抓住的机会。

【案例4-8】　下面以2023年年底的亚世光电（002952）为例，加以说明。

亚世光电能上到9连板的核心原因是什么？是由于正好处在两大周期共振的拐点上，11月底上证指数连续下跌，跌破3 000点的大众心理位置，12月21日最低跌至2 882.02点，市场上出现了恐慌情绪。临近年底，这一阶段无论是国家、机构还是游资散户都思涨心切，维稳心和护市心都很强。在这个否极泰来的关键点上，游资群体的胆子变大，适逢VR/AR/MR题材爆发，亚世光电生逢其时，成为市场的龙头（见图4-30）。

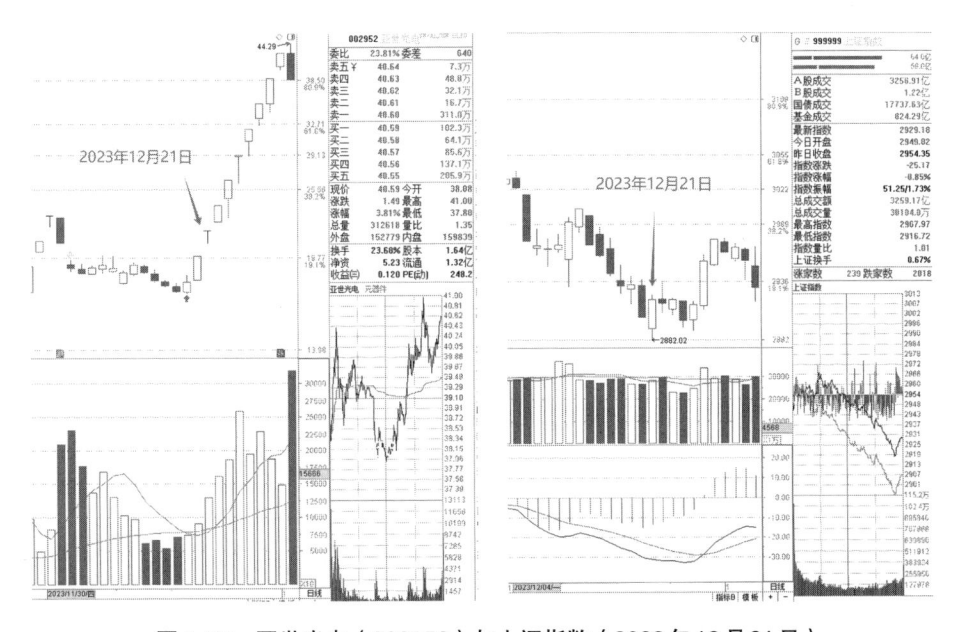

图4-30　亚世光电（002952）与上证指数（2023年12月21日）

对一只个股的判断，要从题材、市场环境的角度去分析，龙头股不属于自己，它属于板块、市场。这和观察一个人一样，要从社会环境的角度去分析。一个英雄人物、领袖人物，他不属于自己，属于所在的政治团体、属于整个国家、属于他们所处的时代。

（二）两大周期冰点共振

当指数趋势周期处于近段时间的相对低点时，我们称之为指数趋势冰点。当短线情绪周期处于近段时间来相对低点时，我们称之为短线情绪冰点。我们把指数趋势冰点与短线情绪冰点的重合，称为共振冰点。我们要捕捉大的战机,就是两者共振的冰点。

但需要注意的是：短线情绪周期的冰点,不一定是指数趋势周期的冰点。但指数趋势周期的冰点,往往就是短线情绪周期的冰点。

长期制胜、稳定盈利的交易之道,关键在于捕捉战机。这个战机就是物极必反、否极泰来的共振冰点,以及冰点之后的上升过程。

两大周期共振冰点的重要标志是：指数在重要的支撑位止跌,短线情绪周期中的市场高度回归二板或三板。

【案例4-9】 2023年8月14日,上证指数在前低点附近低开高走,收带长下影的中阳K线,尽管后来还在继续下跌,但当时市场有止跌企稳的预期。同时市场最高板回归二板,当天有25只个股停涨,其中首板21只,二板4只,它们分别是：摩恩电气（002451）、银宝山新（002786）、五洲医疗（301234）、开开实业（600272）。两大周期冰点共振,形成否极泰来的拐点。4只二连板的股票中,大概率会有一只成为市场的龙头。上海市13个相关部门联合发布《关于印发上海市2023年纠正医药购销领域和医疗服务中不正之风工作要点的通知》,在这一消息的刺激下,开开实业（600272）带领医疗概念走出了一波反弹行情,成为当时弱市行情中一颗耀眼的明星（见图4-31）。

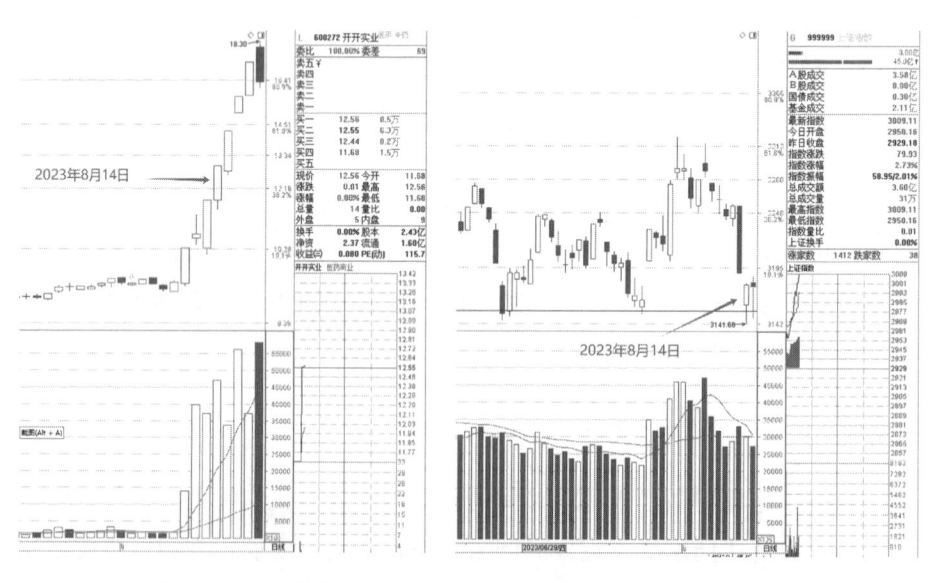

图4-31 开开实业（600272）与上证指数（2023年8月14日）

第四章　周期情绪——短线龙头股的成长环境

【案例4-10】 2023年8月30日，上证指数在前一天低开高走收大阳线的基础上，高开0.27%，市场暂时止跌企稳。同时市场最高板回归三板，当天有36只个股停涨，首板27只，二连板7只，三连板2只：我乐家居（603326）、大豪科技（603025）。两大周期冰点共振，三连板中的这两只股票大概率会走出一只龙头股。8月27日，证监会发布消息称，证监会统筹一、二级市场，平衡优化IPO、再融资监管安排。其中明确，房地产上市公司再融资不受破发、破净和亏损限制。此外三部门宣布推动落实首套房贷款"认房不认贷"，地产链爆发。2023年8月28日，我乐家居高开秒板，8月30日该股成为三连板，与大豪科技争夺市场龙头地位。8月31日，我乐家居大幅高开，带领整个市场走出了一波小牛市行情（见图4-32）。

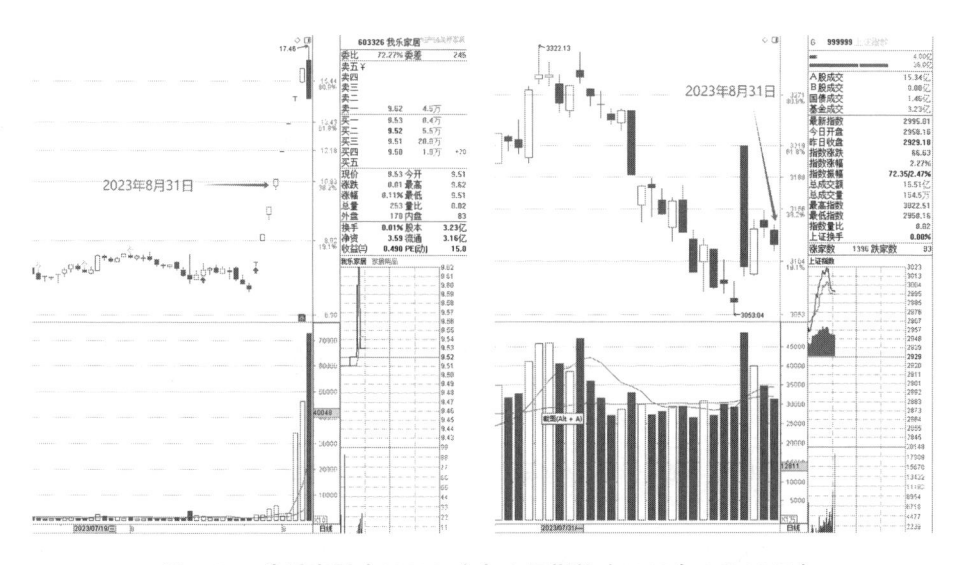

图4-32　我乐家居（603326）与上证指数（2023年8月31日）

短线情绪周期比指数趋势周期更为敏感。在指数下跌的过程中，会出现短暂的企稳，这时短线情绪周期上升，两大周期形成短时共振，就会产生一波小行情。这就是人们常说的"只要大盘稳，游资就敢干"。但由于指数趋势周期只是企稳，所以这种靠短线情绪周期驱动的行情往往时间不会太长，龙头的高度也不会太高。

当指数趋势周期在冰点之后出现反转时，短线情绪周期会先于指数趋势周期反转向上。这时的两大周期共振，就会产生一波大行情。龙头会率先上涨并打出新的高度。

【案例4-11】 2024年2月2日、5日，上证指数连续报收两根超长上影的K线组合，2月6日—8日春节前的三个交易日收大阳线，指数趋势周期形成上升趋势。短线情绪周期已经早于指数趋势周期反转向上了。这时的两大周期共振向上，就出现了一波轰轰烈烈的大行情。龙头克来机电（603960）走出了13连板的大行情（见图4-33）。

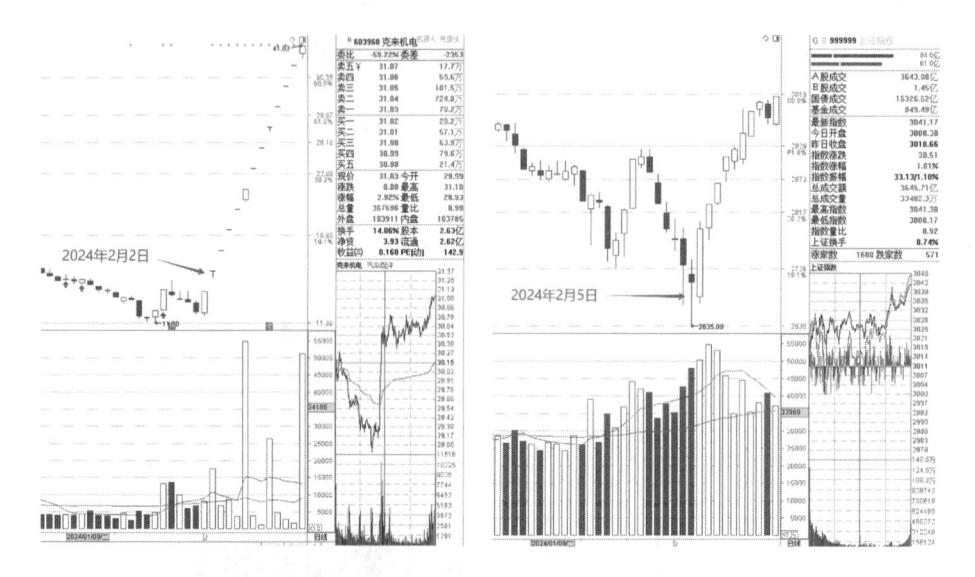

图4-33 克来机电（603960）与上证指数（2024年2月初）

我们一定要注意：市场的周期、时机比题材重要得多。一个普通的题材，出现在情绪周期上升拐点也容易出龙出妖，这叫生逢其时。一个大题材，出现在周期情绪下降的拐点或大跌的行情中，最多出现"一日游"行情，或者市场根本没有反应，不是题材不够大，而是他生不逢时。

好时机成就了好题材。龙头战法是"时势造英雄"，而不是英雄造时势。

第五节　周期的运用

一、周期大如天

周期是事物在运动、发展、变化过程中，某些特征多次重复出现，连续两次出现所经历的时间。周期是不停转动的圆，周而复始，循环往复。周期规律无时不在，无处不有，无论做什么事，必须踏准周期的节奏。

这就像我们在大海中游泳，当台风、海啸来临的时候，任何高超的游泳技术都显得拙手笨脚，不堪一击。

周期和时机比天赋和才华更重要，而最大的周期是时代。

诸葛亮是三国时期蜀汉丞相，杰出的政治家、军事家，是智慧的化身、道德的楷模。但他生逢乱世，"虽得其主，却不得其时"，最后落得"出师未捷身先死，长使英雄泪满襟"的悲壮结局。

"力拔山兮气盖世，时不利兮骓不逝，骓不逝兮可奈何！虞兮虞兮奈若何！"这是项羽的《垓下歌》，意思是力量可以拔起大山，豪气世上无人能比，奈何时运不济，再名贵的宝马也再难奔驰。乌骓马不肯跑，我也没办法，虞姬啊虞姬，你说该怎么办？时局不利，连项羽这样的英雄也会发出穷途末路的悲叹。

时势造英雄，任何一个历史时期出现的大机会，涌现出的大英雄和财富人物，都是时代的产物。

马云的成功是因为迎合了互联网时代；娃哈哈集团的宗庆后创业，适逢我国改革开放初期，小商品短缺的时代；希望集团的刘永好、京东的刘强东抓住了非典疫情的机会；任正非抓住了网络及数据中心的战略机会。他们的成功很大程度上是踏准了时代这个大周期的节奏，是时代成就了他们。

在冷兵器时代，习武之人做镖师、当兵、做教头，地位普遍比较高。但进入热兵器时代，这些人的地位下降，不是因为他们不用功，也不是他们功夫不深，是因为时代冷落了他们。

冬天之后总会有春天接续。历史不会重演细节，过程却会重复相似。周期总会到来，它不会在某处停下来。看清大势，成就大事。小成靠勤奋，大成靠周期。一句话，周期大如天。

人无横财不富，生死有命，富贵在天，这里的"横财"和"天"就是周期，就是时机。人们常说，选择永远大于努力。在股市，择时重于择股，周期重于题材。

涨多了要跌，跌多了要涨，这就是股市的周期。市场好，你所有的错误会被掩盖；市场不好，你的一丁点错误都会被市场发现。有规律的一面集中出现在上升周期，无规律的一面集中出现在下降周期。只有在上升趋势中，才能有效地提高成功率，降低失误率。

牛熊的本质就是有没有资金，熊市的本质就是缺钱，市场失血。大盘在下跌的途中，任何技术指标和战法都会失灵。这时不要再迷恋自己的技术，不要迷恋自己的三脚猫功夫。

在市场中我们要踏准周期的节奏，紧紧抓住时机，使自己的利益最大化。

经过一段时间的历练以后，你会感觉到对周期、行情热点、重大稀缺性时机的把握，才是投资的根本。

周期情绪就是"1"，题材、逻辑、技术形态等是后面的"0"。有了这个"1"，后面的"0"才有意义；没有这个"1"，后面再多的"0"加起来，仍然是"0"。

周期不仅是天，而且周期大如天！

二、如何判断周期上升

在下跌的过程中，总有那么一个关键时刻，导致攻防力量发生压倒性变化，之后这种变化得以强化，并延续一段时间。这个"关键时刻"就是否极泰来的拐点，这个"一段时间"就是周期上升阶段。

界定一个周期的起点是极其困难的，必须把指数趋势周期、短线情绪周期结合起来进行综合研判。

（一）根据指数趋势周期做出预判

依据上证指数的K线形态、均线、指标线、趋势线、趋势结构进行判断。

【案例4-12】 2022年10月31日，上证指数跳空低开，盘中冲高回落，收十字K线，有止跌的迹象。在前低点画水平线（2022年4月27日2 823.65点），下跌到这条水平线附近，获得支撑。11月1日，高开高走，收2.62%大阳线，MACD绿柱变短，5日均线走平。11月2日，再收阳K线，5日均线上翘，MACD风洞后金叉穿越，上升趋势确立。11月4日，5日均线与10日均线金叉穿越（见图4-34）。

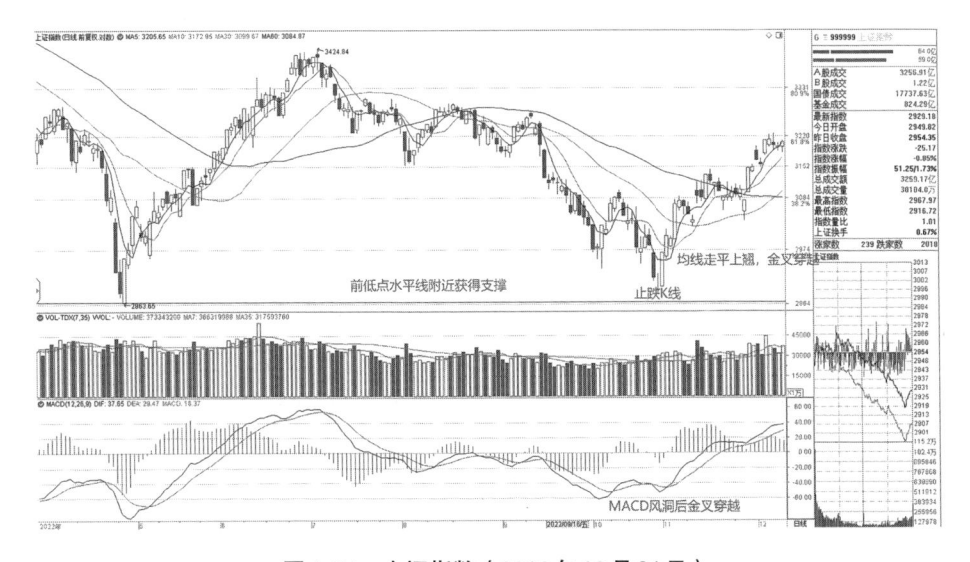

图4-34　上证指数（2022年10月31日）

2024年春节长假前的三个交易日，政策全面发力，增量资金高调进场，指数趋势周期反转向上，短线情绪周期由弱转强，做多力量蓄势上攻，一场酣畅淋漓的大反攻拉开了帷幕。千川汇海阔，风好正扬帆，龙年开门红，行情值得期待。

（二）根据短线情绪周期做出预断

依据大肉、大面、连板高度、连板个数、破板率、市场量能变化等情况，对周期情绪做出预判。

【案例4-13】 2023年12月25日—29日这一周，上证指数在低位盘整后，出现了反弹。

表4-2是相关数据：

表4-2　2023年12月25日—29日一周的股票数据

时间	大肉	大面	连板高度	连板个数	破板率（%）	市场量能（亿元）
12月25日	40	17	4	7	26	6 081
12月26日	40	7	5	11	19	6 099
12月27日	34	11	6	7	26	6 368
12月28日	65	13	7	10	20	8 844
12月29日	65	2	8	21	12	8 226

从以上数据可以看出，12月25日—27日，大肉、大面、连板个数、破板率不温不火，市场量能维持在6 000多亿元。12月28日、29日反弹向上，各项指标出现很大变化，大肉数量、连板个数大幅增加，大面数量和破板率大幅下降，尤其是市场量能达到8 000多亿元。上证指数震荡反弹，为短线情绪提供了良好的环境。亚世光电（002952）12月25日成为市场龙头后，连续晋级，到12月29日已成功晋级八连板。指数趋势周期与短线情绪周期形成共振。这也充分说明，只要市场稳，游资就敢干。

（三）高标股、明星股、核心股集合竞价结束后的表现

高标股是市场上连板身位最高的个股。明星股是没有连板，但总体涨幅最大的个股。核心股是板块龙头股。这些股票是市场的风向标、是市场的合力所在，它们一旦大幅低开，或者一字跌停，就表明当天的市场做多意愿不强，要放弃操作。

【案例4-14】 2023年12月18日9:25集合竞价结束时，高标股南宁百货（600712）开0.28%，不及预期。明星股四川金顶（600678）开-5.21%，苏州科达（603660）开-0.28%，上攻意愿不强。核心股方面，平台经济概念的龙头音飞储存（603066）开-6.23%，上海国资改革概念的龙头上海建科

（603153）开-4.22%，机器人概念的龙头克劳斯（600579）开-7.89%，核心股集体覆没。可以预判，当天市场短线周期情绪极差，要放弃操作。

【案例4-15】 2023年12月28日集合竞价结束时，高标股亚世光电（002952）开4.28%，符合预期。明星股统一股份（600506）开5.52%。核心股方面，鸿蒙概念的龙头智微智能（001339）一字开盘，光伏板块的龙头清源股份（603628）开3.98%。当天短线情绪不错，结合指数趋势周期的反弹走势，可以预判，当天可以大胆做多。

（四）大盘指数收中、大阳线，板块爆发涨停潮，前期龙头涨停

【案例4-16】 2022年4月27日和11月1日上证指数收大阳线。

4月27日，锂电池板块涨停27只，业绩增长板块涨停24只，板块爆发涨停潮。前龙头慈文传媒（002343）、浙江建投（002761）涨停。

11月1日，农业板块12只涨停，数字经济9只涨停，板块爆发涨停潮。前龙头银宝山新（002786）、宝明科技（002992）涨停。

2023年12月28日，大盘指数收1.38%的中阳线。两市涨停58只，光伏板块大爆发，涨停24只，占总涨停家数的41.4%。老龙头恒银科技(603106)、京山轻机（000821）、海源复材（002529）涨停，尤其是光伏的中军龙头隆基绿能（601012）涨停（见图4-35）。

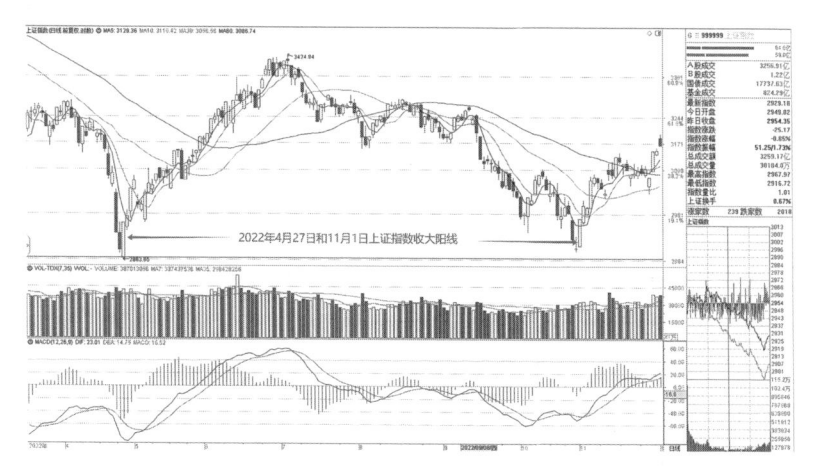

图4-35 上证指数（2022年4月27日、11月1日）

（五）市场回归二连板、三连板

当市场最高连板股回归二连板或三连板时，往往是短线情绪周期的冰点。密切关注次日二进三或三进四的个股，大概率会成为市场的龙头。

【案例4-17】 2023年8月14日，市场最高板回归2板，当天两市涨停25只，其中：首板21只，二连板4只。二连板的个股分别是：摩恩电气（002451）、银宝山新（002786）、五洲医疗（301234）、开开实业（600272）。开开实业成为市场龙头，成功晋级五连板。

【案例4-18】 2023年8月30日，市场最高板回归3板，当天两市涨停36只，其中：首板27只，二连板2只，三连板2只。三连板的个股分别是：我乐家居（603326）、大豪科技（603025）。大豪科技被淘汰，我乐家居晋级四连板，之后走出了八连板。

【案例4-19】 2023年12月8日，市场最高板回归3板，当天两市涨停33只，其中：首板24只，二连板6只，三连板3只。三连板的个股分别是：文投控股（600715）、四川金顶（600678）、标准股份（600302）。文投控股和四川金顶双双晋级六板。

三、周期上升时的操作策略

（一）即便寒冷雪花飞，我伴梅花报春来

在情绪最恶劣的时候，两大周期冰点共振，敢于小仓试错，博取否极泰来的拐点，试对了逐步加仓；走出龙头，重仓操作。即使试错失败，因为是小仓位，也无伤大雅，及时退出就是了。

【案例4-20】 2023年12月13日，上证指数结束短暂反弹后连续下跌。12月20日上证指数下跌30.28点，幅度达到-1.03%，市场情绪极度恶劣。12月21日上证指数收低开高走的大阳线，MACD绿柱变短，有止跌迹象。与此同时，大肉个数由31只上升为44只，大面个数由14只下降为7只，涨停数量由31只上升为36只，跌停数量由9只下降为7只，市场量能由6 636亿元增加到7 325亿元，市场空间板由四板上升为五板。短线情绪周期有所回暖，两大周期形成冰点共振。

12月22日我们可以在二进三晋级池中寻找标的，大胆试错。当时二连板的股票有5只：亚世光电（002952）、华嵘控股（600421）、亚振家具（603389）、同力日升（605286）、龙头股份(600630)。集合竞价结束后，根据开盘涨幅、开盘量能，可以在龙头股份、亚世光电中选择标的，小仓位试错。12月25日，VR/AR/MR成为市场最强题材，亚世光电成为市场最高板，12月26日就可以重仓亚世光电。

（二）乘势而上千帆竞，策马扬鞭正当时

当拐点得以确认，上升趋势形成时，心理上一定要提高预期，由谨慎变为大胆。敢于重仓、敢于锁仓、敢于做高度板、空间板，敢于排一字板，做T字板、高开板，做不到龙一时，可以做龙二、龙三套利。

周期上升是我们梦寐以求的时机，上升周期来临，我们要张开双臂，拥抱这个时机。这是上天赐予我们的机会，天予不取，必受其咎。

花开堪折直须折，莫待无花空折枝。

【案例4-21】 2024年2月8日，上证指数经过两天的大涨，指数趋势周期上升趋势得到确立。短线情绪周期也同步反转向上，两大周期上升拐点得以确认。克来机电（603960）是当时市场的最高板，但连续一字涨停，不给我们介入机会。2月8日克来机电高开4.49%开盘，给了我们很好的介入机会，此时我们必须紧紧抓住这一难得的机会，勇敢介入，享受周期上升，市场龙头带来的溢价。

四、如何判断周期下降

（一）根据指数趋势周期做出预判

依据上证指数的K线形态、均线、指标线、趋势线、趋势结构进行判断。

【案例4-22】 2023年11月21日，上证指数受到60日生命线的压制，高开高走，冲高回落，22日破位下跌，23日反弹一天，24日收阴，与23日构成阳阴合抱K线形态，5日均线下穿10日均线，形成死叉穿越。MACD指标红柱逐渐缩短，11月27日快线下穿慢线，形成死叉穿越。从11月24日开始被10日均线压制，反弹创新低，下跌也创新低，下降趋势形成。由此可以判断，从2023年10月24日开始的一波反弹结束，指数趋势周期处于下降通道中。

（二）根据短线情绪周期做出预断

依据大肉、大面、连板高度、连板个数、破板率、市场量能变化等情况，对周期情绪做出预判。

【案例4-23】2023年11月22日—28日五个交易日，上证指数在相对高位盘整后，出现下降趋势。

从表4-3的数据可以看出，2023年11月22日—28日五个交易日，各项指标波动较大，大肉最少36只，大面最多30只，连板高度和连板个数呈降低趋势，破板率最高达33%，尤其是市场量能由8 000多亿元降至7 000多亿元。市场只是存量资金在博弈，短线情绪周期处于下降趋势中。

表4-3　2023年11月22日—28日五个交易日的股票数据

时间	项目					
	大肉	大面	连板高度	连板个数	破板率（%）	市场量能（亿元）
11月22日	56	16	9	21	22	8 754
11月23日	45	30	6	10	33	8 242
11月24日	36	22	4	12	33	8 133
11月27日	39	29	5	8	25	8 288
11月28日	45	11	4	9	30	7 728

（三）高标股、明星股、核心股集合竞价结束后的表现

【案例4-24】2023年8月10日下降趋势已经确立。8月11日市场高标

股恒银科技（603106）开-3.70%，尾盘跌停。8月14日市场两只高标股，塞力医疗（603716）、科源制药（301281）被杀。市场核心股，股权转让板块的龙头国晟科技（603778）不再连板。天然气概念龙头美能能源（001299）冲高回落。明星股金逸影视（002905）、御银股份（002177）连续下跌。

这表明市场做多意愿不强，短线情绪周期处于下降状态，放弃操作。

（四）资金对重大题材不感兴趣

2023年8月1日，韩国全球首个室温超导室研究成员回应称，他们发现全球首个温室超导材料。8月2日，美国劳伦斯伯克利国家实验室（LBNL）发布最新结果，支持LK-99是一种室温常压超导体，美股美国超导收盘大涨60%。超导概念理应成为热炒的对象，然而市场反应冷淡，因为短线情绪周期正处于退潮期。

2023年12月11日—12日，中央经济工作会议在北京举行，会议指出，深入实施国有企业改革深化提升行动，增强核心功能，提高核心竞争力。会议还提出，落实"两个毫不动摇"，加大力度支持国企改革和民营经济发展壮大。这是一个级别非常大的重大题材，然而却没有引起资金的兴趣，究其原因是由于当时正处于下降周期。

由于周期下降，大题材无法起到号令众资金的作用，表现为题材引不起资金的兴趣。从另一个角度看，当资金对大题材不感兴趣时，表明周期处于下降阶段。

凡事不能一概而论，特别大的题材会把周期带起来，如，2017年4月1日，中共中央、国务院发布通知，决定设立河北雄安新区。这是以习近平同志为核心的党中央做出的一项重大历史性战略选择，是千年大计、国家大事。当时正值清明节小长假期间，4月5日上证指数跳空高开0.14%，收涨幅达1.48%的大阳线，开启了一个反弹小周期。当然这种情况比较少见。

（五）热点题材无延续性

板块轮动速度快，题材无延续性，周期情绪处于下降状态。从2024年5月下旬开始到6月初这一特征非常明显。

2024年5月21日，化工是当天的热点题材，有3只个股涨停：尤夫股份（002427）、南京化纤（600889）、江南高纤（600527），次日这3只化工股无一连板，化工题材倒下。5月22日热点题材轮动为光伏，有19只涨停，占当天涨停个股的近50%，但只延续了一天，就熄火了。5月23日通信成为热点题材，有8只概念股涨停，也是只延续了一天，便偃旗息鼓。5月24日电力成为热点题材，也是只延续了一天，便倒地不起，只有郴电国际（600969）连板，但由于连续一字涨停，无任何操作价值。5月27日芯片成为热门题材，博通集成（603068）三连板之后断板，扬帆新材（300637）二连板之后断板，其他概念股均未能连板。5月28日电力概念重回热点，也只延续了一天。5月29日光伏题材再次成为热点，但只延续了一天。5月30日芯片再回热点，次日便全军覆没。5月31日消费电子成为热点题材，下一个交易日全部熄火。6月3日—6日热点题材在芯片、智能电网、智能驾驶、通信之间轮动，没有延续性，主力资金形不成合力，5月下旬到6月初的周期情绪一直处于下降趋势中。

五、周期下降的操作策略

（一）君子不立危墙之下

马云讲过这样一个故事。一位父亲对他的三个儿子讲，今天有大暴雨、大风暴，你们去把我20公里以外那头牛给牵回来。大儿子的设备装备非常好，穿戴整齐就出去了。二儿子带着巨大的雨伞，也出去了。小儿子出去时，啥也没有带。傍晚回来时，大儿子是被担架抬回来的，二儿子也是一瘸一拐回来的，只有小儿子把牛牵了回来。别人问他们这是什么情况。大儿子说，因为我装备精良，我认为我比他们有机会，能扛过这场风暴。二儿子说，我至少有一把大雨伞，我躲躲也能过去。小儿子说，我啥也没有，我就找了个地方睡了一觉，风暴过去，我把牛牵了回来。这个故事告诉我们，在巨大的风险面前，要学会用智慧、用常理解决问题，而不要去硬拼。

总的来说，周期退潮时，要有战略收缩的意识，不要硬撑，不要盲目加杠杆，不要抱投机心理，要面对现实，丢掉幻想。

周期退潮时，最好的策略是空仓观望。当感受到周期下降时，迅速清仓，落袋为安，捂好钱袋子，不要抱任何侥幸心理。因为当你感觉到亏钱的时候，亏钱刚刚开始；当你感觉到挣钱的时候，挣钱已经结束。芒格说："我最想知道我后来会死在哪里，我一辈子都不去那个地方。"做股票的人最容易死在周期退潮的时候，因此，我们永远不要去那个地方。

为了防止管不住手，需要加强资金管理，把交易账户的钱转入银行。为了保持对市场的敏感性，可以小仓练手，但资金一定要小，不要超过总资金的5%。

市场不缺机会，更多的人在机会到来前就丧失了金钱和勇气。

周期下降时，多去复盘以往暴跌的案例，使自己由大胆变得谨慎，保持对市场的敬畏心理。耐心等待时机的到来，没有明确的反转信号，绝对不要大仓位进场。

（二）休闲、学习

周期下降期间，除了必要的盯盘、复盘外，有大量的闲暇时间，可以用来读书学习、拜访高手、加强锻炼、修心悟道，为迎接新的上升周期做足准备。还可以出去旅游，遍访名山大川，放飞心情，陶冶情操，因为生活除了眼前的苟且外，还有诗和远方。

第五章

定 龙 擒 龙

——短线龙头股的核心所在

定龙擒龙是龙头股战法的核心。

龙头股人气最旺,资金进攻力度最强,因而最暴利、最安全、最傻瓜。

龙头股暴涨的内在逻辑:核心地位,领涨性、逆势性、第一性、唯一性。

龙头股表现特征:空间最高、时间最早、跳得最高、量能最大、形态最优。

第一节　龙头现象及龙头股

题材是炒作的工具，其最大的作用是聚集人气、聚拢资金。一个热点题材爆发以后，各路资金纷至沓来，推动股价上涨。我们从中可以发现，热点板块中有的个股大涨，有的不涨，有的还会大跌。也就是说，我们选对了题材，只是选对了方向，如果没有选对题材中大涨的个股，也不会实现盈利。

正如我们买房子，首先要选对城市，选择核心城市，放弃三、四线小城市。但单纯选对城市还不行，还必须选对核心区域的核心楼盘。

买股票不仅要抓住上涨板块，而且要抓住上涨板块中的上涨个股，才能实现充分盈利。上涨板块中上涨幅度最大的个股就是龙头股。

其实龙头现象在人类社会和自然界中普遍存在。

什么是龙头？龙头就是带头的、起主导作用的人或事物。

1936年2月，毛泽东写下了他的不朽名篇《沁园春·雪》，这首词分上下两阕，上阕描写了乍暖还寒的北国雪景，展现伟大祖国的壮丽山河；下阕对祖国山河的壮丽发出感叹，并引出秦皇、汉武等英雄人物，纵论历代英雄豪杰。

沁园春·雪

毛泽东

北国风光，千里冰封，万里雪飘。

望长城内外，惟余莽莽；大河上下，顿失滔滔。

山舞银蛇，原驰蜡象，欲与天公试比高。

须晴日，看红装素裹，分外妖娆。

江山如此多娇，引无数英雄竞折腰。

惜秦皇汉武，略输文采；唐宗宋祖，稍逊风骚。

一代天骄，成吉思汗，只识弯弓射大雕。

俱往矣，数风流人物，还看今朝。

词中提到的秦始皇、汉武帝、唐太宗、宋太祖、成吉思汗都是他们那个时代的龙头人物。毛泽东本人也是他那个时代的龙头。他们胸怀大志，腹有良谋，有包藏宇宙之机，吞吐天地之志。其实大到国家，小到各级各类组织，甚至一个单位，其一把手就是他统辖范围内的龙头。这是龙头在政治领域的表现。

在经济领域，企业中有龙头企业，企业的产品有龙头产品。如，格力的空调、海尔的冰箱、宁德时代的动力电池、漫步者的音频设备、科大讯飞的智能语音、海康威视的安防设备，这些都是龙头企业生产的龙头产品。华为的任正非、阿里巴巴的马云、小米的雷军、联想的柳传志、希望集团的刘永好、百度的李彦宏、巨人集团的史玉柱、万科的王石、万达的王建林，京东的刘强东……这些企业都是各行业的龙头企业，公司的老总是他们所在企业的龙头。

在军事领域，军队的统帅就是龙头。"一将功成万骨枯""百万军中取上将首级""射人先射马，擒贼先擒王"，这些古训说明了统帅在军队中的地位和他们所发挥的作用，充分体现了龙头思想。

在生活领域，我们平时照个相、吃顿饭坐在最中间的那一位，是这个小圈子的龙头。一群人结伴出行，自然而然会出现团队的主心骨，他就是这个团队的龙头。几个小孩在一起玩，其中的孩儿王就是龙头。

在自然界，大雁有领头雁、羊群有领头羊、猴群有猴王、狼群有狼王、狮群有狮王，森林中有百兽之王老虎、百鸟之王孔雀。太阳是太阳系众星球之王，珠穆朗玛峰是众山之王，长江是中国的江河之王……

无论是人类社会还是自然界，龙头现象普遍存在。龙头因其自身强大，以及极强的组织领导能力为成员所信任、尊重、认可。他们是团队的主心骨，把握方向，制定规则并身体力行。他们被成员簇拥在最中间，头戴耀眼光环，居于聚光灯下，为众人所景仰。他们被推到团队的最前面，为团队成员进行示范引领。他们靠成员的支持获得并巩固地位，也为团队集体和成员谋取利益。当然他们也凭借地位优势，占有大量资源，最大限度地实现自己的意志。

龙头是一种社会现象，也是一种自然现象。龙头是自然形成的，一个群体就是一个团队，它们需要内部竞争出能带领团队的最强者。同时需要一起维护整体团队的凝聚力。龙头就是团队的灵魂，而团队成员是龙头的保障。如果没有龙头，就没有了方向，凝聚力就散了；如果没有团队成员，龙头也就失去了支撑。

这个世界之所以能有序高效地运转，就是建立在"龙头"这一自然和社会规则之下的。不论人类社会的政治、经济、军事活动，还是动物的群居、迁徙，都遵从龙头原则。

龙头具有时效性，在一定的时期内，龙头只有一个；一个龙头的出现必然是以上一个龙头的消失为前提的。龙头是有级别的，有大龙头，有小龙头，其大小由所在团队的规模决定。龙头是分类别的，人类社会各机构有龙头，各动物界有龙头，文学艺术作品有龙头，名山大川也有龙头。

股票中也有龙头，即龙头股。什么是龙头股？

我们把板块运动过程中，时间第一、空间第一，持续大涨，甚至涨停，涨停之后还能带动同板块个股大涨，并且最终涨幅最大的股票称为龙头股。

整个市场有市场总龙头和妖股，每个板块有板块龙头。有充分换手涨上去的换手龙头；也有不换手，一字板连涨的一字龙头。有连续涨停的黑马龙头，也有不涨停，但不停地涨的白马龙头。

市场总龙头，是整个A股市场上，涨幅最大，起领涨作用的股票。市场总龙头是整个市场的精神领袖，有着极强的号召力，影响整个市场的走势和赚亏效应。

圣龙股份（603178）是2023年10月下旬的市场总龙头（见图5-1）。

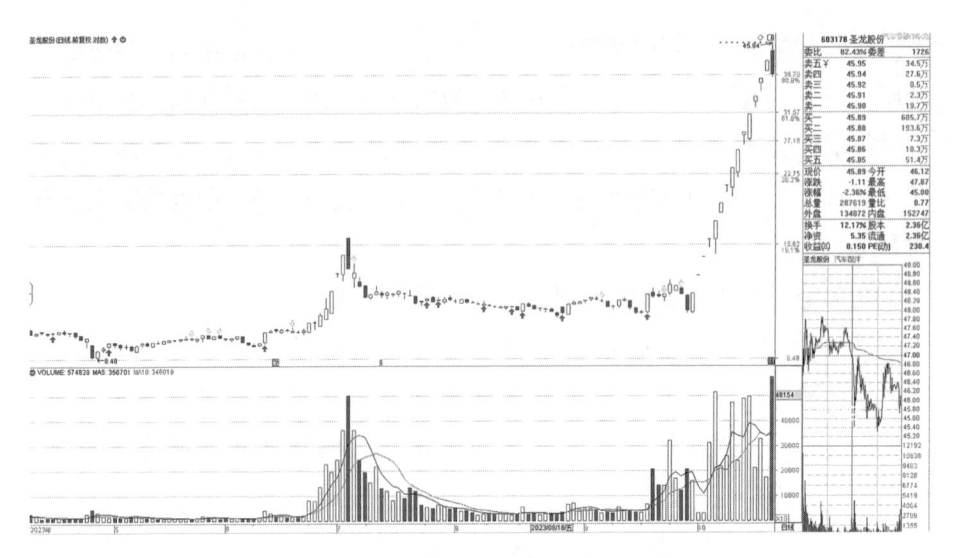

图 5-1　圣龙股份（603178）走势（2023年10月下旬）

东安动力（600178）是2023年11月底—12月初的市场总龙头（见图5-2）。

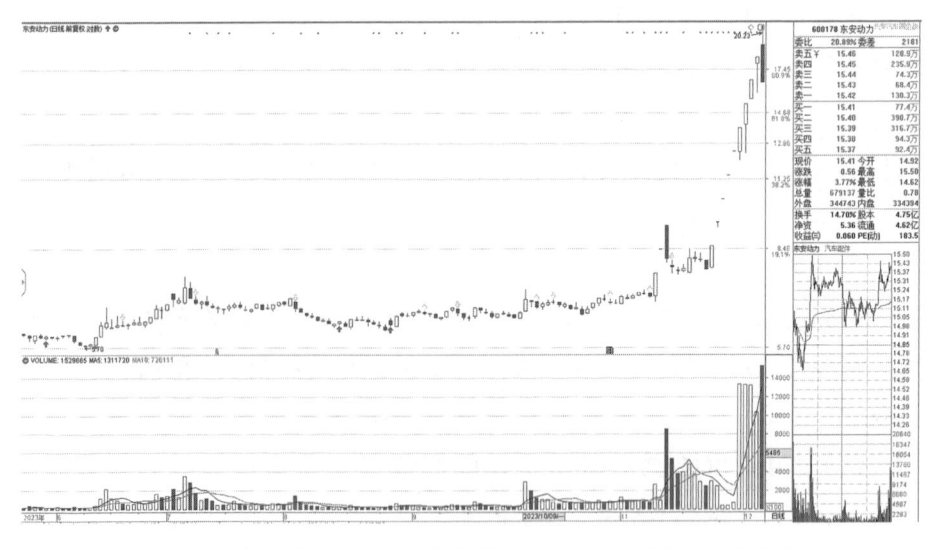

图 5-2　东安动力（600178）走势（2023年11月底—12月初）

妖股，是市场上涨幅最大，但没有板块效应，特立独行的个股。

三柏硕（001300）启动初期是外贸概念的板块龙头，2023年11月16日之后失去板块效应，成为妖股（见图5-3）。

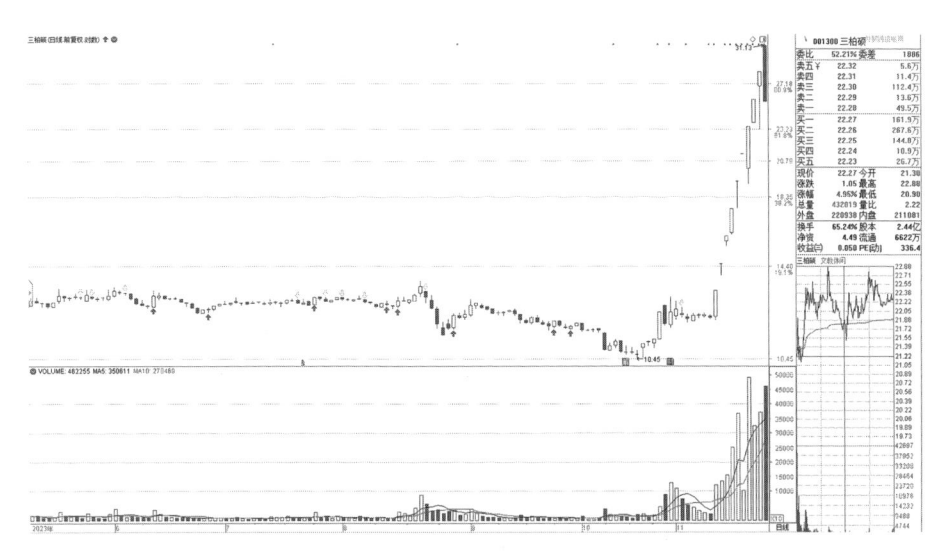

图5-3　三柏硕（001300）走势

板块龙头，是各个板块的龙头。板块龙头是一个题材板块的领涨股，它的走势影响整个板块的走势。

从2023年11月24日开始，东安动力（600178）成为汽车零部件板块的龙头（见图5-4）。

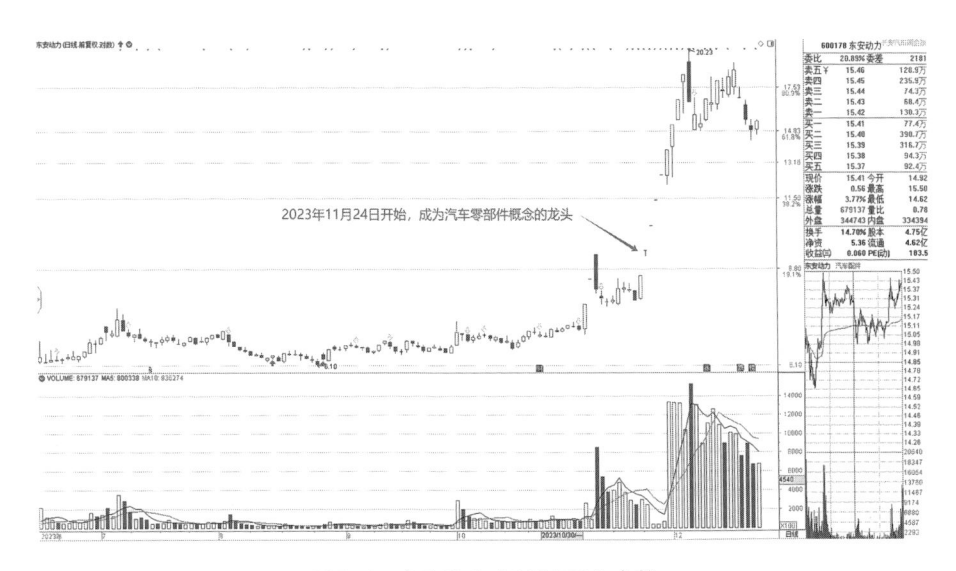

图5-4　东安动力（600178）走势

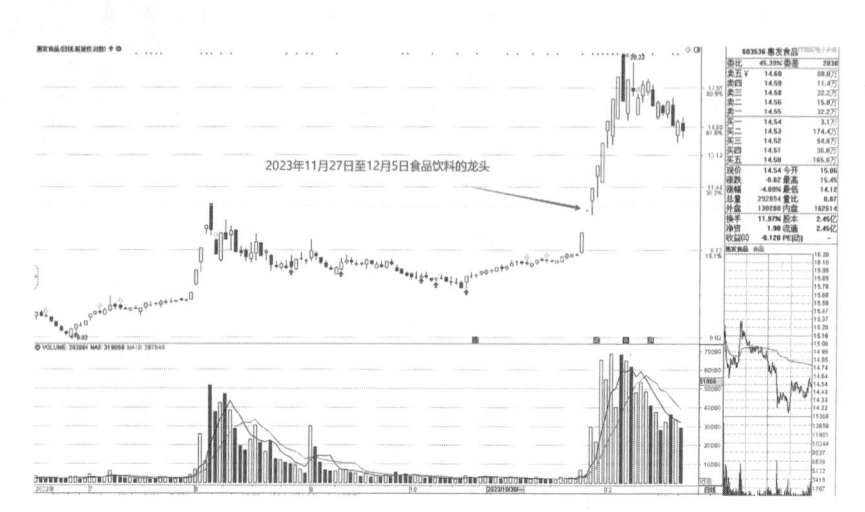

惠发食品（603536）是食品饮料板块的龙头（见图5-5）。

图5-5　惠发食品（603536）走势

一字龙头，一字板上去，没有换手，主力在吃独食，80%的一字龙头开板即见顶，几乎没有参与价值。但它是市场高度的标志，一般来说，同一时期换手龙不会超过一字龙的高度。

通达电气（603390）2023年11月3日、6日、7日三天连续一字板，11月8日开板后尽管尾盘封板，次日一字跌停开盘（见图5-6）。

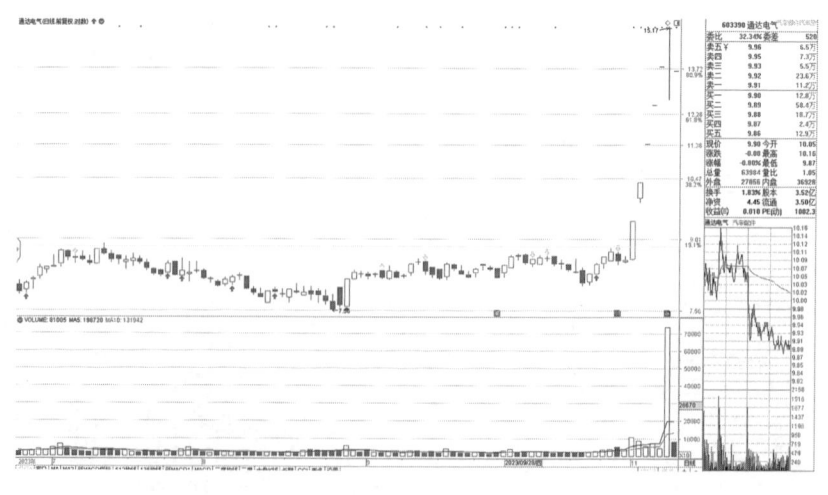

图5-6　通达电气（603390）走势

莎普爱思（603168）2023年10月12日、13日、16日连续一字板，10月17日开板尽管封住，次日便开始了漫漫下跌之路（见图5-7）。

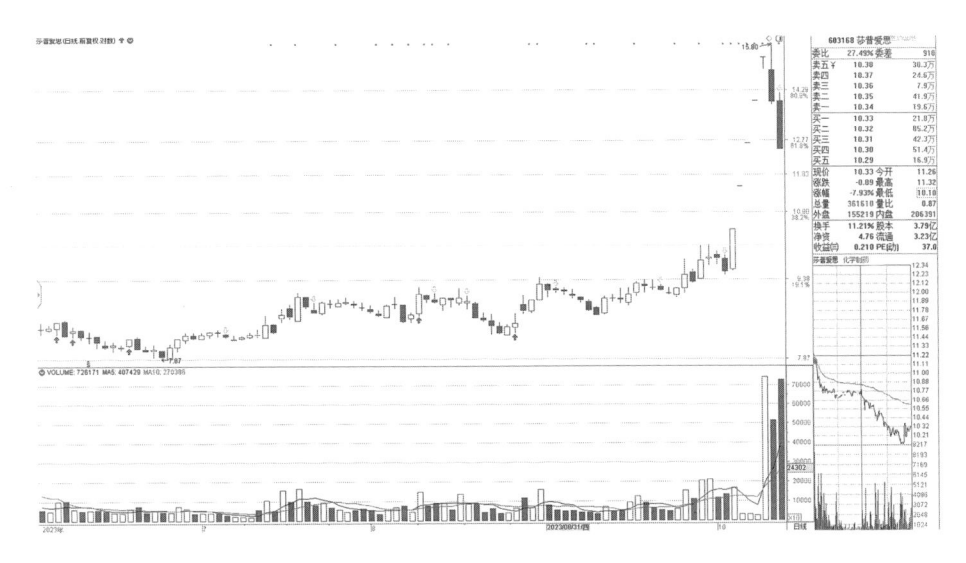

图5-7　莎普爱思（603168）走势

换手龙头。经过充分换手走出的龙头，因为它是资金接力走出来的，所以更安全，上涨空间更大。换手龙有的连续涨停，有的不连板，但涨幅很大。

2023年11月底—12月初的惠发食品（603536）就是连续涨停的换手龙头（见图5-5）。

龙头股按性质可以分为黑马龙头和白马龙头。

黑马龙头即连板龙头，受情绪驱动，是游资合力炒作的结果。前面列举的市场总龙头、妖股、板块龙头、连板换手龙头都是黑马龙头。

白马龙头即价值龙头，是机构价值投资的对象。如贵州茅台、片仔癀等。

作为短线炒手，我们需要重点关注的是黑马龙头。黑马龙头的最大特点是时间短、涨幅大、效率高、暴利且安全。

第二节　龙头股的内在逻辑

一只股票要成为龙头需要具备什么条件？答案是：要有龙性。

先听两个小故事。

　　西汉开国功臣韩信，是中国历史上杰出的军事家，兵家四圣之一。年轻时候有一个屠夫对他说："你虽然长得又高又大，喜欢带着剑，其实你胆子小得很，有本事的话，你敢用你的佩剑来刺我吗？如果不敢，就从我的裤裆下钻过去。"韩信自知形单影只。于是，他便当着许多围观者的面，从屠夫的裤裆下钻了过去，在场的人都嘲笑他，认为他很胆小，史书上称之为"胯下之辱"。尽管有人为韩信辩护，什么忍一时风平浪静，退一步海阔天空，显示了韩信的智慧和忍耐的品质，但从另一个角度说，自从他接受"胯下之辱"的那一刻起，注定他最多只能做军中的龙头，不可能成为国家的龙头。也就是说，他只可能是一个板块龙头，不会成为市场龙头，因为他缺乏成为市场龙头的龙性。

　　郭威是五代时期后周的建立者。他身材魁梧，勇力过人，好打抱不平。有一天，他到街上闲逛，遇一屠户欺行霸市，人们都惧怕他，唯恐躲闪不及。但郭威硬是不服气，故意走上前去找碴骂他。屠户见郭威一脸杀气，起初尚且忍耐，但接着就耍起无赖，指着自己的肚子让郭威刺。郭威抄起刀来猛地刺去，屠户一命呜呼。郭威因此被抓进了监狱。李继韬佩服他的勇气和胆量，很快把他放了出来。

与韩信相比，郭威能成就帝王之业，其原因很多，但他骨子里潜在的龙性，是非常重要的原因。

龙性是迈向龙头的必要步骤，有龙性的股票不一定能成为龙头，但没有龙性的股票，肯定成不了龙头。

一、个股龙性的判断依据

那么股票的龙性从哪些地方表现出来呢？首先要从个股在整个市场及所在题材板块中的地位来进行分析。

（一）龙性股居于核心地位

龙头的地位从小的方面说，在所属的团队中居于核心地位；从大的方面说，在整个市场中居于核心地位。

（1）龙性股在题材板块中居于核心地位。市场上每天有多个题材在轮动炒作，我们可以把题材分为：最强题材、次强题材、新题材、一般题材。龙头只能在最强题材、次强题材、新题材中产生，对于大量的一般题材无需关注。这样我们就把范围大大地缩小了，思路也就清晰了很多。

每个题材板块中有很多个股，这就像一支军队，有很多成员组成，队伍中有龙头股、有先锋股、有助攻股、有跟风股。

龙头股在题材中居于核心地位，是板块的灵魂、是军队的统帅，它涨幅最大，在板块中起领导作用。

先锋股是板块中第一个涨停的个股。它身位较低，往往是首板或二板，多为一字板或秒板，它在板块中地位并不高，仅仅是为主帅出场探路和打前站的开路先锋。让它先涨停去测试这个题材的强度和情绪，如果它涨停并能封死，说明板块强度甚佳，情绪热烈，这就提振了龙头股上涨的信心，推动龙头股涨停。

助攻股是在先锋股涨停之后，龙头股涨停之前涨停的个股。如果先锋股不足以推动龙头上板，就会出现助攻涨停，以此来进一步推动龙头股迅速涨停。

跟风股是龙头股涨停之后再跟着涨停的个股。在一个板块中，跟风股的数量最多，是板块内龙头的追随者，有营造板块氛围、巩固龙头地位的作用。

【案例5-1】 2024年2月20日盘后复盘，教育概念有三只股票涨停，维海德（301318）三连板，魁视科技（001229）、昂立教育（600661）均为二连板，很明显维海德是教育板块的龙头。2月21日9:25集合竞价结束后，魁视科技一字板，成为教育板块的先锋，接着龙头维海德上板，之后勤上股份

（002638）、传智教育（003032）、威创股份（002308）跟风涨停。这天教育板块没有助攻股。

【案例5-2】 2024年2月22日盘后复盘，算力概念有15只涨停，是当天的最强题材，其中合锻智能（603011）是唯一的二连板，其他14只均为首板。2月23日9:25集合竞价结束后，美利云（000815）、日海智能（002313）、铜牛信息（300895）、卓朗科技（600225）开一字板，成为集体先锋。开盘后云赛智联（600602）、高新发展（000628）秒板涨停，是算力概念的助攻股。随后板块龙头合锻智能上板。之后中亦科技（301208）、安联锐视（301042）跟风涨停。

【案例5-3】 2024年1月10日盘后复盘，锂电池概念有7只涨停，是当天的最强题材。其中深中华A（000017）、德新科技（603032）为二连板，其他的5只为首板。1月11日9:25集合竞价结束后，深中华A开一字板，集龙头、先锋、助攻于一身，之后跟涨的西陇科技（002584）、恒兴新材（603276）、中矿资源（002738）、星光股份（002076）、融捷股份（002192）、艾罗能源（688717）、金龙羽（002882）均为跟风股。

题材板块内龙头股上板有两种模式：

一是前驱模式。类似大部分小轿车，前轮驱动，带动后轮。龙头股率先涨停，龙头股集龙头、先锋、助攻于一身。【案例5-3】中锂电池板块的深中华A（000017）就属于这种类型。类似战场上的统帅，一马当先，冲锋在前，对士兵高喊：弟兄们，跟我来！

这时的操作策略有二：一是博龙头股的开板回封，二是做最强跟风股。

二是后驱模式。类似大卡车，后轮驱动，推动前轮。先锋率先上板，有时有助攻，有时没有助攻，接着龙头涨停，跟风随后涨停。【案例5-1】中教育板块的维海德（301318），【案例5-2】中算力板块的合锻智能（603011）就属于这种类型。类似战场上的统帅，在队伍的后面督战，对士兵高喊："弟兄们，给我上！"

这时的操作策略只有一个，先锋出现后，不管有没有助攻，直接上龙头。

龙头股居于题材板块的核心地位，属于领导股，什么是领导？其含义是：带领并引导朝一定方向前进。上面的前驱模式就是"领"，后驱模式就是"导"。

前驱模式做的是龙头股的开板回封，或最强跟风，龙头股开板能否回封，风险很大，一旦失败损失惨重。所以运用前驱模式，买到的一般是跟风股，而跟风股在板块中地位较低，风险很大。一定要保持清醒的头脑，多数情况下，买入跟风，做的是跟风股的溢价，一旦发现势头不对，就立马走人。

后驱模式能直接买到龙头，因为有先锋和助攻率先涨停，买龙头比较从容，而且非常安全。

所以，在实际操作中多用后驱模式，慎用前驱模式。

（2）龙性股在晋级梯队中居于核心地位。晋级梯队就是连板梯队，每天复盘时，要对二连板及二连板以上的股票进行统计，按连板从高到低的顺序排列出来。

下面是2023年12月15日的连板晋级梯队：

五连板：南宁百货（国企改革、跨境电商）

四连板：上海建科（上海国资改革、基础建设）；
音飞储存（机器人、国企改革）

三连板：云维股份（国企改革、煤炭）；克劳斯（机器人概念、国企改革）；
福莱新材（机器人概念）；京能热力（热力概念、国企改革）；
引力传媒（短剧、多模态概念）

二连板：中南文化（文化传媒、国企改革）；
内蒙新华（文化传媒、国企改革）；
廊坊发展（热力、房地产）；岭南控股（国企改革、股权转让）；
杭州热电（热力、国企改革）；实丰文化（文化传媒、潮玩）；
龙头股份（跨境电商、上海国资改革）

首板：44-15=29只（略）

首板的股票比较多，可以在交易系统中单独建一个首板自定义板块。

我们可以把每个晋级梯队看成一个板块，明确晋级梯队（晋级池）在整个市场中的地位、个股在晋级梯队中的地位。

晋级梯队分为高位池、中位池和低位池。三连板以下为低位池，最高板为高位池，介于两者之间的是中位池。一般来说，首板晋级二板的胜率为

18%左右，二板晋级三板的胜率为38%左右，三连板以后继续连板的概率为45%左右，最高板池连板的概率最高，往往能达到90%，甚至是100%。虽然低位池成功的概率不高，但它有位置优势，一旦成功，其性价比是比较高的。所以我们要把精力集中到低位池和高位池。周期情绪向上时做高位池的晋级。震荡行情时多关注首板池和二板池，做一进二、二进三。周期情绪下降时放弃操作。

个股在晋级梯队中的地位，分前排、中排和后排，划分的标准是从强到弱，按涨停的先后顺序排列，次日集合竞价结束后，开出的价格会出现符合预期、不及预期、超预期的情况，竞争胜出者会成为市场龙头的有力竞争者。

个股的龙性除了表现在题材板块中、市场中具有核心地位外，还表现在它具有领涨性。

（二）龙性股具有领涨性

七绝·咏蛙

毛泽东

独坐池塘如虎踞，绿荫树下养精神。

春来我不先开口，哪个虫儿敢作声。

这是少年毛泽东在湘乡东山高等小学堂就读时写的一首咏物言志诗，也是他最早的一首诗。这是少年领袖英雄情怀的绝妙写照。他托物言志，把自己立志成为英雄豪杰的远大抱负寄托在小小的青蛙身上，为我们留下了这首理趣兼备、生动传神的言志诗。"春来我不先开口，哪个虫儿敢作声"的英雄豪迈气概，就是龙性的体现。

领涨性是龙性最根本的表现。股票领涨，首先要自己能涨，不仅自己空间高、涨停时间早、量能足，而且能带动同板块的股票上涨，甚至能带动大盘上涨。

【案例5-4】2023年8月28日开始，我乐家居（603326）带领中报增长和地产链概念，开启了一波轰轰烈烈的行情，龙性十足（见图5-8）。

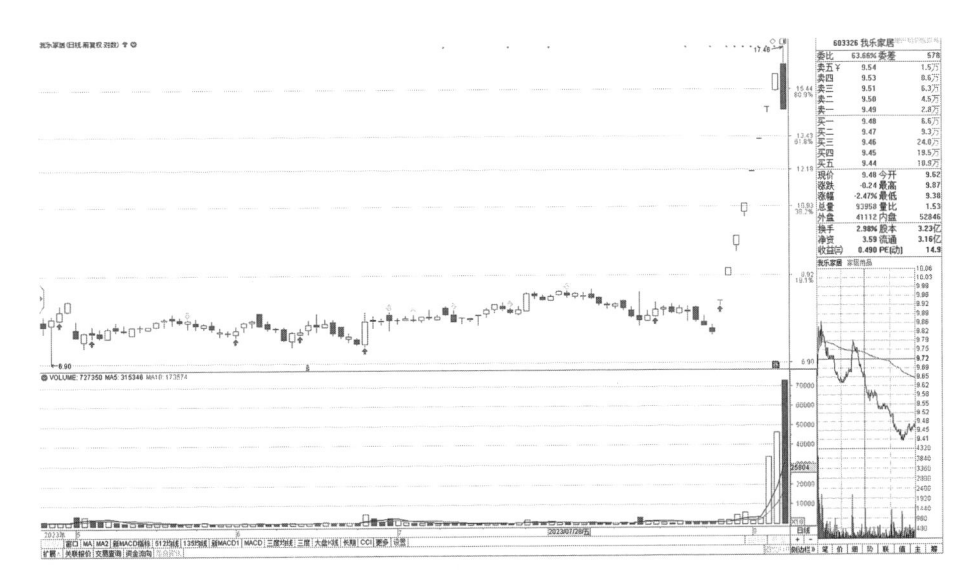

第五章 定龙擒龙——短线龙头股的核心所在

图5-8 我乐家居（603326）走势

【案例5-5】 2023年10月19日，复牌后的高新发展（000628），连续一字涨停，尽管它没有参与价值，但它的龙性扭转了大盘的颓势，带领大盘见底回升，开启了一波强势的反弹行情（见图5-9）。

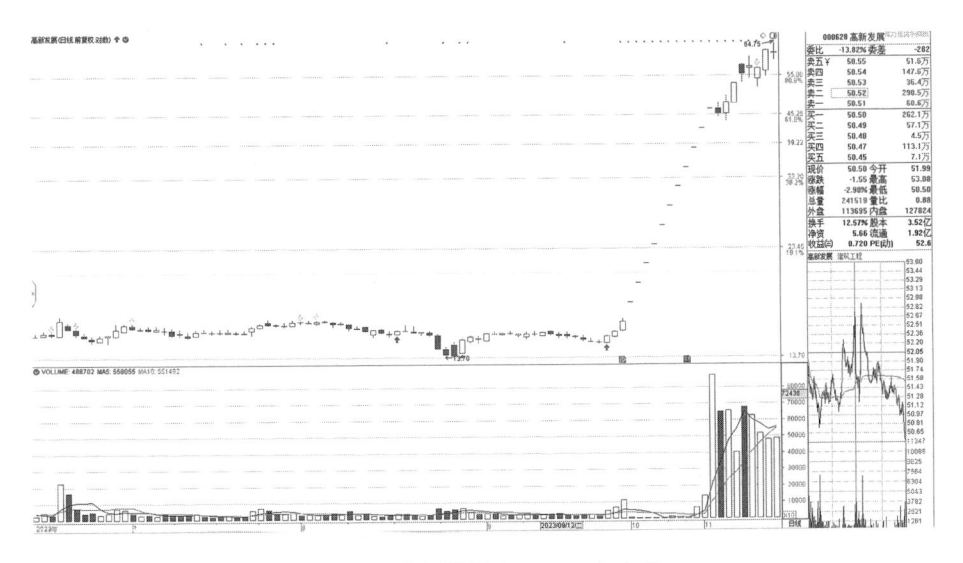

图5-9 高新发展（000628）走势

(三)龙性股具有逆势性

逆势有两种情形。第一种情形是，逆着大盘上涨，大盘大跌它小跌，大盘小跌它不跌，大盘横盘它上涨，大盘小涨它大涨。有的甚至不惧大盘下跌，逆势大涨。第二种情形是，个股封板以后，大盘暴跌，无论怎么暴跌也不能破这个板，或者破板后还能够强行回封，能够经受住大盘暴跌的考验，沧海横流方显英雄本色，这也是龙性的表现。

【案例5-6】2023年9月28日是国庆长假前的最后一个交易日，节前效应叠加市场弱势震荡，多数人不看好市场，选择观望，在这样的情况下，圣龙股份（603178）逆势反包，10月9日节后开盘后，大盘暴跌，之后11个交易日，上证指数跌-5.50%，圣龙股份却走出了14连板的大涨行情（见图5-10）。

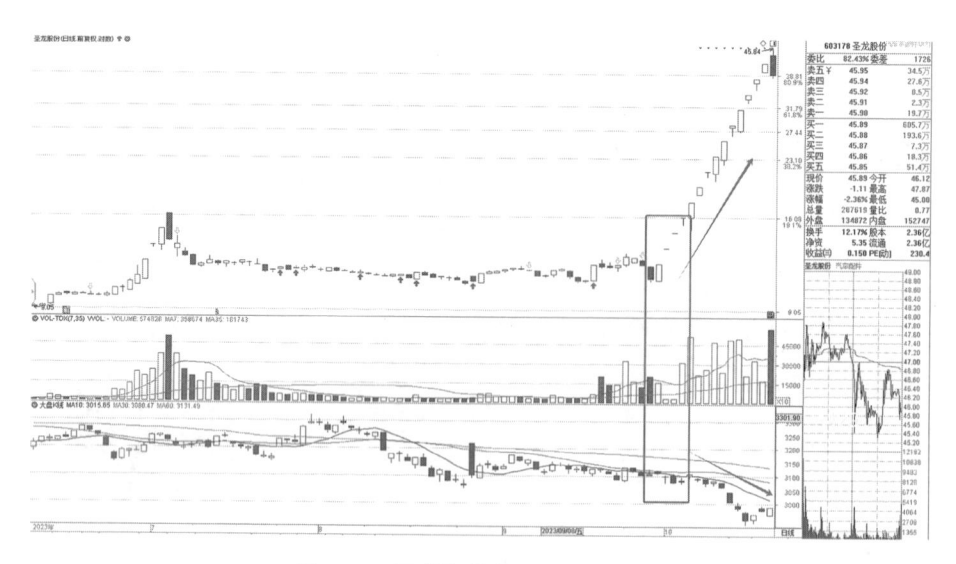

图5-10 圣龙股份（603178）走势

【案例5-7】2023年12月5日，上证指数暴跌50.61点，跌幅达-1.67%，龙版传媒（605577）早盘9:33封板后，纹丝不动，在最恐怖的时候，面对大盘的暴跌，它岿然不动，显示了其十足的龙性（见图5-11）。

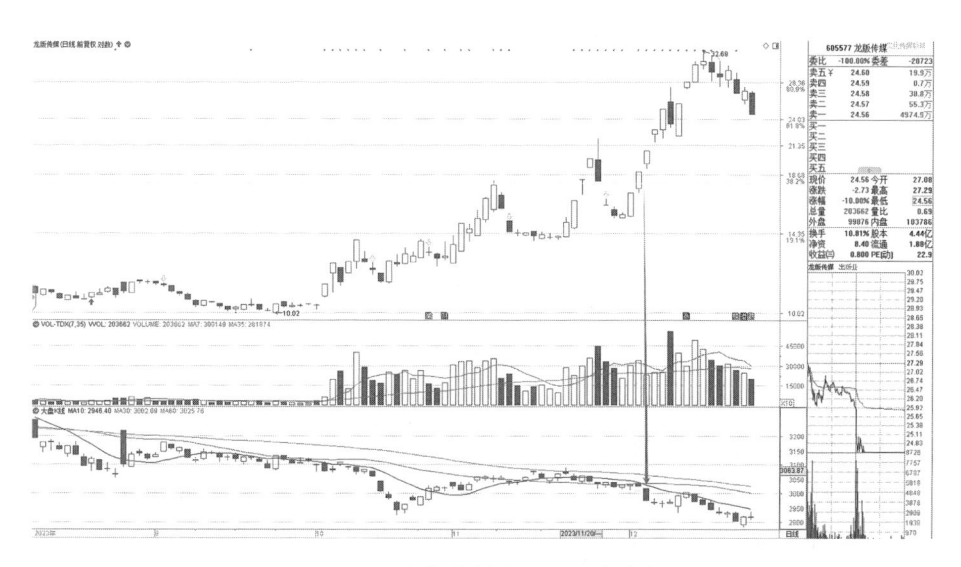

图5-11 龙版传媒（605577）走势

【案例5-8】2023年12月4日，上证指数震荡走低，昂立教育（600661）一字开盘，两次被打开，回封后，直到收盘一直没有打开，充分显示了它的龙性。只要闯过最难的这一关，给一点阳光，它就会灿烂无比（见图5-12）。

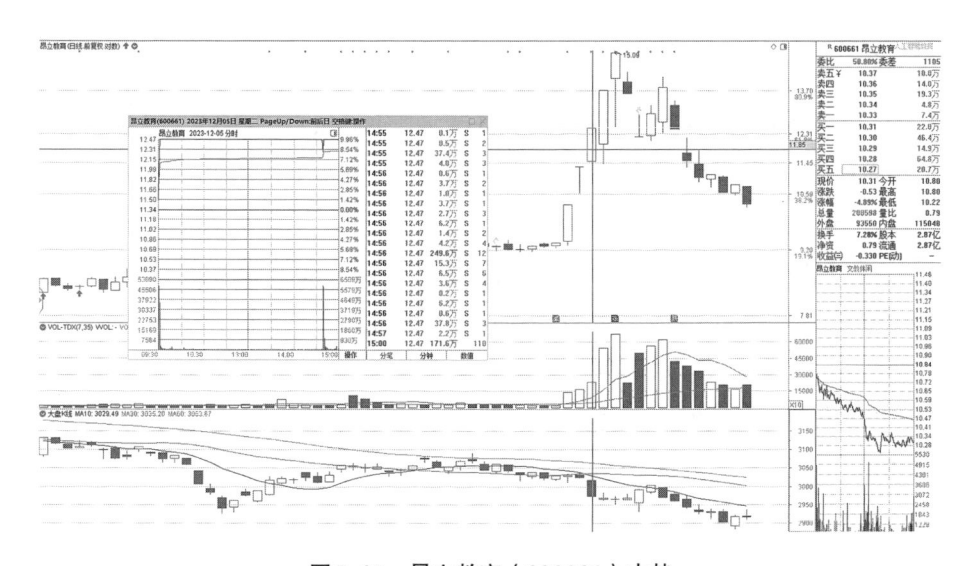

图5-12 昂立教育（600661）走势

（四）龙性股具有唯一性

龙性股的唯一性是指，某一特点只有它有，其他个股没有；或者大家都有，不过它最先具有，或最先被大家发现。

唯一性包括：基本面唯一、结果唯一两个方面。

（1）基本面唯一。基本面具有唯一性，这种与众不同的特征，个性鲜明，不同凡响，赋予龙性。

顺灏股份（002565）是第一个涉及电子烟和工业大麻概念的个股。罗牛山（000735）是海南概念中唯一有马彩业务的个股。蓝晓科技（300487）是第一家从盐湖中提炼锂矿的企业。未名医药（002581）是认可度最高的疫苗概念股，疫苗业务占比高达26%。以岭药业（002603）是唯一生产连花清瘟胶囊的企业。中航沈飞（600760）是唯一做歼击机的企业。科大讯飞（002230）的语音智能是同行业中最强的。学大教育（000526）是中国最大的K12辅导提供商之一，K12课外辅导仅次于新东方。四川金顶（600678）是我国大型水泥生产企业，水泥产量在四川地区独占鳌头，区域垄断优势相当突出。重庆小康集团旗下的赛力斯（601127）是最早与华为造车的合作伙伴，极大地改善了赛力斯的基本面。福耀玻璃（600660）是汽车玻璃行业全球第一企业。湘潭电化（002125）是国内最大电解二氧化锰生产商……

（2）结果唯一。博弈过程是一个通过"竞争淘汰上位机制"，优胜劣汰、成王败寇的过程。能够一路过关斩将，成为唯一幸存下来的个股，它一定有龙性，"剩者为王"嘛！

【案例5-9】 2024年3月6日，艾艾精工（603580）成为新型工业化概念中唯一二连板的股票，它在这个板块中最有龙性。3月14日在与立航科技（603261）竞争市场龙头的PK中胜出，成为市场龙头。

【案例5-10】 2023年11月27日收盘时，二连板股票池只有惠发食品（603536）和捷顺科技（002609）2只股票，28日捷顺科技被淘汰，惠发食品成为唯一晋级三连板的股票，它就具有龙性。

二、龙性股的结局

股票一旦表现出龙性,其后面的走势大多较为乐观,要么成为板块龙头,甚至成为市场龙头,要么经过调整后出现反包,当然也有少数失败的。

(一)成为龙头

能否成为龙头,一方面由个股的龙性决定,更主要的是由它所属的题材和当时周期情绪决定。因为龙头不属于自己,它属于所在的团队,属于市场。有无龙性只是判断能否成为龙头的切入点。所以必须对股票的走势做出预判,预判正确,及时跟随,预判错误,及时调整,要永远相信市场的选择,不要固守自己的预判。正如文学家萧伯纳所说:"明智的人使自己适应世界,而不明智的人坚持要世界适应自己。"

(二)调整后反包

一些有龙性的股票当天失败。有的是因为周期情绪变差,大盘走弱,造成市场抛压过大,主力只得顺势下杀,市场参与者悉数被套。周期情绪一旦转暖,题材仍然在发酵中,资金群体会继续做多,出现反包走势。调整的时间有长有短,有时只调整一天,次日反包。有时调整多日,但一般不会超过6个交易日。有时市场震荡,题材不太强,因主力资金深套其中,他们会设法自救,这样也会出现反包,给跟随者出局的机会。

(三)少数失败

由于市场情绪持续恶化,题材缺乏延续性,资金散乱,形不成合力,这时主力资金会放弃自救,认亏出局。作为跟随者,要根据盘面变化,抛开幻想,及时认亏出局,避免由于死守造成的损失扩大化。

在实际操作中,对个股龙性的判断至关重要,我们一定要深入研究,培养对龙性的敏感性,提升判断力,提高成功率。

第三节　盘中及时发现龙头

人们常说，选择永远大于努力，而股市选股永远大于买卖。

选股就要选龙头，谁是龙头？不要总是想着某位高手给你一个指标，给你一个公式，就能选到龙头股。股市没有这样的指标，也没有这样的公式，要靠你对市场的深刻理解。

明代学者褚人获的《坚瓠集》中，记载了明太祖朱元璋用对联考较朱棣和朱允炆的故事。

有一天，朱元璋去马苑观赏骏马，让朱棣和朱允炆一同伴驾。皇宫中的马苑聚集了天下名马，规模宏大，让人叹为观止。

正巧一阵风吹过，把一匹马的尾巴吹了起来。朱元璋就心有所感，想了个上联来考考朱棣和朱允炆。这个上联是：风吹马尾千条线。

朱棣虽然军事才华很高，但是不像朱允炆那么有学问。但是他情商非常高，虽然想了一个下联，也不着急说。他想要先看看朱允炆对什么对子。

果不其然，朱允炆急着对下联，对朱元璋说："皇爷爷，我想了一个对子，您看看怎么样？雨打羊毛一片毡。"

虽然说，一个风吹，一个雨打，一个马，一个羊，朱允炆对得非常工整，而且非常形象。但是这个下联境界太低了，上联说马，朱允炆下联居然就说羊，这就像是小孩子对的对联，根本没法让朱元璋满意。

朱元璋心里就有些不高兴了，就问朱棣说："老四，你呢，能对出下联吗？"

朱棣这时候也不敢藏着掖着了，就回答说："我不太懂学问，勉强想了一个下联。日照龙鳞万点金。"

朱元璋一听，不由暗暗点头："这才是皇家气派，足够气势。"就夸了一下朱棣，但是忽然间意识到了什么，立刻愣住了。

这两个人的下联似乎显露了他们的结局。后来朱允炆虽然做了皇帝，成了建文帝，但守不住江山，而朱棣就像他对联说的那样，"日照龙鳞万点金"，成了永乐大帝。

朱允炆和朱棣都是有龙性的，显然朱允炆龙性不足，即使做了皇帝，也被朱棣卡位，朱棣成为真正的大龙头。

在股票市场，选择龙头股时，我们要对标的个股从多方面进行比较，综合分析。盘前静态复盘，做足功课，临盘操作中，要在短时间内做出准确判断，既要快，更要准，这就需要我们在深刻理解龙性的前提下，结合板块题材、市场周期情绪以及股票龙性的盘面表现，做出判断。

前面我们对龙头股的内在逻辑，即龙性进行了分析，从宏观上、理论层面为发现龙头股提供思路，偏重于"道"。在具体的实盘操作中，如何在盘中及时发现龙头股呢？下面从"术"的层面介绍盘中及时发现龙头股的方法：

一、股票龙性的盘面表现

（一）空间最高

两市中身位最高的个股往往是市场的龙头，一个题材板块中身位最高的个股，往往是该题材板块的龙头。因为它鹤立鸡群，众星捧月，站在聚光灯下，成为市场或板块的焦点，因而辨识度极高，容易成为众人关注的对象，在它们身上最容易激发资金情绪，最容易形成市场合力。

【案例5-11】 2023年11月30日，东安动力（600178）六连板，成为市场的最高板，它是当时A股市场上最具龙性的个股，是市场的龙头。

【案例5-12】 2023年11月30日，中广天择（603721）涨停，成为文化传媒概念中唯一涨停的个股。12月1日它带动因赛集团（300781）、龙版传媒（605577）、果麦文化（301052）、上海电影（601595）涨停，中广天择成为这个板块中连板身位最高的个股，因而它最有龙性，走出了四连板的行情。12月6日，中广天择断板，龙版传媒成为文化传媒板块中连板身位最高的股票，成为这一板块中龙性最足的个股，12月8日尽管断板，但它龙性十足，12月11日成功反包，成为文化传媒的精神领袖。12月8日，龙版传媒断板之后，文投控股（600715）成为文化传媒概念身位最高的连板股，尽显龙性。龙版传媒是文化传媒概念中涨幅最大的个股，整体身位最高。文投控股是连板身位最高的个股。龙版传媒是"太上皇"，文投控股是"当朝皇上"。

（二）时间最早

身位最高是从空间的角度界定龙性的，龙性的第二个盘面表现是时间最早，即最早涨停，开板后最先回封。最先具有开创性，后面跟涨的都是它的模仿者、追随者。有一句话叫："一直被模仿，从未被超越"，就是对龙性最早、最先、率先特性的诠释。领先者面对无穷的不确定性和各种风险，而它不惧风险，无视不确定性，说明它极具龙性特质。

龙头最早上板，并成功封死，经过一波上涨后，它最后一个倒下。

一般来说，在低位首板、一进二、二进三时，龙性需要具有"最早"的特性，当个股有了明显的辨识度，就不需要通过"最早"来证明了。

【案例5-13】2023年11月23日，东安动力（600178）在汽车零部件板块中，最先结束调整，实现反包涨停，之后渤海汽车（600960）、京泉华（002885）、远东传动（002406）、湖南天雁（600698）、多利科技（001311）跟涨，彰显了十足的龙性。

【案例5-14】2023年11月23日，文化传媒概念两只股票引力传媒（603598）、龙版传媒（605577）均一字板开盘，引力传媒是辨识度很高的龙头，涨停板在高位反复打开、封住，说明筹码松动。龙版传媒迅速打开后，最先回封，并一直到尾盘都封得很死，龙性尽显，之后龙版传媒代替引力传媒成为文化传媒的新龙头。

在确定龙头的时间、空间两个要素中，时间要素最为重要。一切唯时，时间是一切资源的总资源，是一切成本的总成本。空间的实质是时间，身位最高其实也是时间早，不是当天涨停最早，而是早一天涨停。最先涨的，面对的是无穷无尽的不确定性，承担着巨大的风险，没有龙性作为支撑，不可能率先涨停，其他的跟风股只需要复制、克隆即可。

（三）跳得最高

9:25集合竞价结束，在一个板块或一个晋级梯队中，高开幅度最大的个股往往最有龙性。这对盘前锁定目标个股非常有用。

不过我们要明确，在行情好的情况下，跳得越高，龙性越强，显得霸气侧漏；在行情不好时，集合竞价阶段，往往藏而不露，"恰如猛虎卧荒丘，潜伏爪牙忍受"。选择龙头时，对行情好坏的判断非常关键。

【案例5-15】2023年12月4日，在文化传媒板块上一个交易日涨停的5只股票中，中广天择（603721）开10.01%，因赛集团（300781）开0.20%，龙版传媒（605577）开-0.90%，果麦文化（301052）开2.00%，上海电影（601595）开0.56%。其中，中广天择跳得最高，当天它最有龙性。

【案例5-16】2023年12月8日收盘后，三板晋级梯队中有文投控股（600715）、四川金顶（600678）、标准股份（600302）3只股票。12月11日，我们最需要知道的是哪一只股票会三进四成功晋级，集合竞价结束后，文投股份开3.33%、四川金顶开7.54%、标准股份开8.44%，结果文投控股和四川金顶成功晋级，文投控股明显强于四川金顶，标准股份收高开低走的大阴线。

这是因为当天的市场情绪并不好，主力故意示弱。这就类似于历史上一些有龙性的人物，在成长初期，羽翼尚未丰满，当形势对自己不利时，主动示弱，用以保护自己。但在条件成熟时，一定会锋芒毕露，脱颖而出。

不过标准股份高开，说明它是有龙性的，尽管它失败了，这种个股往往是会出现反包的，这就是龙性股的反包。如果有强势再收集，叠加热点题材，则更可靠。做反包就是要做这种类型的反包。

（四）量能最大

量能最大就是资金投入最大。开盘前或收盘后，主要通过量柱来判断，集合竞价结束后，可以用开盘换手Z和开盘金额等辅助判断。

【案例5-17】2023年12月11日，在二板池中有两只股票，南京公用（000421）、金自天正（600560）。次日这两只股票谁能二进三成功晋级呢？

表5-1是12月12日9:25集合竞价结束后两只股票的相关数据：

表5-1 南京公用（000421）和金自天正（600560）集合竞价后相关数据

单位：元

名 称	项 目			
	竞价开盘	开盘换手Z	开盘金额	流通市值Z
南京公用	7.18%	2.29	4 469万	20.07亿
金自天正	3.82%	1.73	3 958万	21.62亿

从竞价开盘、开盘换手Z、开盘金额三个方面比较，南京公用明显占有优势，尤其是南京公用在流通市值Z小于金自天正的情况下，开盘金额仍然高于金自天正。初步断定南京公用成功晋级的概率更大。开盘后两只股票的走势让人心惊肉跳，盘中金自天正最先封板，开板后直线下跌。南京公用高开低走，在零轴线附近震荡整理后成功封板。究其原因，是因为主力在集合竞价时就投入了大量的资金，中间的分歧走势，只不过是充分换手，实现洗盘、吸筹的双重目的而已。

（五）形态最优

前期有过强势收集、缩量洗盘、强势再收集的股票其龙性更足。经过前面的三大步骤，主力吸足了筹码，清洗了获利盘，赶走了套牢盘，吓跑了恐慌盘，轻装上阵，上攻意愿更强，后劲十足，上涨的空间也就更大。

【案例5-18】 张江高科（600895），2023年7月17日—8月4日，强势收集，之后缩量洗盘，8月29日—31日强势再收集后，做了一个杯柄，9月6日进行强势拉升，形态非常经典。

【案例5-19】 东安动力（600178），2023年6月12日—7月6日，强势

收集，之后缩量洗盘，11月9日—13日强势再收集后，同样做了一个杯柄，11月23日开始强势拉升。

【案例5-20】 四川金顶（600678），2023年6月27日—8月1日，强势收集，之后缩量洗盘，12月1日—5日强势再收集，同时出现了放量长上影变盘信号，12月6日强势拉升。

二、龙头股具有权威性

同一时间内，某一热点，有时可以同时容纳两个龙头，绝大多数时候只是一个，唯一的一个。

某个形态较差或者条件较差的个股，一旦成为龙头，它就占据了先机。一旦占据先机，你心目中的那个龙头就没有机会了。龙头必然是唯一的，一山不容二虎，一朝不容二帝。

你所有的努力，所有的猜想，都抵不过别人已经成为龙头的事实。如果有龙头，对不起，不管你的形态特征再美，利好再大，位置再优，你依然不会成为龙头。龙头地位一经确立不易撼动，除非遇到大利空或者涨到位置了，就像某位领导一旦被任命，不可能在短时间内被更换，除非他犯了错误或者任期到了。

选择龙头时，如果市场已经走出龙头，我们宁愿在这只龙头股上追高点去做，也不要去找新龙头。当大龙头进不去，选择跟风股套利时，必须保持清醒的头脑，这是在非龙头上赚钱，发现势头不对，立马走人。要永远相信市场的选择，不要执迷自己的预选。

三、龙头股是走出来的

有人认为，龙头股是某一个或几个主力预先设计好的。可以精准潜伏，幻想着在大龙头的首板之前潜伏进去，从第一板拿到最后一板。事实上，龙头股是市场PK出来的，是主力资金合力的产物，是市场竞争的结果，是不可能预测的，只能一步一步走出来，这就是龙头股的竞争淘汰上位机制。

首板点火乱混战：一个题材出现首板时，通常我们称为点火板。在众多首板股中，谁会成为持续性最强的合力，没人知道。

二板发酵现龙种：没有二连板，题材就没有延续性，只有上了二板才可能成为龙头的种子。至于谁能上三板，就要看主流资金的选择了。

三板持续现龙相：合力不够的个股二进三时被淘汰，上到三板的个股已为数不多，板块内的龙头将在它们当中产生。

四板热点板块龙：一个题材走到四板，通常已经成为公认的热点板块。

五板成为分水岭：四板、五板是小热点的顶部，能走到五板，已经成为真正的板块龙头，有资格成为市场龙头的竞争者。

六板晋级市场龙：六板以上就成了市场的高标股，脱离理性化，完全靠情绪推动。上到六板，一方面聚集了大量的人气，市场有"有五就有七，有七必成妖"之说；另一方面主力可能随时反手做空，要随时关注周期情绪的变化和主力资金的流向。

从上面的描述可以看出：每一只龙头股或妖股先要经历板块内部的竞争淘汰，先是一板一板地竞争出板块龙头，各板块龙头之间再竞争出市场总龙头，绝对不是一开始就设计好的。最终谁能上位，取决于市场的选择，事先没有人知道谁是最后的胜出者。龙头的走势，只能由市场来决定。

所以，龙头的产生是必然的，但是谁能成为龙头，又是偶然的。

四、短线炒作的流程

（一）抓住周期情绪共振的时机

1. 否极泰来之时

股价经过长期下跌，一些先知先觉的资金会尝试博取周期情绪拐点的先手，于是抓住热点题材、制造龙头、营造赚钱效应，这种尝试如果能得到市场的认可，就会出现一波行情；如果市场不认可，尝试失败，市场会继续探底。直到指数趋势周期与短线情绪周期出现共振拐点，也就是真正的否极泰来之时的到来。市场并不是因为题材成就了龙头，也不是因为龙头成就了赚钱效应，是市场周期情绪拐点的时机成就了它们。机会来了，有条件要上，没有条件创造条件也要上。这个时候有大题材，他们就会紧紧抓住题材进行点火、发酵、一致、分歧，完成一轮炒作。如果没有大题材，他们会找一些小题材"小题大做"，或者找次新股、老龙头、超跌低价等常用题材来炒作，有时对券商题材进行炒作。

2. 强势回调之后

时机也出现在强势市场的回调之后。市场经过一段时间的持续上涨后，必然出现回调。当回调结束后，题材热点仍然还在，也会出现指数趋势周期和短线情绪周期的共振。

（二）游资出手

资本的本质就是逐利，股市资金永不眠。他们会寻找一切机会，获取利益。游资利用热点题材点火，抱团炒作，借助人气和情绪，形成合力，制造涨停板和龙头股，营造赚钱效应。

（三）散户跟进

贪婪、恐惧的人性弱点在股市会被无限放大，只要看到有热点题材，有涨停板，有连板股出现，散户就会忘记曾经的伤痛，无脑跟进。游资营造赚钱效应的目的就是吸引散户跟进。游资深知，只要插起招兵旗，就有吃粮人。

（四）收割散户

先期进入的资金边拉边出，散户被套在高高的山顶上。好些散户在未成龙时看不出来，成龙途中不敢买，成龙之后追买却变成了最后的接盘侠。

行情总是在绝望中产生，在犹豫中上涨，在疯狂中死亡。

综上所述，在指数趋势周期和短线情绪周期的共振点上，主力捕捉到题材后进行点火。如果这个题材得不到其他游资的认可，便会成为"一日游"。如果得到其他游资认可，便会出现二连板，但二连板也可能熄火。题材是在不断地点火与发酵中被资金合力认可或放弃的，是一步一步走出来的，绝对不是一开始就设计好的。

由此可见，龙头是走出来的。其实，题材和周期情绪也是走出来的，市场上的一切都是走出来的。

龙头股的判断需要功力，尤其是在集合竞价结束后的5分钟内，迅速做出判断，需要更深的功力，功力越深，准确率越高，当然失误也会不可避免，不要抱百分之百成功的幻想。我们所能做的是心随股走，及时跟变。当预判正确时就加仓并持仓，扩大战果。判断失误，就需要调仓换股，及时跟变。

第四节　坚定龙头信仰

一、什么是信仰

信仰，是对天地、祖宗、某种宗教、某人或主张极度相信、崇拜，并把它奉为自己言行的准则。信仰，是人们内心的一盏明灯，能在黑暗中为人们指引前行的方向，能在迷茫中抚慰孤独的心灵，能在俗世中坚守人性的底线。信仰不是迷信，它是能从内心深处和道德层面彻底改变一个人的强大无比的精神力量！

信仰的力量是巨大的。革命先烈为了中国共产党的事业，为了人民的利益，为了心中的共产主义信念，不惜牺牲自己的生命。

在风云变幻、触摸不定、风情万千的股市中，我们也非常需要对龙头抱有这样的信仰。

二、什么是龙头信仰

龙头信仰是对龙头股的特性极度相信，有着宗教般的信奉和执着的坚守。在具体操作中表现为：只做龙头股，不做杂毛股。不会因为一两次的失误，就放弃对龙头股的神圣信仰。

第一，强者恒强是股市的根本规律，而龙头股是股市最强合力。

圣经《新约·马太福音》中有这样一则寓言：

从前，一个国王要出门远行，临行前，交给3个仆人每人一锭银子，并吩咐："你们去做生意，等我回来时，再来见我。"国王回来时，第一个仆人说："主人，你交给我的一锭银子，我已赚了10锭。"于是，国王奖励他10座城邑。第二个仆人报告："主人，你给我的一锭银子，我已赚了5锭。"于是，国王奖励他5座城邑。第三个仆人报告说："主人，你给我的一锭银子，我一直包在手帕里，怕丢失，一直没有拿出来。"

国王命令将第三个仆人的一锭银子奖赏给第一个仆人，说："凡是少的，就连他所有的，也要夺过来。凡是多的，还要给他，让他多多益善。"

这就是"马太效应"，反映的是社会中普遍存在的一个现象，即赢家通吃，强者恒强，弱者恒弱。

森林里越是高大的树木，就越能得到阳光的照耀，会长得越发高大。动物的首领因获得更多的资源，越发强壮。我们买家用电器只会想到美的、海尔、格力等大品牌，其他的小品牌鲜有人光顾。越是人多的饭店，人们越是趋之若鹜；越是冷清的饭店，去的人越少。

龙头股作为股票中的强者，是自然界"物竞天择，适者生存""强者恒强、弱者恒弱"规律在股市中的表现。植物界如此，动物界如此，人类社会也是如此。强者恒强是人类集体心理在股市中的反映。

龙头股最能吸引全市场的人气和资金，形成市场的最强合力。这就是龙头股强者恒强原理的根本所在。

因此，龙头股在市场中最强势、最暴利、最有号召力。

杰西·利弗摩尔说："只研究当前最突出的股票，只投资最活跃的龙头股，千万不要在那些疲软的股票上浪费时间。如果你在龙头股上赚不到钱，你压根就不可能在股市上赚到钱。"

只做龙头，不做杂毛，死也要死在龙头上。其实龙头股还真不是那么轻易会死掉，炒股就和击鼓传花游戏一样，只要不到最后一棒，就能活着出来。

股票分为两种类型：一种是龙头，一种是非龙头。

在实际操作中，我们要选择那些最强板块中的最强个股，只做龙头股，放弃非龙头股，只做趋势明显上升的个股，突破新高的个股，出现关键节点的个股。

第二，龙头既是进攻又是防守，龙头本身就是风险控制。

龙头的地位相当于一个群体的灵魂，龙头有很高的溢价，就像一个群体里一把手获取的资源远远超过其他人的总和。龙头股是最强资金合力的结果，轻易不容易下跌。

龙头股总是大盘小涨它大涨，大盘大涨它强势涨停。大盘小跌它不跌，大盘大跌它横盘整理或反其道而大涨。这就是龙头股的强势特征和王者风范。

即使龙头股见顶，也有3～10天的盘整，之后才会下跌，会给我们从容出局的机会，轻易不会套人。

龙头连板暴利、安全抗跌，即使失败了，也会给你反包，让你活着出来，因而龙头股最扛跌、最安全、最值得操作。

第三，龙头股容易发现，只是缺乏上车的胆量和信心。

龙头股辨识度极高，在众目睽睽之下，人人认得；犹如天仙下凡，鹤立鸡群；光天化日之下、大摇大摆地出现在我们面前，令人顿生敬意。

真正的龙头从来不屑于隐瞒自己的龙性，与模棱两可的普通股票相比，龙头股涨起来从来都是气壮山河、排山倒海的，它的龙性宣言从来都是旗帜鲜明、生动、尖锐的，绝不吞吞吐吐。

其表现形式是涨停再涨停，连续涨停，不断创出新高，成交量放大，充分换手，因而龙头股简单、傻瓜、一目了然。

正如某傻瓜相机的广告词：你只需按动快门，其他的由我们来做。

一只龙头股，你只需买进，接下来的上涨就交给市场。

只是我们不懂得龙头暴涨的逻辑，缺少信念的支持、信仰的支撑，总是担心龙头涨高了，会掉下来，内心充满恐惧。多数人看着龙头股一天一天地上涨，只有行注目礼的份，却不敢上车，白白错过了大好的赚钱机会。

三、坚定龙头信仰

信仰是你对股票交易的绝对信任，你很难挣到你不相信的钱。只有初恋般的执着和宗教般的信仰，才能成就某项崇高的事业。

信仰龙头，本质上是信仰市场上最有生命力的股票，最有流动性的股票，市场最强合力的股票。

我们一定要坚信，在一波行情中，抓住最热门题材中的龙头股，是最暴利、最安全的。在操作中只做龙头，不做杂毛。"非梧桐不栖，非练实不食，非醴泉不饮。"要有"龙头虐我千百遍，我待龙头如初恋"一般的情怀。

我们一定要坚信，在日常操作中，凡是非龙头都存在很大的风险。当发现买的不是龙头时，心里一定要清楚，我们只是在非龙头股上套利，一旦龙头股给机会，就立马切换到龙头上来。

固守龙头股，是最好的风险控制。如果龙头倒了，其他股票都不会安全。所以龙头股既是我们操作的标的，又是最安全的避风港，还是市场上最灵敏的风向标。

龙头与非龙头表面上看是领涨与被领涨，主与从，快与慢，但骨子里是安全与危险，是盈利与回撤，是生与死。龙与非龙不是股票与股票之间的差别，而是冰与火的差别，是生与死的差别。

要把注意力、研究的重心放到龙头股上，不能有丝毫的偏差。

美国著名女诗人艾米莉·狄金森有一首小诗：《如果我不曾见过太阳》，前两句是：我本可以忍受黑暗，如果我不曾见过太阳……

如果你见过太阳，你就根本无法忍受黑暗。

如果你有一两次踏准龙头节奏的实践，买到一两次龙头股，你会更加坚定对龙头的信仰。

四、从龙头信仰到养成习性

多数人进入股市，大多要经历五个阶段：啥也不知道、事后诸葛亮、盘中有启发、盘前能预测、形成动力定型。

刚入股市的新手，什么都不懂，什么也不知道，只能通过学习，不断地学习，向书本学习、向高手学习、向市场学习，这个阶段是最充实的。

经过一段时间的学习后，掌握了股市最基本的知识，能够看懂盘面，收盘后能看懂股票上涨和下跌的理由，这比第一个阶段进步了很多。

再经过一段时间的学习后，盘中能发现强势股，甚至能感觉到龙头股，但是当时会犹豫不决，想买又不敢买，想操作又不敢操作。

又经过一段时间的学习后，盘前可以看懂最强题材，能预测这个题材中具有龙性的股票，随着时间的推移，预测的准确率会大幅提高。

不断学习，不断实践，相关的认知和操作多次重复就成为一种模式，并被程序化后储存在大脑中，一旦看到，就立马做出反应，这种行为的自动化系统就是动力定型。一旦形成动力定型，就不需要思考了，已经变成直觉，变成习惯，形成条件反射了。

这就类似我们开车，当遇到危险时，不经过思考，脚已经踩在刹车上，完成了刹车的动作。

做股票就是一个培养对市场的理解力，坚定信念，从理解力到胆量，从刻意到条件反射的过程，习性就是形成条件反射。

我们要经过不断地强化，把对龙头的信仰印在脑子里，融化到血液中，落实到行动上。

选择永远大于努力，要选就选龙头股！我们所做的努力就是找到龙头股，然后把它买进去，等待见顶后卖出。

对龙性的深刻认识和信仰，才是龙头股战法最后的秘诀！

第六章

复盘临盘
——短线龙头股的盘前盘后

　　复盘是交易的前提。复盘是自我反省和与时俱进的需要。通过复盘总结规律、提炼方法、摸索技巧、优化流程，从而快速提高操盘能力。

　　临盘是指集合竞价前后的准备工作。了解新闻热点、外围市场情况。根据开盘情况，迅速判断当天的周期情绪，寻找可交易的标的。

本章所列举的复盘临盘的时间及案例，只是给读者一种方法及借鉴，以史为鉴，可知得失。

第一节　复盘

一、什么是复盘？

"复盘"原为围棋术语，本意是对弈者下完一盘棋之后，重新在棋盘上把对弈过程再摆一遍，看看哪些地方下得好，哪些地方下得不好，哪些地方可以有不同甚至是更好的下法。这个把对弈过程还原并进行研讨、分析的过程，就是复盘。通过复盘，棋手可以看到整个对弈过程，了解棋局的演变，总结出适合自己和不同对手的套路，找到更好的下法，从而不断提升自己的棋力。

股市中的复盘，是指股市收盘当天，或一段时间后，对在当天或一段时间的交易中，动态盯盘时来不及观察、总结的情况，如，周期情绪的演变、题材热点的变化、晋级梯队的晋级成败、强势个股的逻辑等进行静态分析。

二、为什么要复盘

（一）反省与学习

复盘的核心是反省与学习。复盘是对过往经历的再现和再认，通过总结过去成功的经验和失败的教训，启发和指导未来的操作，防止以后操作中可能出现的错误和风险。

毛泽东同志曾告诫我们："发扬成绩，纠正错误，以利再战。"

世界上最强大的人是爱学习及会学习的人。学习一般有三种方式：向书本学、向别人学、向自己学。其中向自己学的核心方式就是复盘。

通过复盘这种形式，把学到的东西梳理清楚，融会贯通，使之成为自己能力的一部分。运用已经学到的知识，通过复盘加深、强化这些知识，比看书和听别人讲课，效果会更好。

复盘就是以市场为师，以自己为师。通过复盘总结规律、提炼方法、摸索技巧、优化流程，从而快速提升自己对市场的理解力，增强对市场变化的敏感度。提高分析问题、解决问题的能力和操盘水平。

（二）指导交易

通过对反映市场环境的各项数据进行认真的梳理与分析，了解当下的周期情绪。有了对题材热点、晋级梯队、强势个股等进行推演分析的基础，次日集合竞价与开盘后，可以帮助我们做出不及预期、符合预期、超预期的判断，以指导我们的交易。

短线交易者必须每天看盘，这样才能感受到市场周期情绪的变化，才能厘清题材演变的脉络，才能看清主力资金进攻的方向和合力，才能深入理解强势个股的逻辑关系。

如果没有复盘，你就没有参照点，也就很难判断市场到底在发生什么。

人们常说，计划你的交易，交易你的计划；变化修正计划，交易服从变化。这里所说的"计划与变化"的前提就是复盘。

复盘是积累，是时间的积淀，再聪明的人也不可能跨越。现代商品再漂亮也没有古董值钱，古董的价值就在于时间的积淀。

作为短线交易者，每天必须复盘，不复盘不交易。坚持三年，必有大成。

三、复盘的内容

复盘一般分为：日复盘、周复盘。不管哪种类型的复盘，其目的都是让我们时刻保持对市场的敏感度，从而感知市场温度、厘清梯队结构、把握题材热点和强势个股逻辑。

（一）日复盘内容

1. 大势分析

通过对上证指数、深证成指、创业板指的技术分析，判断指数趋势周期情况。连板高度是短线情绪周期最主要的指标，通过对连板高度的比较，对短线情绪周期做出初步判断。通过对大肉个数、大面个数、连板个数、涨停个数、跌停个数、破板率、北向资金、市场量能等数据的比较，进一步分析短线情绪周期的变化情况。通过对晋级梯队的分析，感受市场结构和情绪的变化。通过以上分析，对当天市场周期情绪做出综合判断，明确当时市场的基本趋势。

2. 连板统计

在股市上我们默认，涨停板数量多的题材强于涨停板数量少的题材，身位高的个股强于身位低的个股，先封涨停的个股强于晚封涨停的个股，开板后先回封的个股强于晚回封的个股。

排列的原则是先强后弱。具体来说，就是空间优先、时间优先。晋级梯队依据空间优先的原则，按连板身位由高到低的顺序排列，连板身位最高的排在第一位，次高的排在第二位，接下来依次降序排列。每个晋级梯队中的个股，依照时间优先，按涨停时间的先后顺序排列，涨停时间早的排在前面，涨停时间晚的排在后面；中间打开涨停开板的，按回封的先后顺序排列。

需要标清楚个股的题材属性，以便在按晋级地位操作时，还能及时把握其题材地位。

3. 题材及涨停原因分析

排列的原则也是先强后弱。具体来说，就是数量优先、空间优先、时间优先。从整体上看，涨停数量最多的题材排在前面，按涨停数量由多到少的顺序依次排列。每个题材中，身位高的排在前面，身位低的依次排在后面；身位相同的，按涨停时间先后顺序依次排列；中间打开涨停板的，按回封的先后顺序排列。

连板的股票需要标清楚连板的高度，以便在按题材地位操作时，还能顾及它的晋级地位。

这样一来，我们对题材在市场中的地位，个股在题材中的地位，个股在整个市场中的地位就一目了然。

这就好比一片森林，生活着虎群、狮群、狼群、羊群……要想知道这片森林的哪种动物最多最强，我们就必须了解动物群体在整片森林中的地位，这就类似于题材地位。同时，必须明确个体的动物在自身群体中的地位，比如，在狮群中有最高地位的狮王，有中等地位的狮子，也有低等地位的狮子，这就类似于晋级地位。

因此，并不是涨停的股票都会成为龙头，九成的涨停个股不会成为龙头。其形成的过程是，先在板块内，一进二、二进三、三进四，过关斩将，逐步淘汰晋级。然后在不同板块间同身位的个股进行淘汰晋级，最后胜出的才能成为市场的龙头。通过个股题材地位和晋级地位的变化，我们可以清楚地看到龙头股上位的过程。进而明确，龙头个股不是预先设计好的，而是通过竞争淘汰上位机制PK出来的。

下面以2024年1月19日（星期五）的复盘做一说明：

第一部分是大势分析，通过对指数趋势周期和短线情绪周期的分析，对目前的周期情绪做出判断，为次日早盘周期预判提供参照点。

1. 大势分析

（1）两大周期分析

① 指数趋势周期：在上一个交易日收筑底长下影的基础上，今天三大指数震荡走低。上证指数收-0.47%，深证成指收-0.68%，创业板指收-0.95%。

② 短线情绪周期：连板高度上升为9连板。

因为连板高度是短线情绪周期最主要的指标，故特别列出。

（2）数据统计

通过对大肉个数、大面个数、连板个数、涨停个数、跌停个数、破板率、北向资金、市场量能等数据的比较，进一步分析短线情绪周期的变化。为了便于对比，列出的是上一个交易日与当天的数据。

① 大肉47—42；② 大面7—27；③ 连板10—11；
④ 涨停38—40；⑤ 跌停8—23；⑥ 破板率21%—32%；
⑦ 北向资金-7.41亿元— 52.09亿元；⑧ 市场量能8 648亿元—6 666亿元。

（3）晋级情况

对连板晋级成功的数据进行比较。如，昨天三板的票有4只，当天晋级成功2只。晋级成功率越高，短线情绪周期越好。

① 八进九：(1—1)；② 三进四（4—2）；③ 二进三（7—3）；
④ 一进二：(26—5)。

通过对上述三方面进行比较分析后，对当天的周期情绪做出综合判断。

（4）大势判断

虽然资金抱团龙头股，深中华A（000017）创出新高，但大盘指数并未止跌，短线情绪赚钱效应不强，除非上到龙头股。

2. 连板统计

晋级梯队依据空间优先，按连板身位由高到低的顺序排列。每个晋级梯队中的个股，依据时间优先原则，按涨停时间先后顺序排列；打开涨停的，按回封先后顺序排列。每只个股要标出它的题材属性。

（1）九连板：深中华A（深圳、黄金）。

（2）四连板：哈森股份（电子商务、并购重组）；晨光新材（化工、有机硅）。

（3）三连板：华升股份（外贸、参股券商）；华瓷股份（外贸、装修家具）；同兴环保（钠电池、储能）。

（4）二连板：华控赛格（锂电池、基础建设）；英力特（化工、制氢）；九牧王（电子商务、服装家纺）；剑桥科技（人工智能、CPO/MPO）；音飞储存（AGV机器人、跨境电商）。

（5）一板：40-11=29只。

3. 题材及涨停原因分析

依据数量优先、空间优先、时间优先的原则排列。涨停数量最多的题材放在最前面，按涨停数量由多到少的顺序依次排列。每个题材中，身位高的排在前面，身位低的依次排在后面；身位相同的，按涨停时间先后依次排列；中间打开涨停板的，按回封的先后顺序排列。

题材有爆发原因的，须列出爆发原因。因主题材属性已经明确，所以每只个股后面只列次要属性即可，如，外贸概念中的华升股份（600156）有外贸和参股券商两个属性，因在外贸概念之下，所以只列出参股券商这个题材属性即可。题材属性后面的数字是连板高度，如，晨光新材（605399）的题材属性是化工和有机硅，在晋级梯队中为4连板。

（1）平台经济：7家。爆发原因：近日，菜鸟宣布与"速卖通"联合推出多重入仓保障，"速卖通"被广大卖家称为"国际版淘宝"，板块异动。

哈森股份（电子商务、并购重组4）、九牧王（电子商务、服装家纺2）、洪兴股份（跨境电商、多胎概念）、永艺股份（跨境电商、外贸）、浙江正特（跨境电商、外贸）、太平鸟（电子商务、零售）、华鼎股份（跨境电商）。

（2）外贸：6家。

华升股份（参股券商3）、华瓷股份（装修家具3）、通达创智（多胎概念）、瑞尔特（装修家具）、恒林股份（装修家具）、雪祺电气（次新股）。

（3）化工：5家。

晨光新材（有机硅4）、英力特（制氢2）、阿科力（氢能源）、华塑股份（有机硅、氢能源）、华尔泰（烟花爆竹）。

（4）深圳：3家。

深中华A（黄金9）、华控赛格（锂电池2）、特力A（黄金）。

（5）氢能源：3家。

康普顿、洪涛股份、百利科技（锂电池）。

（6）游戏：3家。

惠程科技（智能电网）、游族网络（文化传媒）、德力股份（石英坩埚）。

（7）文化传媒：3家。

龙版传媒、上海电影（短剧、AIGC）、中视传媒。

（8）算力：2家。

群兴玩具、莲花健康（算力租赁）。

（9）旅游：2家。

丽江旅游、云南旅游。

（10）机器人：2家。

音飞储存（AGV机器人、跨境电商）、先锋电子（华为）。

（11）其他：4只。

其他类型个股的两个属性都要列出来。

同兴环保（钠电池、储能3）、剑桥科技（人工智能、CPO/MPO2）、盛剑环境（光刻胶、华为）、松炀资源（彩票概念）。

4. 建立自选股板块

自选股板块包括以下五种类型（见图6-1）：

（1）三大指数。上证指数（999999）、深证成指（399001）、创业板指（399006）。

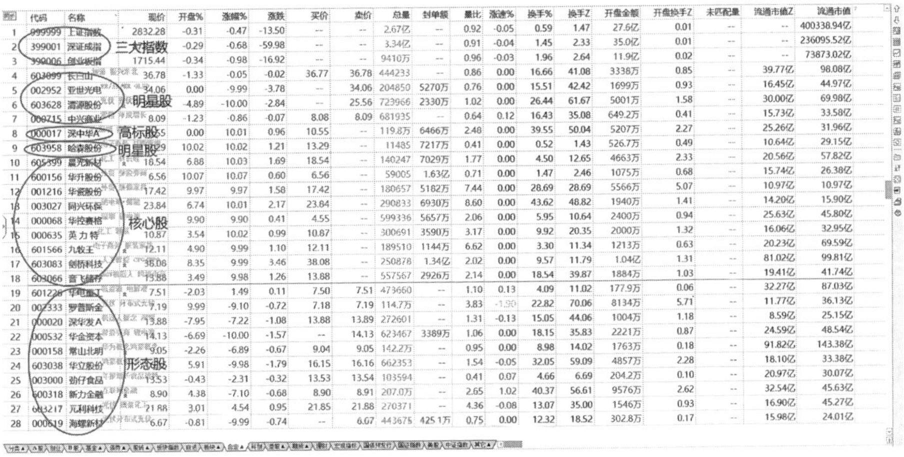

图6-1 自选股

（2）明星股。明星股有两种类型，一种是连续一字板，它虽然没有参与价值，但它是市场的标杆，有很大的参照价值。另一种是换手股，没有连板，但总体涨幅大的个股，多数为近期龙头股。如，2024年1月19日复盘中的长白山（603099）、亚世光电（002952）、清源股份（603628）、中兴商业（000715）、哈森股份（603958）。

（3）高标股。是市场上连板身位最高的个股。如，深中华A（000017）。

（4）核心股。是板块龙头股。如，平台经济的九牧王（601566），外贸概念的华升股份（600156）和华瓷股份（001216），化工板块中的晨光新材（605399）和英力特（000635）等。

（5）形态股。根据形态选出的可能出现首板的股票。如，深华发A（000020）作为近期机器人概念的龙头，又有深圳板块的属性，很有可能被深中华A带起来，从而出现反包。

5. 建立涨停股板块

分别建一板、二板、三板……股票板块，每日更新。

6. 标注题材属性

在交易软件的个股上标注题材属性，便于我们随时了解个股的题材属性（见图6–2、图6–3）。

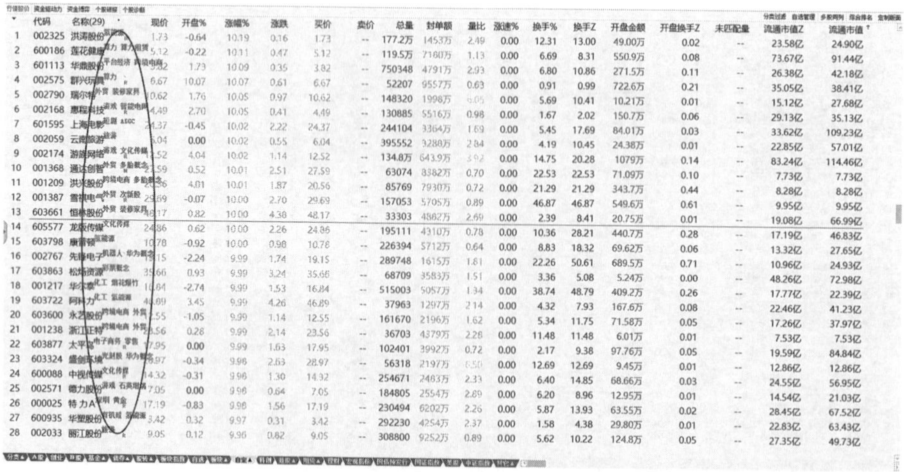

	代码	名称(29)	现价	开盘%	涨幅%	涨跌	买价	卖价	总量	封单额	量比	涨速%	换手%	换手Z	开盘金额	开盘换手Z	未匹配量	流通市值Z	流通市值
1	002325	洪涛股份	1.73	-0.64	10.19	0.16	1.73	--	177.2万	1453万	2.49	0.00	12.31	13.00	49.00万	0.02	--	23.58亿	24.90亿
2	600186	莲花健康 算力 算力租赁	5.12	-0.22	10.11	0.47	5.12	--	119.5万	7160万	1.13	0.00	6.69	8.31	550.9万	0.08	--	73.67亿	91.44亿
3	601113	华鼎股份 平台经济 跨境电商	3.82	1.73	10.09	0.35	3.82	--	750348	4791万	2.93	0.00	6.80	10.86	271.5万	0.11	--	26.38亿	42.18亿
4	002575	群兴玩具 算力	6.67	10.07	10.07	0.61	6.67	--	52207	9557万	0.63	0.00	0.91	0.99	722.6万	0.21	--	35.05亿	38.41亿
5	002790	瑞尔特 外贸 装修家具	10.62	1.76	10.05	0.97	10.62	--	148320	1998万	6.05	0.00	5.69	10.41	10.21万	0.01	--	15.12亿	27.68亿
6	002168	惠程科技 游戏 智能电网	4.49	2.70	10.05	0.41	4.49	--	130885	5516万	0.98	0.00	1.67	2.02	150.7万	0.06	--	29.13亿	35.13亿
7	601595	上海电影 短剧 AIGC	24.37	-0.45	10.02	2.22	24.37	--	244104	3364万	1.69	0.00	5.45	17.69	84.01万	0.03	--	33.62亿	109.23亿
8	002059	云南旅游 旅游	6.04	0.00	10.02	0.55	6.04	--	395552	3288万	2.84	0.00	4.19	10.45	24.38万	0.01	--	22.85亿	57.01亿
9	002174	游族网络 游戏 文化传媒	12.52	4.04	10.02	1.14	12.52	--	134.8万	643.9万	3.92	0.00	14.75	20.28	1079万	0.14	--	83.24亿	114.46亿
10	001368	通达创智 外贸 多胎概念	27.59	0.52	10.01	2.51	27.59	--	63074	8382万	0.70	0.00	22.53	22.53	71.09万	0.10	--	7.73亿	7.73亿
11	001209	洪兴股份 跨境电商 多胎概念	20.56	4.01	10.01	1.87	20.56	--	85769	7930万	0.72	0.00	21.29	21.29	343.7万	0.44	--	8.28亿	8.28亿
12	001387	雪祺电气 外贸 次新股	29.69	-0.07	10.00	2.70	29.69	--	157053	5705万	0.89	0.00	46.87	46.87	549.6万	0.61	--	9.95亿	9.95亿
13	603661	恒林股份 外贸 装修家具	48.17	0.82	10.00	4.38	48.17	--	33303	4882万	2.69	0.00	2.39	8.41	20.75万	0.01	--	19.08亿	66.99亿
14	605577	龙版传媒 文化传媒	24.86	0.62	10.00	2.26	24.86	--	195111	4310万	0.78	0.00	10.36	28.21	440.7万	0.28	--	17.19亿	46.83亿
15	603798	康普顿 氢能源	10.78	-0.92	10.00	0.98	10.78	--	226394	5712万	0.64	0.00	8.83	18.32	69.62万	0.06	--	13.32亿	27.65亿
16	002767	先锋电子 机器人 华为概念	19.15	-2.24	9.99	1.74	19.15	--	289748	1615万	1.81	0.00	22.26	50.61	689.5万	0.71	--	10.96亿	24.93亿
17	603863	松炀资源 彩票概念	35.66	0.93	9.99	3.24	35.66	--	68709	3583万	1.51	0.00	3.36	5.08	5.24万	0.00	--	48.26亿	72.98亿
18	001217	华尔泰 化工 烟花爆竹	16.84	-2.74	9.99	1.53	16.84	--	515003	5057万	1.34	0.00	38.74	48.79	409.2万	0.26	--	17.77亿	22.39亿
19	603722	阿科力 化工 氢能源	46.89	3.45	9.99	4.26	46.89	--	37963	1297万	2.14	0.00	4.32	7.93	167.6万	0.08	--	22.46亿	41.23亿
20	603600	永艺股份 跨境电商 外贸	12.55	-1.05	9.99	1.14	12.55	--	161670	2196万	1.62	0.00	5.34	11.75	71.58万	0.05	--	17.26亿	37.97亿
21	001238	浙江正特 跨境电商 外贸	23.56	0.28	9.99	2.14	23.56	--	36703	4379万	2.28	0.00	11.48	11.48	6.01万	0.01	--	7.53亿	7.53亿
22	603877	太平鸟 电子商务 零售	17.95	0.00	9.99	1.63	17.95	--	102401	3992万	0.72	0.00	2.17	9.38	97.76万	0.05	--	19.59亿	84.84亿
23	603324	盛剑环境 光刻胶 华为概念	28.97	-0.34	9.98	2.63	28.97	--	56318	2197万	6.50	0.00	12.69	12.69	9.45万	0.01	--	12.86亿	12.86亿
24	600088	中视传媒 文化传媒	14.32	-0.31	9.98	1.30	14.32	--	254671	2483万	2.33	0.00	6.40	14.85	68.66万	0.03	--	24.55亿	56.95亿
25	002571	德力股份 游戏 石英坩埚	7.05	0.00	9.98	0.64	7.05	--	184805	2554万	2.89	0.00	6.20	8.96	12.95万	0.01	--	14.54亿	21.03亿
26	000025	特力A 深圳 黄金	17.19	-0.83	9.98	1.56	17.19	--	230494	6202万	2.26	0.00	5.87	13.93	63.55万	0.02	--	28.45亿	67.52亿
27	600935	华塑股份 有机硅 氢能源	3.42	0.32	9.97	0.31	3.42	--	292230	4254万	2.37	0.00	1.58	4.38	29.80万	0.01	--	22.83亿	63.43亿
28	002033	丽江股份 旅游	9.05	0.12	9.96	0.82	9.05	--	308800	9252万	0.89	0.00	5.62	10.22	124.8万	0.05	--	27.35亿	49.73亿

图6–2　行情报价界面（标注题材属性）

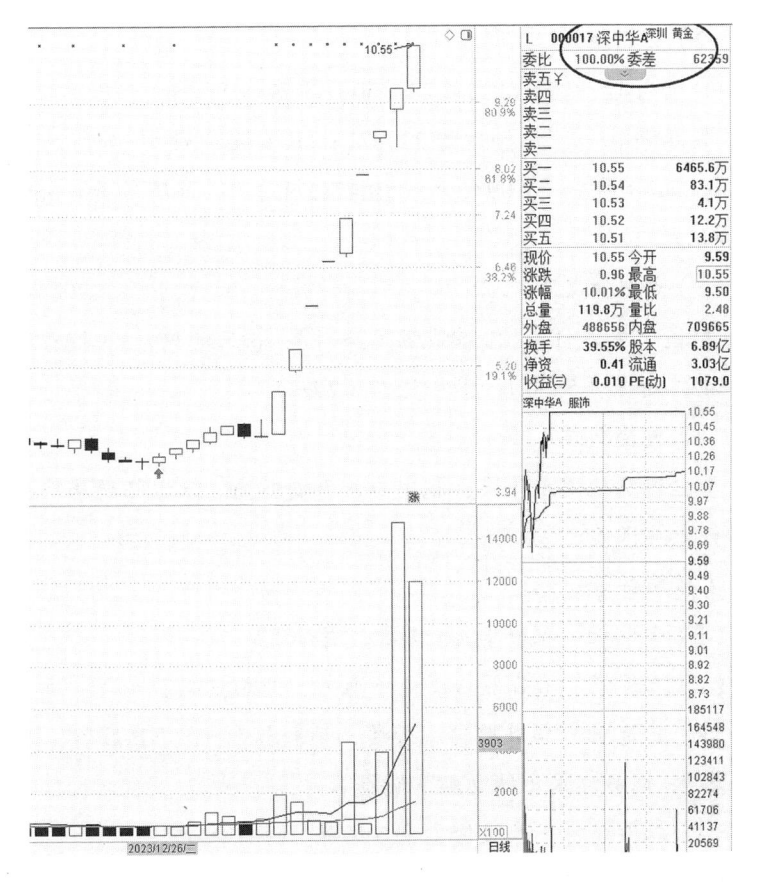

图6-3 深中华A（标注题材属性）

下面是2024年1月22日—26日一周的复盘内容，通过对一周复盘内容的分析，进行周复盘，感受市场的周期情绪，了解题材热点的演化，厘清梯队结构，把握强势个股逻辑。

2024年1月22日（星期一）

1. 大势分析

（1）两大周期分析

① 指数趋势周期：三大指数低开低走，大幅下跌。上证指数收 −2.68%，深证成指收 −3.50%，创业板指收 −2.83%。

② 短线情绪周期：连板高度上升为10连板。

193

（2）数据统计

① 大肉42—17；② 大面27—60；③ 连板11—6；④ 涨停40—17；⑤ 跌停23—71；⑥ 破板率32%—44%；⑦ 北向资金-52.09亿元—10.47亿元；⑧ 市场量能6 666亿元—7 941亿元。

（3）晋级情况

① 进十（1—1）；② 四进五（2—1）；③ 三进四（3—3）；④ 二进三（5—0）；⑤ 一进二（29—1）。

（4）大势判断

资金继续抱团龙头股，深中华A再创新高。三大指数暴跌，短线情绪赚钱效应很差。

2. 连板统计

（1）十连板：深中华A（深圳、黄金）。

（2）五连板：哈森股份（电子商务、并购重组）。

（3）三连板：华升股份（外贸、参股券商）；华瓷股份（外贸、装修家具）；同兴环保（钠电池、储能）。

（4）二连板：华鼎股份（平台经济、跨境电商）。

（5）一板：17－6=11只。

3. 题材及涨停原因分析

（1）深圳：3家。

深中华A（黄金10）、深华发A（机器人概念）、特发信息（算力租赁）。

（2）锂电池：3家。

丰山集团（固态电池）、萃华珠宝（黄金）、三祥新材（固态电池）。

（3）平台经济：2家。

哈森股份（电子商务、并购重组5）、华鼎股份（跨境电商2）。

（4）汽车零部件：2家。

东风汽车（华为汽车）、天普股份（汽车热管理）。

（5）VR/AR/MR：2家。

华如科技（军工）、日久光电（消费电子）。

（6）外贸：2家。

华升股份（参股券商4）、华瓷股份（装修家具4）。

（7）其他：3家。

同兴环保（钠电池、储能4）、延华智能（鸿蒙概念、养老概念）、江铃汽车（年报增长、华为汽车）。

2024年1月23日（星期二）

1.大势分析

（1）两大周期分析

① 指数趋势周期：三大指数跳空低开，震荡走高。上证指数收0.53%，深证成指收1.38%，创业板指收1.24%。

② 短线情绪周期：连板高度上升为11连板。

（2）数据统计

① 大肉17—60；② 大面60—17；③ 连板6—7；

④ 涨停17—44；⑤ 跌停71—26；⑥ 破板率44%—26%；

⑦ 北向资金10.47亿元—37.90亿元；⑧ 市场量能7 941亿元—7 042亿元。

（3）晋级情况

① 十进十一（1—1）；② 五进六（1—1）；③ 四进五（3—2）；

④ 二进三（1—0）；⑤ 一进二（11—3）。

（4）大势判断

资金继续抱团龙头股，深中华A再创新高。三大指数有止跌企稳迹象，静待下一交易日表现。

2.连板统计

（1）十一连板：深中华A（锂电池、两轮车）。

（2）六连板：哈森股份（并购重组、电子商务）。

（3）五连板：华瓷股份（装修家具、外贸）、同兴环保（钠电池、环保）。

（4）二连板：丰山集团（锂电池、固态电池）、特发信息（CPO/MPO、算力租赁）、华如科技（人工智能、游戏）。

（5）一板：44－7=37只。

3. 题材及涨停原因分析

（1）上海：10家。爆发原因：中办、国办印发《浦东新区综合改革试点实施方案（2023—2027）》，板块异动。

长江投资（外贸）、上海凤凰（跨境电商）、上海物贸（物流）、畅联股份（物流）、中视传媒（文化传媒）、建元信托（信托概念）、中华企业（房地产）、华建集团（基础建设）、浦东金桥（房地产）、上海易连（包装印刷）。

（2）人工智能：7家。爆发原因：美股英伟达、AMD等概念股近期迭创历史新高，CPO异动。

特发信息（CPO/MPO、算力租赁2）、华如科技（游戏2）、剑桥科技（CPO/MPO）、华西股份（CPO/MPO、参股券商）、意华股份（CPO/MPO、光伏支架）、华是科技（CPO/MPO、数据要素）、科大讯飞。

（3）年报增长：5家。

泰山石油（石油石化）、江河集团（分布式光伏）、金证股份（互联网金融）、思维列控（轨道交通）、丸美股份（电子商务）。

（4）地产链：4家。

华瓷股份（装修家具、外贸5）、洪涛股份（装修家具、氢能源）、王力安防（装修家具）、九鼎投资（房地产、创投）。

（5）锂电池：3家。

深中华A（锂电池11）、丰山集团（固态电池2）、丰元股份（磷酸铁锂）。

（6）华为概念：2家。

直真科技（算力调度）、东方中科（鸿蒙概念）。

（7）游戏：2家。

恺英网络（抖音概念）、姚记科技（文化传媒）。

（8）光伏：2家。

西典新能（次新股）、欧晶科技（石英坩埚）。

（9）医药：2家。

圣达生物（合成生物）、开开实业（中药）。

（10）其他：7家。

哈森股份（并购重组、电子商务6）、同兴环保（钠电池、环保5）、盛剑环境（光刻胶、华为概念）、华尔泰（化工、烟花爆竹）、江苏吴中（医美）、首创证券（证券）、万丰奥威（飞行汽车）。

2024年1月24日（星期三）

1. 大势分析

（1）两大周期分析

① 指数趋势周期：三大指数V形反转，收长下影K线。上证指数收1.80%，深证成指收1.00%，创业板指收0.51%。

② 短线情绪周期：连板高度为7连板。

（2）数据统计

① 大肉60—86；② 大面17—4；③ 连板7—19；

④ 涨停44—74；⑤ 跌停26—3；⑥ 破板率26%—27%；

⑦ 北向资金37.90亿元—5.39亿元；⑧ 市场量能7 042亿元—7 670亿元。

（3）晋级情况

① 十一进十二（1—0）；② 六进七（1—1）；③ 五进六（2—0）；④ 二进三（3—1）；⑤ 一进二（37—17）。

（4）大势判断

指数趋势周期V形反转，收长下影线，板块爆发涨停潮，老龙头涨停，反转趋势确立。

2. 连板统计

（1）七连板：哈森股份（电子商务、并购重组）。

（2）三连板：特发信息（CPO/MPO、算力租赁）。

（3）二连板：华建集团（上海、基础建设）、建元信托（信托概念、上海)、长江投资(上海、外贸)、江苏吴中(医美)、中华企业(上海、房地产)、上海易连(上海、包装印刷)、上海凤凰(上海、跨境电商)、上海物贸(上海、物流)、王力安防(电子商务、装修家具)、开开实业(上海、中药)、畅联股份(上海、物流)、浦东金桥(上海、房地产)、九鼎投资(参股金融、房地产)、中视传媒(中字头、上海)、首创证券(证券)、金证股份(互联网金融)、剑桥科技(CPO/MPO、上海)。

(4)一板：74－19=55只。

3.题材及涨停原因分析

(1)上海：24家。爆发原因：中办、国办印发《浦东新区综合改革试点实施方案(2023—2027年)》，板块持续异动。

华建集团(基础建设2)、长江投资(外贸2)、中华企业(房地产2)、上海易连(包装印刷2)、上海凤凰(跨境电商2)、上海物贸(物流2)、开开实业(中药2)、畅联股份(物流2)、浦东金桥(房地产2)、上海三毛(服装家纺)、纳尔股份(氢能源)、锦江在线(物流)、合富中国(SPD)、光大嘉宝(房地产)、兰生股份(外贸)、申达股份(外贸)、益民集团(电子商务)、外高桥(物流)、上海凯鑫(环保)、开创国际(水产品)、耀皮玻璃(光伏玻璃)、华贸物流(跨境电商)、上海建科(基础建设)、陆家嘴(房地产)。

(2)平台经济(电子商务、跨境电商)：9家。爆发原因：据《科创板日报》23日独家获悉，阿里巴巴集团创始人马云、蔡崇信大幅增持阿里股票，板块异动。

哈森股份(并购重组7)、王力安防(装修家具2)、凯淳股份(上海)、三江购物(阿里巴巴概念)、哈尔斯(外贸)、永艺股份(外贸)、龙头股份(上海)、奥佳华(外贸)、金发拉比(多胎概念)。

(3)中字头：8家。爆发原因：国务院国资委产权管理局负责人谢小兵介绍，国务院国资委将进一步研究将市值管理纳入中央企业负责人业绩考核，中字头异动。

中视传媒(上海2)、中成股份(基础建设)、中农立华(供销社)、中粮资本（参股金融）、中国海诚（上海）、中公高科（基础建设）、中铁装配（基础建设）、中信海直（飞行汽车）。

（4）参股金融：7家。爆发原因：证监会副主席回应股市波动，保护广大投资者是我们巨大的责任，不能把没有长期回报的公司带到市场上来，板块跟随异动。

九鼎投资（房地产2）、香溢融通（国企改革）、中航产融（中字头）、中油资本（中字头）、五矿资本（国企改革）、华金资本（锂电池）、华资实业（食品饮料）。

（5）深圳：3家。

深华发A（机器人）、华控赛格（锂电池）、美丽生态（园林）。

（6）期货概念：3家。

新黄埔（上海）、南华期货、弘业期货。

（7）互联网金融：3家。

金证股份（2）、新力金融、威士顿（上海）。

（8）证券：3家。

爆发原因：证监会副主席回应股市波动，保护广大投资者是我们巨大的责任，不能把没有长期回报的公司带到市场上来，板块跟随异动。

首创证券（2）、华鑫证券（上海）、光大证券。

（9）人工智能（CPO/MPO）：2家。

特发信息（算力租赁3）、剑桥科技（上海2）。

（10）信托概念：2家。

建元信托（上海2）、爱建集团（上海）。

（11）年报增长：2家。

风范股份（特高压）、红豆股份（电子商务）。

（12）食品饮料：2家。

宝立食品（上海）、燕塘乳业（乳业、国企改革）。

（13）医美：2家。

江苏吴中（2）、澳洋健康（养老概念）。

（14）国企改革：2家。

大庆华科（石油石化）、瑞泰科技（装修家具）。

（15）其他：2家。

萃华珠宝（锂电池、黄金）、拓山重工（基础建设、工程机械）。

2024年1月25日（星期四）

1. 大势分析

（1）两大周期分析

① 指数趋势周期：三大指数震荡走高，收大阳K线。上证指数收3.03%，深证成指收2.00%，创业板指收1.45%。

② 短线情绪周期：连板高度为4连板。

（2）数据统计

① 大肉86—113；② 大面4—5；③ 连板19—34；

④ 涨停74—104；⑤ 跌停3—3；⑥ 破板率29%—15%；

⑦ 北向资金-5.39亿元—62.94亿元；⑧ 市场量能7 670亿元—8 914亿元。

（3）晋级情况

① 七进八（1—0）；② 三进四（1—1）；③ 二进三（17—13）；

④ 一进二（55—20）。

（4）大势判断

指数趋势周期与短线情绪周期共振，周期继续向上。

2. 连板统计

（1）四连板：特发信息（深圳、国企改革）。

（2）三连板：上海凤凰（上海、跨境电商）、上海物贸（上海、物流）、华建集团（上海、基础建设）、畅联股份（上海、物流）、建元信托（信托概念、上海）、中视传媒（中字头、上海）、长江投资（上海、外贸）、江苏吴中（医美）、中华企业（上海、房地产）、上海易连（上海、包装印刷）、开开实业（上海、中药）、浦东金桥（上海、房地产）、九鼎投资（参股金融、房地产）。

（3）二连板：华控赛格（深圳、锂电池）、中成股份（中字头、基础建设）、中粮资本（中字头、参股金融）、南华期货（期货概念）、香溢融通（参股金融、国企改革）、新黄埔（期货概念、上海）、上海凯鑫（上海、环保）、中国海诚（中字头、上海）、拓山重工（基础建设、工程机械）、深华发A（机器人概念）、光大嘉宝（房地产、上海）、合富中国（SPD、上海）、华鑫股份（证券、上海）、中航产融（中字头、参股金融）、中公高科（中字头、基础建设）、中铁装配（中字头、基础建设）、外高桥（参股金融、上海）、上海建科（上海、基础建设）、开创国际（上海、水产品）、陆家嘴（上海、房地产）。

（4）一板：104－34=70只。

3.题材及涨停原因分析

（1）上海：24家。爆发原因：中办、国办印发《浦东新区综合改革试点实施方案（2023—2027年）》，板块持续异动。

上海凤凰（跨境电商3）、上海物贸（物流3）、华建集团（基础建设3）、畅联股份（物流3）、长江投资（外贸3）、中华企业（房地产3）、上海易连（包装印刷3）、开开实业（中药3）、浦东金桥（房地产3）、上海凯鑫（环保2）、上海建科（基础建设2）、开创国际（水产品2）、陆家嘴（房地产2）、上海沪工（卫星导航）、上海贝岭（芯片）、霍普股份（基础建设）、上海能源（电力）、宏英智能（机器人概念）、中路股份（两轮车）、能辉科技（光伏EPC）、浦东建设（基础建设）、金桥信息（人工智能）、云赛智联（数据要素）。

（2）中字头：21家。爆发原因：国务院国资委产权管理局负责人谢小兵介绍，国务院国资委将进一步研究将市值管理纳入中央企业负责人业绩考核，中字头延续异动。

中视传媒（上海3）、中成股份（基础建设2）、中粮资本（参股金融2）、中国海诚（上海2）、中航产融（参股金融2）、中公高科（基础建设2）、中铁装配（基础建设2）、中铝国际（锂电池）、中国联通（5G）、中钢国际（基础建设）、中工国际（基础建设）、中农联合（供销社）、中远海科（上海）、中国动力（中船系）、中青旅（旅游）、中机认检（次新股）、中邮科技（上海）、中国石油（石油石化）、中国交建

（基础建设）、中煤能源（煤炭）、中信金属（有色金属）。

（3）国企改革：12家。爆发原因：国务院国资委产权管理局负责人谢小兵介绍，国务院国资委将进一步研究将市值管理纳入中央企业负责人业绩考核，国企改革跟随异动。

长江通信（卫星导航）、国新文化（职业教育）、国机通用（盐湖提锂）、国机汽车（华为汽车）、常山北明（鸿蒙概念）、青岛食品（食品饮料）、涪陵电力（电力）、凌云股份（氢能源）、昊华能源（煤炭）、太极股份（信创）、广深铁路（高铁）、惠泉啤酒（啤酒）。

（4）文化传媒：9家。

龙版传媒、中国科传（中字头）、中信出版（中字头）、中国出版（中字头）、博瑞传播、新华网（数据确权）、国脉文化（短剧、国企改革）、新华传媒（上海）、中广天择（短剧、国企改革）。

（5）地产链（房地产）：8家。爆发原因：中国人民银行办公厅、金融监督管理总局办公厅联合印发《关于做好经营性物业贷款管理的通知》，地产链异动。

光大嘉宝（上海2）、锦和商管（物业服务、上海）、京能置业（国企改革）、中交地产（国企改革）、亚通股份（上海）、光明地产（国企改革）、上实发展（上海）、西部建设（建材、国企改革）。

（6）深圳：5家。

特发信息（国企改革4）、华控赛格（锂电池2）、深华发A（机器人2）、深中华A（两轮车）、深桑达A（国企改革）。

（7）医药：5家。

江苏吴中（医美3）、合富中国（SPD、上海2）、中国医药（中字头）、泓博医药（上海）、国药一致（国企改革）。

（8）人工智能：4家。

铭普光磁（CPO/MPO、华为概念）、鸿博股份（英伟达概念、算力租赁）、力盛体育（AIGC、上海）、克来机电（CPO/MPO、上海）。

（9）年报增长：3家。

华翔股份（汽车零部件）、长虹美菱（国企改革）、长缆科技（特高压）。

（10）参股金融：3家。

九鼎新材（房地产3）、香溢融通（国企改革2）、外高桥（上海2）。

（11）基础建设：3家。

拓山重工（工程机械2）、山推股份（工程机械、国企改革）、北方国际（国企改革）。

（12）期货概念：2家。

南华期货、新黄浦。

（13）其他：6家。

建元信托（信托概念、上海3）、华鑫股份（证券、上海2）、新亚电子（消费电子、华为概念）、学大教育（教育、人工智能）、大立科技（军工）、丰山集团（锂电池、固态电池）。

2024年1月26日（星期五）

1. 大势分析

（1）两大周期分析

① 指数趋势周期：三大指数横向震荡。上证指数收0.14%，深证成指收-1.06%，创业板指收-2.23%。

② 短线情绪周期：连板高度上升为5连板。

（2）数据统计

① 大肉113—64；② 大面5—13；③ 连板34—27；

④ 涨停104—60；⑤ 跌停3—7；⑥ 破板率15%—34%；

⑦ 北向资金62.94亿元—15.10亿元；⑧ 市场量能8 914亿元—8 287亿元。

（3）晋级情况

① 四进五（1—1）；② 三进四（13—11）；③ 二进三（20—10）；

④ 一进二（70—5）。

（4）大势判断

指数趋势周期强势回调，短线情绪继续向上，总体周期情绪继续向上。

2.连板统计

（1）五连板：特发信息（深圳、国企改革）。

（2）四连板：上海凤凰（上海、跨境电商）、中华企业（上海、房地产）、上海物贸（上海、物流）、畅联股份（上海、物流）、华建集团（上海、基础建设）、浦东金桥（上海、房地产）、中视传媒（中字头、上海）、长江投资（上海、外贸）、上海易连（上海、包装印刷）、开开实业（上海、中药）、九鼎投资（参股金融、房地产）。

（3）三连板：中成股份（中字头、基础建设）、中国海诚（中字头、上海）、中粮资本（中字头、参股金融）、上海凯鑫（上海、环保）、深华发A（深圳、物业服务）、光大嘉宝（房地产、上海）、外高桥（房地产、上海）、香溢融通（参股金融、国企改革）、中铁装配（中字头、基础建设）、华控赛格（深圳、国企改革）。

（4）二连板：

中铝国际（中字头、锂电池）、国新文化（国企改革、职业教育）、中交地产（房地产、国企改革）、光明地产（房地产、国企改革）、上海贝岭（上海、芯片）。

（5）一板：60－27=33只。

3.题材及涨停原因分析

（1）上海：13家。爆发原因：中办、国办印发《浦东新区综合改革试点实施方案（2023—2027年）》，板块持续火热。

上海凤凰（跨境电商4）、中华企业（房地产4）、上海物贸（物流4）、畅联股份（物流4）、华建集团（基础建设4）、浦东金桥（房地产4）、长江投资（外贸4）、上海易连（包装印刷4）、开开实业（中药4）、上海凯鑫（环保3）、上海贝岭（芯片2）、申华控股（国企改革）、上海雅仕（物流）。

（2）地产链：9家。爆发原因：国家金融监督管理总局表示将进一步优化首付比例、贷款利率等个人住房贷款政策，地产链异动。

光大嘉宝（上海3）、外高桥（上海3）、中交地产（国企改革2）、光明地产（国企改革2）、特发服务（物业服务）、信达地产（国企改革）、新能泰山（国企改革）、沙河股份（深圳）、阳光股份（房地产）。

（3）海南：8家。爆发原因：海南联合澳门推出"一程多站"旅游新模式，叠加上海板块的火热，海南板块异动。

海峡股份（国企改革）、海南椰岛（白酒）、海南瑞泽（基础建设）、海南发展（建筑节能）、海汽集团（免税）、海南高速（房地产）、京粮控股（农业）、华闻集团（游戏）。

（4）中字头：6家。爆发原因：国务院国资委产权管理局负责人谢小兵介绍，国务院国资委将进一步研究将市值管理纳入中央企业负责人业绩考核，中字头延续异动。

中视传媒（上海4）、中成股份（基础建设3）、中国海诚（上海3）、中粮资本（参股金融3）、中铁装配（基础建设3）、中铝国际（锂电池2）。

（5）深圳：3家。

特发信息（国企改革5）、深华发A（物业服务3）、华控赛格（国企改革3）。

（6）数字经济（信创）：2家。

南天信息（人工智能）、英飞拓（深圳）。

（7）年报增长：2家。

格尔软件（信创）、同力日升（光伏）。

（8）参股金融：2家。

九鼎新材（房地产4）、香溢融通（国企改革3）。

（9）光伏：2家。

中旗新材、国晟科技（园林）。

（10）其他：13家。

国新文化（国企改革、职业教育2）、怡和嘉业（外贸、呼吸机）、威龙股份（酿酒、葡萄酒）、齐鲁银行（银行）、中欣氟材（新材料概念、PEEK）、神雾节能（环保）、国创高新（基础建设）、名臣健康（游戏）、天元股份（化工、可降解概念）、平潭发展（福建、种植业）、腾达科技（次新股、外贸）、国城矿业（有色金属）、大庆华科（石油石化、国企改革）。

（二）周复盘的内容

周复盘是一周结束后，对上周的周期情绪、题材热点、晋级梯队、强势个股进行梳理。

下面是2024年1月19日—26日周复盘的内容：

1. 周期情绪

2024年1月18日，上证指数收放量长下影K线，有止跌迹象。1月19日缩量调整，这时还不能确定指数的发展方向。1月22日三大指数破位下跌。1月23日三大指数创新低后震荡收阳，但仍不能断定止跌。1月24日三大指数高开低走，午后V形反转，收带长下影线的中阳K线，同时K线站上5日均线，MACD绿柱变短，加之上海板块爆发涨停潮，剑桥科技（603083）等老龙头涨停，反弹或反转趋势确立。1月25日的走势进一步印证了上述判断。同时，大肉个数、连板高度、连板个数、涨停个数、北向资金、市场量能等指标大幅增加；大面个数、跌停家数、破板率等指数指标大幅减少（见表6-1）。

表6-1 指数趋势周期与短线情绪周期向上共振

时间	大肉个数	大面个数	连板个数	涨停个数	跌停个数	破板率（%）	北向资金（亿元）	市场量能（亿元）
1月22日	17	60	6	17	71	44	10.47	7 941
1月23日	60	17	7	44	26	26	37.90	7 042
1月24日	86	4	19	74	3	27	−5.39	7 670
1月25日	113	5	34	104	3	15	62.94	8 914
1月26日	64	13	27	60	7	34	15.10	8 287

短线情绪周期先于指数趋势周期出现反弹，市场龙头深中华A（000017）在指数企稳之前就开始出现连续涨停，并产生赚钱效应。由此可见，是龙头带动了赚钱效应，而不是赚钱效应带动了龙头。

2. 题材热点

2024年1月9日锂电池概念只有深中华A（000017）1只股票涨停。1月10日，有7只股票涨停，锂电池成为主流热点。1月11日，锂电池概念持续发酵，有9只涨停。1月12日，锂电池概念有3只涨停。1月15日，锂电池概念尽管只有5只涨停，但它是市场涨停家数最多的板块，是市场的主流热点。1月16日、17日，均有两只锂电池概念股涨停。之后几个交易日，锂电池概念股均维持在3～4只涨停。1月24日随着深中华A断板，锂电池概念熄火。锂电池概念的爆发方式，由倒三角模型演变为菱形模型，深中华A成为贯穿始终的龙头股。

2024年1月22日，中共中央办公厅、国务院办公厅印发了《浦东新区综合改革试点实施方案（2023—2027年）》，为推动浦东新区高水平改革开放迈出了新的关键步伐，1月23日上海板块爆发，并成为主流热点。1月23日上海板块有10只涨停，1月24日有24只涨停，1月25日有23只涨停，1月26日出现分化，但仍有13只涨停，仍是市场的最强题材。

1月24日电，在国务院新闻办公室举行的发布会上，国务院国资委产权管理局负责人谢小兵介绍，国务院国资委将进一步研究将市值管理纳入中央企业负责人业绩考核。该消息刺激中字头概念股爆发。1月25日中字头有21只涨停，1月26日出现分化后，仍有6只涨停，成为仅次于上海板块的次强题材。

1月25日下午，由海南省旅游和文化广电体育厅主办的"一程多站"旅游推广活动在澳门举行，26日海南板块爆发，有8只涨停，成为本周的新题材。

上海板块、中字头、海南三个题材的爆发是典型的正三角模型。后来中字头板块能演变成漏斗形模型，中视传媒（600088）成为贯穿始终的大龙头。

3. 晋级梯队

1月22日，市场只有一板、二连板、四连板、五连板和十连板，三连板断板。与1月19日对比，1只九连板成功晋级十连板，成功率100%。2只四连板有1只晋级五连板，成功率50%。3只三连板全部晋级四连板，成功率100%。5只二连板晋级全部失败，成功率为0%。29只一板，只有1只晋级二连板，成功率为3.4%。成功率最高的是九进十和三进四，失败率最高的是一进二和二进三。

1月23日，市场上只有一板、二连板、五连板、六连板和十一连板，三、四连板断板。与1月22日对比，1只十连板成功晋级十一连板，成功率100%。1只五连板成功晋级六连板，成功率100%。3只四连板有2只晋级五连板，成功率67%。1只二连板晋级失败，成功率为0%。11只一板有3只晋级二连板，成功率27%。成功率最高的是十进十一和五进六，失败率最高的是二进三。

1月24日，市场有一板、二连板、三连板和七连板。与1月23日对比，1只十一连板晋级十二连板失败，成功率为0%。1只六连板，成功晋级七连板，成功率100%。2只五连板晋级六连板全部失败，成功率0%。3只二连板晋级三连板，1只晋级，成功率33%。37只一进二，有17只晋级成功，成功率46%。

1月25日，市场有一板、二连板、三连板和四连板，市场梯队齐全健康。与1月24日对比，1只七进八失败，成功率0%。1只三进四，成功晋级，成功率100%。17只二板有13只晋级三板，成功率76%。55只一板有20只晋级二板，成功率36%。

1月26日，市场延续了25日的健康态势。有一板、二连板、三连板、四连板和五连板。与1月25日对比，1只四连板晋级五连板，成功率100%。13只三连板有11只晋级四连板，成功率85%。20只二连板有10只晋级三连板，成功率50%。70只一板有5只晋级二连板，成功率7.1%。

4. 龙头个股

锂电池龙头深中华A（000017），带领市场走出十一连板的高度。1月24日哈森股份（603958）成为最高板，但由于它是一字板上来的，加之个股出现利空，其市场最高板的地位只维持了一天。1月25日特发信息（000070）成为市场最高板。中字头板块的龙头是中视传媒（600088）。

第二节　临盘

一、盘前准备工作

作为一名职业投资者，每天8:30，最迟9:00必须开始做盘前准备工作。这里的盘前准备是指9:30之前的准备工作。

（一）盘前必看

1. 看资讯

"同花顺财经""开盘啦"相关资讯，特别注意龙头股的公告（见图6-4～图6-6）。

图6-4　"同花顺财经"资讯（2024年1月25日）

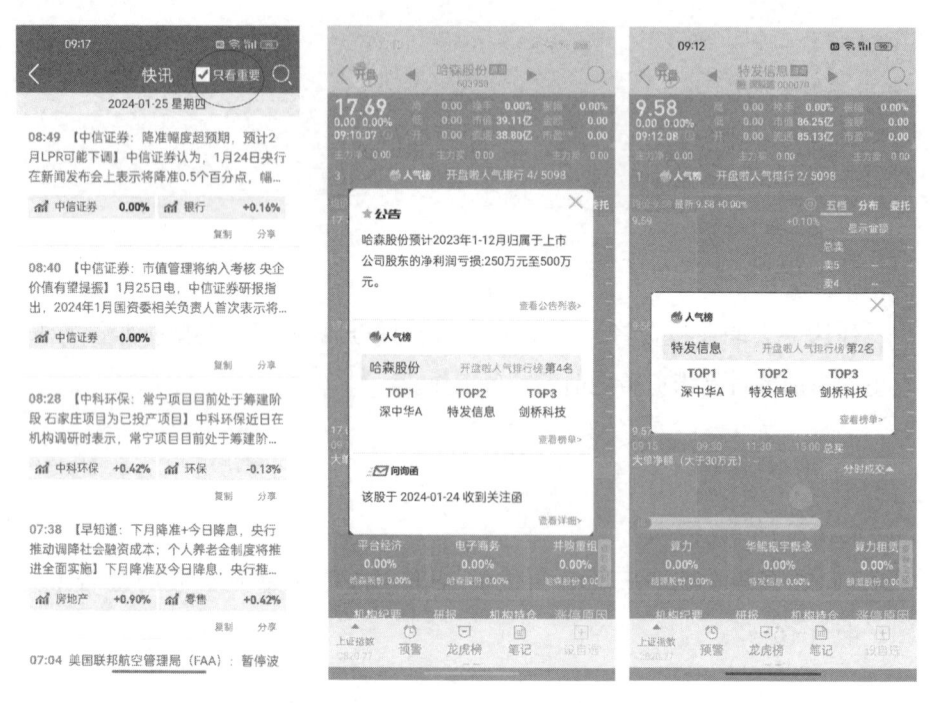

图6-5 "开盘啦"资讯（2024年1月25日）

图6-6 龙头股公告（2024年1月25日）

2. 了解复牌个股（见图6-7）

图6-7 复牌个股信息（2024年1月25日）

3. 了解外围股市涨跌情况（见图6-8）

4. 认真复习前一天的盘后复盘笔记

初步了解周期情绪（大势分析），熟记热点板块及龙头个股（题材及涨停原因分析），熟悉晋级梯队（连板统计）。

2024年1月25日早盘，看1月24日的复盘笔记。

指数趋势周期V形反转，收长下影线，板块爆发涨停潮，老龙头涨停，反转趋势确立。大肉、大面、连板个数、涨停个数、跌停个数、破板率、北向资金、市场量能等指标反映短线周期情绪与指数趋势周期同步反转。今天两大周期有望延续上升趋势。

上海板块为主流板块，有9只二连板，但龙头还需PK。平台经济为次主流板块，龙头是哈森股份（603958），但前面有五个无量一字板，再加上公告偏利空（见图6-6），参股金融、期货概念、互联网金融、信托概念、参股券商可以按多元金融分析，九鼎投资（600053）、金证股份（600446）、建元信托（600816）均为二连板，谁能成为龙头，还需PK。

图6-8 外围股市信息
（2024年1月25日）

连板晋级梯队，最高七连板1只，哈森股份（603958），接下来是三连板1只，特发信息（000070），二连板17只，一板55只。

二、早盘集合竞价三时段

（1）9:15—9:20可委托，可撤销；

（2）9:20—9:25可委托，不可撤销；

（3）9:25—9:30可委托，不撮合，可撤销。

三、黄金5分钟

9:25—9:30，盘面处于停止状态，这是"黄金5分钟"，需要我们迅速完成以下几项工作。

（一）迅速判断当天周期情绪

根据昨天复盘笔记中大势分析，当天早盘外围市场的涨跌情况，高标股、明星股、核心股的竞价结果，两市的涨跌停情况，综合研判当天的周期情绪。

2024年1月25日早盘，集合竞价前，我们已经做出"指数趋势周期、短线情绪周期同步反转"的预判。加之，外围市场有利于做多，高标股特发信息（000070）一字开盘，明星股深中华A（000017）高开，主流板块中上海板块9只一字开盘，市场情绪火爆，所以今天两大周期有望延续上升趋势，可以做多。因为提前做了大量准备工作，所以完成这项工作大约需要1分钟。

（二）判断当天的题材方向

1. 通过"一字板"判断题材方向

9:25仍能一字开盘的股票，是非常强势的，其题材属性往往是主力资金的进攻方向。从9:20开始，我们就按题材，把一字开盘的股票列出来，9:25只要把仍然一字开盘的股票标出来即可，最多1分钟即可完成此项工作。

2024年1月25日9:25，一字板开盘的股票有20只。

上海板块9只：上海凤凰、上海物贸、华建集团、畅联股份、长江投资、中华企业、上海易连、开开实业、浦东金桥。

多元金融板块5只：建元信托、九鼎投资、南华期货、香溢融通、新黄埔。

中字头板块3只：中视传媒、中成股份、中粮资本。

人工智能概念1只：特发信息。

深圳板块1只：华控赛格。

医美概念1只：江苏吴中。

当天的主流热点仍然是上海板块，次主流是多元金融和中字头板块。

2. 通过"开盘啦"把握热点板块

打开"开盘啦"App，点行情—沪深—精选（行业），把"强度"按降序排序，实时了解当前的热点板块（见图6-9）。

（三）寻找标的股

黄金5分钟，用2分钟完成上述两项工作，3分钟寻找操作标的。如何寻找操作标的，将在第七章"短线龙头股的买卖"中讲述。

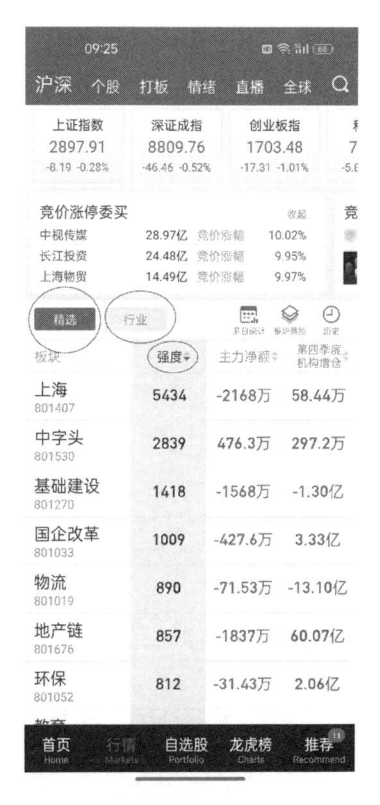

图6-9 "开盘啦"热门板块
（2024年1月26日）

第七章

交易策略
——短线龙头股的买卖

龙头股的买入主要有两种模式：晋级模式、题材模式。

晋级模式：根据龙头股的竞争淘汰上位机制，在一进二、二进三、三进四……的晋级梯队中，选择最有可能晋级上位的个股介入。

题材模式：先在众多的题材中判断题材的级别，在最强题材或次强题材、新题材中选择龙头股介入。

龙头股的卖出策略：周期情绪变差时就卖出、不涨停就卖出、不是龙头就卖出。

第一节　开盘价及开盘后的走势

一、开盘涨幅

个股的开盘价为当日该股的第一笔成交价格。个股的开盘价通过集合竞价方式产生，不通过集合竞价产生开盘价的，以连续竞价方式产生。交易日上午9:25，交易系统将所有合规的买卖申报，一次性集中撮合成交，未能成交的买卖申报，自动进入开盘后的连续竞价，这样就产生了开盘价。

集合竞价是短线多空双方的一次较量，是一次博弈过程。开盘价是众多投资者深思熟虑一晚上后形成的交易结果，是投资者的集体共识。在正常情况下，开盘价应该与昨日收盘价持平。但事实上多数个股的开盘价，要么高于昨日收盘价，要么低于昨日收盘价，这是由于投资者对个股一致看多或看空所致。在实际交易中，主力经常利用自己的筹码优势、资金优势和集合竞价的交易规则，操纵开盘价，从而达到其预期目的。

开盘价至关重要。它相当于一个人的出生，有的人出生在富贵家庭，有的人出生在贫寒家庭，出生在什么样的家庭，对一个人后期的发展影响很大。开盘价也一样，开盘价的高低，很大程度上决定了个股开盘后的走势。当然事物不是一成不变的，有的开盘开得很好，但收盘很差，一把好牌打得稀烂；有的开盘很差，但收盘收得很好，类似于屌丝逆袭。

开盘开得好不好，不能只看绝对涨幅，而要进行比较。

一是与自己的昨天比。开盘幅度分为：高开、平开、低开。高开超预期，平开符合预期，低开不及预期。

二是与团队的兄弟比。我们在前一天复盘时，无论是晋级梯队内的个股，还是题材内的个股，都是按由强到弱的顺序排列。当天集合竞价的开盘，与昨天复盘时的强弱排序进行对比，也会出现超预期、符合预期、不及预期的现象。这样个股就完成了一次强更强、弱转强、强转弱、弱更弱的过程。

【案例7-1】 2024年1月23日复盘，二连板晋级梯队的股票有3只，按由强到弱的顺序排列如下：丰山集团（603810）、特发信息（000070）、华如科技（301302）。

1月24日9:25集合竞价结束后，丰山集团（603810）开8.96%，特发信息（000070）开9.53%，华如科技（301302）开−8.89%。

与1月23日的行情相比：丰山集团、特发信息高开，超预期。华如科技大幅低开，不及预期。

与在1月23日晋级梯队中的地位比：丰山集团本来应该开得最高，但事实上特发信息开得最高，特发信息超预期。这样，特发信息弱转强，丰山集团强转弱，华如科技弱更弱。

【案例7-2】 2024年1月23日，受"中办、国办印发《浦东新区综合改革试点实施方案（2023—2027年）》"消息的刺激，上海概念爆发。盘后复盘，上海概念成当天最强题材，有13只涨停，按由强到弱的顺序排列如下：长江投资（600119）、上海凤凰（600679）、上海物贸（600822）、剑桥科技（603083）、畅联股份（603648）、建元信托（600816）、中华企业（600675）、盛剑环境（603324）、中视传媒（600088）、开开实业（600272）、华建集团（600629）、浦东金桥（600639）、上海易连（600836）。

1月24日9:25集合竞价结束后，长江投资、上海凤凰、上海物贸、畅联股份、建元信托、中华企业、华建集团、上海易连一字开盘。

剑桥科技开4.46%、中视传媒开6.67%、盛剑环境开−1.04%、开开实业开8.79%、浦东金桥开4.24%。

与1月23日行情相比：长江投资、上海凤凰、上海物贸、畅联股份，符合预期。建元信托、中华企业、华建集团、上海易连、开开实业、中视传媒、浦东金桥，超预期。剑桥科技、盛剑环境，不及预期。

与1月23日在题材中的地位比：长江投资、上海凤凰、上海物贸、畅联股份、建元信托、中华企业，属于强更强。剑桥科技，属于强转弱。中视传媒、开开实业、华建集团、浦东金桥、上海易连，属于弱转强。盛剑环境，属于弱更弱。

二、开盘后的走势

开盘只是第一步，真正的强弱体现在盘中的走势上。9:30，系统进入连续竞价阶段，开盘后的个股会出现以下几种走势：

高开高走，高开平走，高开低走；

平开高走，平开平走，平开低走；

低开高走，低开平走，低开低走。

对于投资者来说，只有高开高走、平开高走、低开高走才有意义，最可怕的是高开低走。

三、实盘、虚盘、潜盘

高开高走，属于强更强。我们称为"实盘"。

高开低走，属于强转弱。我们称为"虚盘"。

平开高走、低开高走，属于弱转强。我们称为"潜盘"。

（一）实盘

有逻辑的高开，开得对且强就是实盘，是实力的证明。在同板块、同晋级梯队中开得高且能高开高走。

一般来说，行情好的高开、题材级别高的高开、晋级地位高的高开、题材地位高的高开、龙头股的高开，以上五种情形是可靠的实盘。

（二）虚盘

没有逻辑的高开，开得高但高开低走，形成大阴棒。"德不配位，必有灾殃，人不配财，必有所失。"孔子把"德不配位，必有灾殃"分成三部分：德薄而位尊、智小而谋大、力小而任重。虚盘就属于德不配位。

一般来说，行情差的高开、题材级别小的高开、晋级地位低的高开、题材地位低的高开、跟风股的高开，以上五种情形的高开多数是*虚盘*。

（三）潜盘

潜伏很深的实盘叫潜盘。低开高走、平开高走、微微高开即不显山不露水的小高开，都属于潜盘。市场好的时候会高举高打，市场行情不好的时候最好开潜盘。

【案例7-3】2024年1月24日，指数趋势周期与短线情绪周期向上共振，市场行情不错，中视传媒（600088）作为上海和中字头板块的龙头，高开6.67%，这就是实盘。

2月1日，市场行情很差，年报增长、机器人概念的龙头中马传动（603767）开-2.25%，这就是潜盘。

2月2日，市场行情很差，绿康生化（002868）在光伏概念和一板晋级梯队中没有地位，却高开7.61%，这就是虚盘。

实盘、虚盘、潜盘，反映的是强弱转换、分歧一致转换的过程。

"实盘"高开高走，是强更强，是一致的延续。

"虚盘"高开低走，是强转弱，是一致转分歧。

"潜盘"平开高走、低开高走，是弱转强，是分歧转一致。

判断个股的开盘是实盘、虚盘还是潜盘，不能孤立地看个股，要把它放到市场大背景下，放到题材中，放到晋级梯队中进行比较。

首先，要看当时的周期情绪。周期情绪好，高开是实盘；周期情绪不好，高开就是虚盘。

其次，要看个股所属题材在市场中的地位。最强题材的龙头，高开是实盘，一般题材的个股，高开多是*虚盘*。

最后，要看个股在题材、晋级梯队两个团队中的地位。属于题材龙头或居于晋级梯队的前排，高开是实盘；属于题材内的跟风股或居于晋级梯队的后排，高开多是*虚盘*。

同题材或晋级梯队中其他个股低开、平开或微微高开就是实盘。其他个股跌，你高开就是虚盘。你高开，但没有题材支撑，在团队中没有地位也是*虚盘*。

第二节　龙头股的买入

孙子曰："胜兵先胜而后求战，败兵先战而后求胜。"意思是说，打胜仗的军队，总是先获得胜利地位，获得取胜条件之后，才投入战斗；而打败仗的军队，总是冲上去就打，企图在战斗中捕捉机会，侥幸获胜。先胜后战，在取得压倒性优势的前提下作战，绝不心存侥幸，这是孙子的战略思想。

做股票也一样，在买入股票前，必须对买入的条件进行深入研究，仔细分析，打有准备之仗，绝不能靠胆量、运气、冲动、侥幸买入股票。

一、明确市场结构、板块结构、晋级结构

（一）市场结构

市场结构是指构成股票市场的各题材在市场中的地位。

每天市场上总会有几个、十几个甚至几十个题材在表现，让人感到雾里看花，眼花缭乱，在操作上更是一头雾水。但不管市场再复杂，题材再多，我们都可以把它分为：最强题材、次强题材、新题材、一般题材。按这样的结构去分析，市场就变得单纯、清晰。在实际操作中，我们只关注最强题材、次强题材、新题材，而对于大量的一般题材一概不看。这样就抓住了市场的主要矛盾，抓住了主要矛盾的主要方面。

（二）板块结构

板块结构也叫题材结构，是指构成板块题材的各个股在板块题材中的地位。

一个题材或板块中有很多个股，这些个股在题材或板块中的地位不尽相同，有龙头、有先锋、有助攻、有跟风、有中军、有活口。

（1）板块龙头是指在板块中，时间第一，空间第一，持续涨停，涨停之

后还能带动相同板块个股大涨甚至涨停，并且最终涨幅最大的股票。

（2）先锋是指在板块中，先于龙头最先涨停的个股。

（3）助攻是先锋涨停之后，龙头涨停之前涨停的个股。

（4）跟风是龙头涨停之后，跟着涨停的个股。

（5）中军是板块中流通市值最大的个股。

（6）活口是"一日游"题材在次日留下的唯一涨停的个股。

（三）晋级结构

晋级结构是指晋级梯队在市场中的地位、个股在晋级梯队中的地位。

（1）晋级梯队在市场中的地位。该晋级梯队在整个市场中属于高位池、中位池还是低位池。

（2）个股在晋级梯队中的地位。个股在晋级池中属于前排、中排还是后排。

我们可以把每一个晋级池当作一个板块去看待。

二、龙头股买入模式之一——晋级模式

根据龙头股的竞争淘汰上位机制，在一进二、二进三、三进四……的晋级梯队中，选择最有可能晋级上位的个股买入。

据统计，首板晋级为二板的胜率为18%左右，二进三为38%左右，三连板之后继续晋级的概率高达45%左右。空间板连板的概率最高，往往是90%，甚至是100%。

（一）空间板晋级

根据上面的统计，我们可以清楚地看到，市场最高板即空间板成功晋级的概率最大。市场最高板有两种，一种是市场总龙头，一种是妖股。两者的区别在于，市场总龙头有板块效应，妖股没有板块效应。当两大周期处于向上共振的拐点，特别是短线情绪周期处于上升阶段时，最好的策略就是做市场的最高板。

【案例7-4】 2024年1月5日盘后复盘，长白山（603099）成为唯一四连板的股票，是市场的高标股。当时"南方小土豆相关话题登顶微博、抖音热搜第一，哈尔滨文旅市场持续火爆"的题材成为市场的焦点，1月8日集合竞价开4.01%，是最好的介入时机（见图7-1）。

图7-1　长白山（603099）走势（2024年1月5日）

晋级模式重点看个股在市场中的地位，如果有题材加持更可靠。

【案例7-5】 2024年1月12日盘后复盘，市场最高板为四连板，有两只股票，一只是深中华A（000017），另一只是公元股份（002641）。当时周期情绪不错，这两只股票大概率会有一只晋级五连板，我们要把注意力集中到这两只股票上。深中华A是锂电池概念的龙头，公元股份是光伏概念的龙头，两只个股的题材效应都很强。1月15日9:25，深中华A开1.83%，公元股份开10.07%。开盘后公元股份高开低走，典型的虚盘，深中华A高开高走，属于实盘，可追涨买入（见图7-2）。

223

图7-2 深中华A（000017）走势（2024年1月12日）

【案例7-6】 2023年4月25日、26日，日播时尚（603196）两连板后停牌，5月15日晚公告：拟通过资产置换和发行股份的方式购买锦源晟100%股权，并向特定投资者发行股份，募集配套资金。5月16日日播时尚（603196）复牌，与杭州热电（605011）同为三连板，是市场的空间板。5月17日日播时尚、杭州热电全部晋级四连板，5月18日杭州热电晋级失败，日播时尚成为市场唯一的空间板，没有板块效应，成为特立独行的妖股。当时指数趋势周期横向震荡，短线情绪周期不温不火。5月16日复牌以后，一直一字开盘，这是弱势环境下资金抱团炒作的表现，不靠板块效应，纯情绪推动，纯资金炒作。妖股的安全性是非常高的，一旦发现妖股，我们一定要明白妖股炒作的逻辑，不要被没有板块效应的"缺点"吓倒，勇敢地冲进去，享受妖股连板带来的丰厚利润。5月16日复牌后的日播时尚一直一字开盘，不给我们介入机会。只要我们敢于涨停板挂单，总会有机会的，5月19日及以后的几个交易日都可以买进去（见图7-3）。

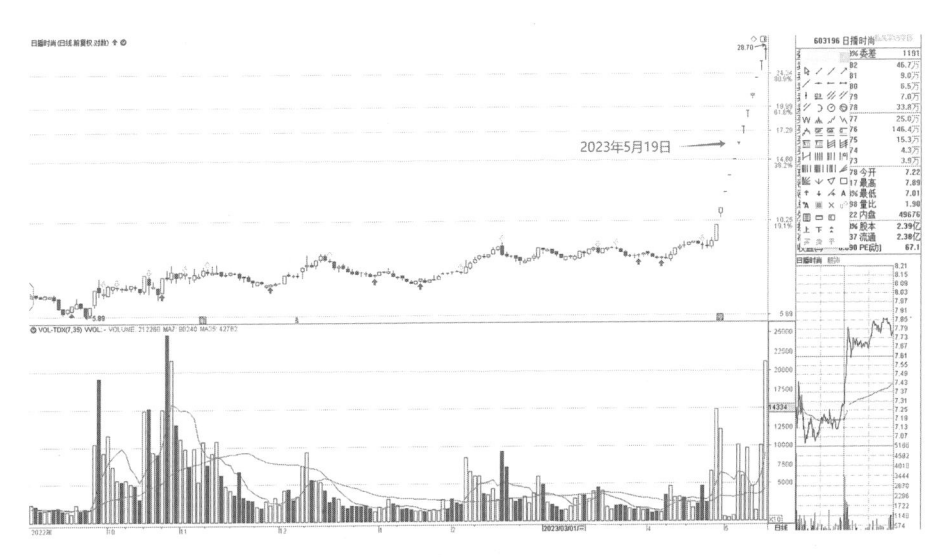

图7-3 日播时尚（603196）走势（2023年5月19日）

空间板辨识度最高，是市场关注的焦点，最能吸引全市场的人气和资金，是主流资金的进攻方向，是市场的合力所在。因而空间板不仅是最暴利的，而且是最安全的。

当然，并不是让大家无脑上最高板，周期情绪是前提，周期大如天！

晋级模式中最主要的买入策略就是上到市场的总龙头，一般来说，市场最高板回归二板、三板、四板，是我们追入空间板的最好时机。

【案例7-7】 2023年3月23日，整个市场有20只股票涨停，一板16只，二连板4只。二连板成为市场的最高板。当天二连板有4只股票：鸿博股份（002229）、惠威科技（002888）、汇通能源（600605）、沪电股份（002463）。3月24日早盘，我们可以通过板块效应、开盘涨幅、资金量能、开盘表现等，分析出最有可能的胜出者，择机介入，享受买入龙头的高溢价。

【案例7-8】 2023年8月15日，市场最高板回归三连板，开开实业（600272）是唯一三连板的股票，当时市场情绪并不好，但板块效应非常强，开开实业不仅是医药板块的龙头，而且是市场的总龙头，成为寒夜里的一颗明星，8月16日及时介入，会有15%以上的收益。

【案例7-9】 2023年12月25日，市场最高板为四连板，亚世光电（002952）是唯一四连板的股票。当时指数趋势周期正在进行一波小反弹，短线情绪转暖，亚世光电有很强的板块效应，不仅引领VR/AR/MR+OLED题材，而且引领整个市场走出了一波轰轰烈烈的行情。每天都有介入的机会，每天都是买点。

如果市场最高板涨幅过大，盲目上最高板，风险很大，性价比不高，这时我们就要进行高低切换，在一进二、二进三中寻找标的。在一板中寻找晋级二板的股票，数量太多，难度较大。因为二板的股票经过了一次淘汰赛，数量大为减少，凡是能够晋级为龙头的股票，都必须经过二板，所以二板是龙头的根据地。在实际操作中要高度重视二进三的股票。

【案例7-10】2024年1月5日长白山（603099）四连板，是市场的最高板，1月8日是介入的最佳时机。如果没有介入，到1月9日、10日，市场最高板长白山为六连板、七连板，如果强行介入，风险太大。这时我们就应该从二进三中寻找标的。

1月9日收盘，二连板的股票有两只，分别是：中兴商业（000715）、泰尔股份（002347）。1月10日早盘中兴商业开9.99%，泰尔股份开3.65%。另外中兴商业为东北振兴的龙头，题材地位高；泰尔股份属机器人概念，上面有三连板的爱仕达（002403）、四连板的思进智能（003025）压着，题材地位不高。对两只股票的开盘量能进行比较，中兴商业胜出，当天即可买进。

1月10日收盘，二连板的股票有9只，分别是：深中华A（000017）、太平鸟（603877）、公元股份（002641）、通达创智（001368）、爱康科技（002610）、康普顿（603798）、德新科技（603032）、尚纬股份（603333）、松发股份（603268）。

1月11日早盘深中华A开9.98%、太平鸟开4.46%、公元股份开10%、通达创智开-10.01%、爱康科技开0.38%、康普顿开5.38%、德新科技开4.01%、尚纬股份开3.45%、松发股份开-0.34%。

它们都属于二板股，身位相同。属同一个题材的，我们要选开盘幅度高的。锂电池概念中的深中华A优于德新科技，光伏概念中的公元股份优于爱康科技，零售概念中的太平鸟优于松发股份。

这样德新科技、爱康科技、松发股份被淘汰。通达创智因开盘幅度太低也被淘汰。

深中华A、公元股份、太平鸟板块效应强，康普顿、尚纬股份无板块效应。

深中华A、公元股份一字开盘，它俩最强，但是没有机会。这时的操作策略是等这两只股票PK出龙头，再行介入。也可以先介入太平鸟，待深中华A与公元股份有一只胜出后，再切换到最强标的上来。

市场没有出现龙头时，整个市场都在找龙头，在竞争中每胜出一步，就向龙头迈进一步，这是打江山的阶段，我们要心随境转。当市场龙头确定后，是龙头找人，找那些有龙头信仰，对市场有极强理解力的人，这是坐江山的阶段，这时龙头股的上涨靠市场合力、资金情绪，我们要境随心转。在周期情绪上升或震荡阶段，如果龙头已经被市场找到，我们所要做的就是直接上龙头，而不是再去挖掘新的龙头。

部分投资者不去做已经被市场找到的龙头，而是重新回到低位挖掘新的龙头。究其原因：一方面是龙头信仰不坚定，另一方面是恐高心理严重。其实做龙头，投资者的心理压力非常大，因为每一个龙头的诞生往往发生在极端市场环境下，而且龙头的买点非常不舒服。市场环境差的时候，投资者担心补跌，不敢低吸；市场好的时候，则需要追涨，大部分是打板。另外，分歧的主要特征是高位股下跌，分歧结束的标志是高位股止跌。这需要投资者坚定龙头信仰，克服恐高心理，提升对市场的理解力。

（二）低位板晋级

晋级模式操作的主要目标是空间板，也就是最高板。当最高板没有机会的时候，就在一进二或二进三，尤其是二进三中寻找标的。

通常情况下，中位股最为尴尬，周期上升时，它会涨，但没有高标股涨幅大，我们没必要去碰它；如果周期下降，中位股最先被市场抛弃，一个周期的崩溃往往是从中位股的暴跌开始的。所以无论周期情绪好与坏，我们都要放弃中位股的操作。

运用晋级模式买入股票时，要兼顾个股的题材地位，在不同的晋级池中有相同题材的个股，选择晋级地位高的；在同一晋级池中，题材相同的选择最强的，根据竞价量能和开盘走势进行综合分析，确定取舍。

三、龙头股的买入模式之二——题材模式

每天市场上出现的题材很多，我们要从纷繁复杂的题材中确定哪个题材是最强题材，哪个题材是次强题材，哪个题材是新题材，对于绝大多数一般题材无需理会。

每个题材一般有先锋、助攻、龙一、龙二、跟风。

一定要注意：最强题材可以做龙一，龙一做不到可以做龙二；次强题材和新题材只能做龙一。

操作顺序是：

第一，优先选择最强题材中的龙一。

第二，最强题材中的龙一做不到，可以选择最强题材中的龙二。

第三，最强题材中的龙二也做不到，再去选择次强题材中的龙一。

第四，次强题材中的龙一做不到，最后再选择新题材中的龙一。

题材的爆发有四种模式：正三角模型、倒三角模型、菱形模型、漏斗形模型。菱形模型、漏斗形模型是由正三角模型和倒三角模型演化而来的。

下面以最基本的正三角模型和倒三角模型为例加以说明。

【案例7-11】2024年1月22日，据新华社报道，中共中央办公厅、国务院办公厅印发《浦东新区综合改革试点实施方案（2023—2027年）》。1月23日上海板块异动，成为当天的最强题材，收盘时有10只股票涨停，全部为首板，当天我们很难介入。1月24日9:25集合竞价结束后，上海板块有7只股票一字开盘，谁是真正的龙一，根本不可能知道。我们可以把这7只二连板一字开盘的股票看作集体龙一。上海板块是主流板块，龙一做不到，可以做龙二。

在交易系统中迅速打开上海板块，按"开盘%"排序，除了开一字板的7只股票外，开盘最高的是开开实业（600272）开8.78%。一般来说，大题材爆发时，周期会被大题材带起来，这就是人们常说的"大题材自带周期"，这时周期情绪向上毋庸置疑，除一字板以外，开得最高的个股一定是实盘。再看开盘量能，开开实业最大，更坚定了介入的信心。这是典型的正三角模型。

2024年1月23日，中视传媒（600088）反包涨停，它是中字头概念中唯一涨停的股票。1月24日中成股份（000151）首板率先涨停，成为中字头板块的先锋，接着中农立华（603970）首板涨停，成为中字头板块的助攻。这时我们就要紧盯这一概念中唯一有可能一进二的中视传媒，填好买单。当中视传媒做出向上拉升动作时，及时敲进。这是典型的倒三角模型。

人们常说，买入靠逻辑，持股靠信念。

当发现一个题材中有率先涨停的个股，尤其是一字开盘的个股时，我们第一时间要去看看这个题材中有没有身位高的股票。那个率先涨停尤其是一字开盘的股票就是先锋，同板块中身位最高的个股就是板块龙头。在先锋的推动下，龙头会迅速上板。这就是题材模式买入股票的核心逻辑。

当发现一个题材中有率先涨停的个股，尤其是一字开盘的个股，而我们手中正好拿着这个板块中身位最高的个股时，就放心持有，即使该股低开低走，下探很深，也不要慌。这就是持股的信念所在。

如果这个题材是最强题材，安全系数会更高。

【案例7-12】 2024年3月6日，新型工业化概念有3只个股涨停：艾艾精工（603580）二连板，华东重机（002685）、金自天正（600560）首板。如果新型工业化概念持续发酵，艾艾精工就是龙头，次日高度关注。

3月7日9:25集合竞价结束，艾艾精工、华东重机一字涨停。这时我们只能做艾艾精工的开板回封，在形势不明朗的情况下，也可以选择放弃操作。当天收盘后新型工业化有12只个股涨停，其涨停原因是：国家发展改革委表示，设备更新的需求是一个在5万亿元以上的巨大市场，2024年有推动大规模设备更新和消费品以旧换新、发行使用超长期特别国债等增量政策。

新型工业化已经成为市场的最强题材，艾艾精工是最强题材的龙头。3月8日是可靠的买点。3月11日低开高走，给了我们低吸的机会。以后每天都是买点。

【案例7-13】 2024年3月12日，受"佐力药业预计一季度利润1.37亿～1.47亿元，业绩超预期，叠加佛慈制药主营中成药产品出厂价提价9%"消息的刺激。有7只医药股涨停，分别是：佛慈制药（002644）、长药控股

（300391）、龙津药业（002750）、灵康药业（603669）、香雪制药（300147）、大理药业（603963）、万方发展（000638）。3月13日只有大理药业成功二连板，可以判定如果医药概念再度爆发，大理药业就是医药概念的龙头。

3月14日9:25集合竞价结束后，医药概念有4只股票一字开盘，分别是：大理药业（603963）、罗欣药业（002793）、昭衍新药（603127）、赛隆药业（002898）。这说明医药概念今天要大爆发，这个概念我们唯一可以做的是大理药业。大理药业一字开盘，我们只能做它的开板回封。9:47大理药业打开涨停，迅速填好买单，回封时敲进。

盘后复盘发现医药概念有利好加持：有关部门发布《全链条支持创新药发展实施方案（征求意见稿）》，叠加美股、港股创新药异动。医药概念7只个股涨停，是当天的最强题材。

这也给我们一个启示：作为散户很多利好我们在盘前并不知道，但先知先觉的主力在集合竞价已经给我们做出了提示，我们只要跟随就是了。

按题材模式操作时，首先要判断题材的级别，最强题材可以做龙一、龙二，次强题材和新题材只能做龙一。用前驱模式做到的是这个题材的龙二或龙三，用后驱模式做到的是这个题材的龙一。所以要慎用前驱模式，多用后驱模式。在运用题材模式时，一定要兼顾个股的晋级地位。也就是说，个股既是题材的龙头，又是市场的最高板，或者有可能成为市场的最高板，这样更可靠。

四、龙头股的买入模式之三——反包模式

个股涨停之后，次日没有连板，一周内（5个交易日）再次出现涨停，我们称为反包。

反包的优势很多：

第一，之前看好，没有买入的，反包给了我们倒车接客上车的机会。

第二，因前面有过涨停，有很强的辨识度，易于把握。

第三，首板就可以介入，这对于恐高的投资者，是很好的低吸买入模式。

第四，反包的实质是题材的二次发酵，长期关注反包股，可以帮助我们

更好地把握题材的板块效应。

我们只做三种类型的反包：龙头股的反包、龙性股的反包、错杀股的反包。

（一）龙头股的反包

市场龙头或者板块龙头断板，经过几天调整后出现反包。

【案例7-14】 2023年12月29日之前，清源股份（603628）是光伏概念的龙头，市场的龙二，其辨识度很高。2024年1月2日断板，经过三天的调整，1月5日形成反包之势，但封板失败，1月8日成功反包。1月5日和8日均为介入点，1月9日高开低走，择机出局。1月11日两个跌停板后，高开高走，半路介入。

【案例7-15】 2024年1月10日之前，长白山（603099）不仅是振兴东北概念的龙头，而且是市场的总龙头，其辨识度相当高。1月11日断板后，12日形成反包之势，但封板失败，1月15日成功反包。这两天都可以介入，1月16日尾盘开板后出局。

【案例7-16】 2024年1月23日之前，深中华A（000017）不仅是锂电池概念的龙头，而且是市场的总龙头，是市场的焦点。1月24日断板后，次日即高开高走，可以半路介入。1月26日封板失败后，立即出局。

大家可以发现，龙头股的反包因前期涨幅过大，一般上涨空间并不大。但因为龙头股市场关注度非常高，所以确定性很强。只要我们快进快出，把握好节奏，也会有很大的收益。

（二）龙性股的反包

龙性股本身不是龙头股，出现涨停板的次日，在某板块中它跳得最高，或涨停最早，尽显龙性，但最终涨停失败，经过调整之后，再次涨停。

【案例7-17】 2023年11月13日，统一股份（600506）集合竞价9.82%开盘，尽显龙性。但开盘后即高开低走，当天收-5.62%的大阴线，当天震幅达15.60%。放入自选股观察，经过一天的调整后，11月15日当形成反包趋势时，半路跟进（见图7-4）。

图7-4 统一股份（600506）走势（2023年11月15日）

【案例7-18】 2024年1月4日，光伏题材有3只股票首板涨停。1月5日，集合竞价结束，江苏华辰（603097）开4.24%，华菱精工（603356）开0.50%，海源复材（002529）开-0.49%。江苏华辰跳得最高并迅速封板，龙性十足，但很快开板，全天震荡，最终没有回封，尾盘收7.19%。次日一字跌停，经过4天调整后，1月12日成功反包，光伏题材再次发酵，可以在形成反包趋势时，及时跟进（见图7-5）。

图7-5 江苏华辰（603097）走势（2024年1月12日）

【案例7-19】 2024年2月2日，永创智能（603901）首板涨停，2月5日开盘后很快涨停，龙性非常足，打开涨停后迅速走低，收-3.98%的放量中阴线。2月6日跌停开盘，收低开高走的假阳线。2月7日上零轴线，即可小仓跟进（见图7-6）。

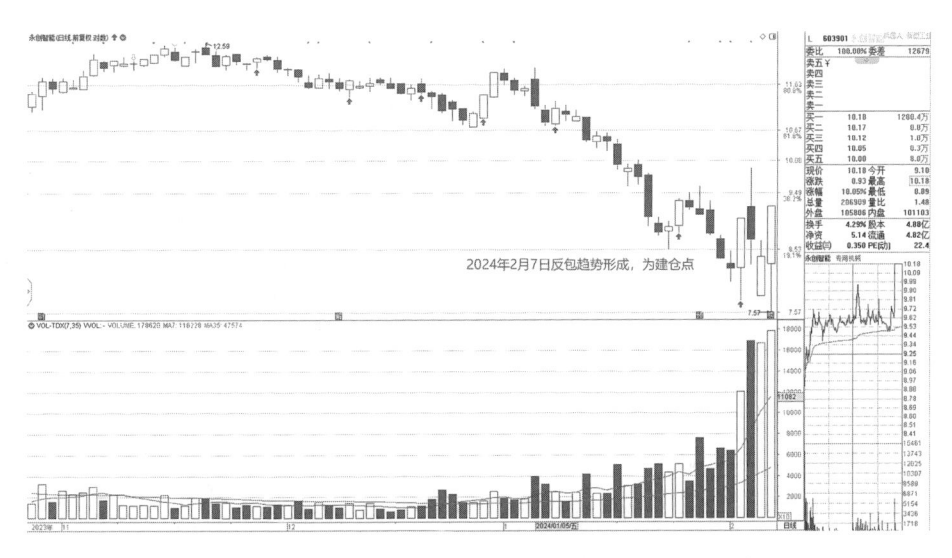

图7-6　永创智能（603901）走势（2024年2月7日）

因为龙性股的反包一般位置比较低，上涨幅度比较大，所以在实际操作中比龙头股的反包更有价值。但龙性股的反包确定性不及龙头股的反包，这就要求我们连续跟踪，需要有足够的耐心。

（三）错杀股的反包

在有摘帽、并购重组、股东变更等重大利好的情况下，个股复牌。复牌后要么高开低走，要么低开低走，要么冲高回落，经过短暂调整后，股价反转向上。这是主力在洗盘，赶走获利盘，解放套牢盘，吓走恐慌盘后，轻装上阵，走出反包之势。

【案例7-20】 2023年9月5日，星星科技（300256）摘帽复牌，对个股来说摘帽是重大利好，当天高开3.16%，得到了资金的认可。但由于周期情绪欠佳，该股冲高至前期高点附近时迅速回落，尾盘收0.32%。9月6日跳空低开，收十字星，有止跌迹象。9月7日-0.65%开盘后，向上拉升，这时可以初步判断，前两天的下跌为利好错杀，股价只要过9月6日开盘价3.11元，即可跟进（见图7-7）。

图7-7　星星科技（300256）走势（2023年9月7日）

【案例7-21】　重庆百货（600729）发布《重庆百货大楼股份有限公司关于吸收合并重庆商社（集团）有限公司暨关联交易之异议股东现金选择权申报提示性公告》。2024年2月2日停牌，并将于刊登异议股东收购请求权申报结果公告当日复牌。2月5日异议股东现金选择权申报期结束，2月6日复牌。当天该股4.55%开盘，但开盘价即最高价，最低跌至-9.78%，收0.86%。初步判断为复牌利好错杀，2月7日震荡向上时跟进（见图7-8）。

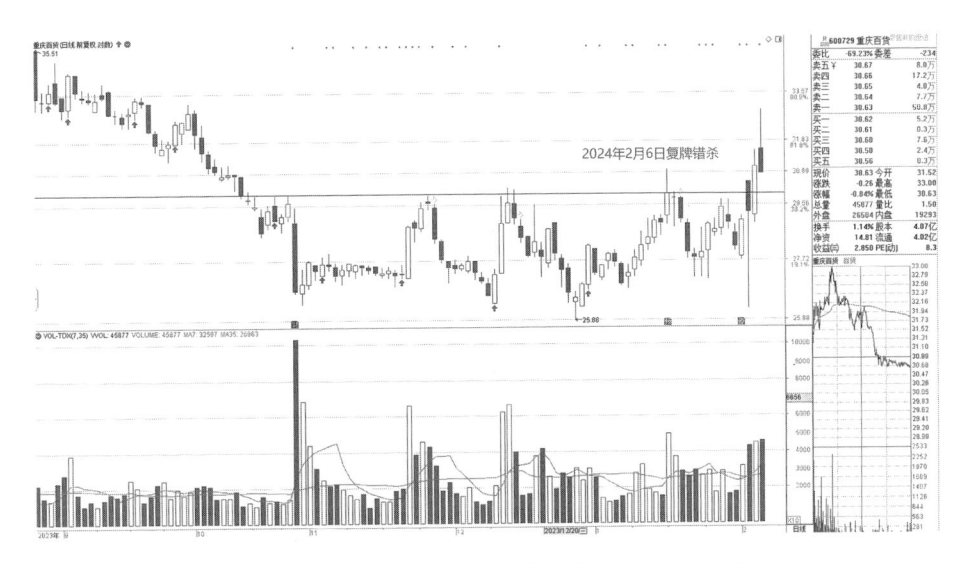

图7-8　重庆百货（600729）走势（2024年2月6日）

一个题材爆发后，最强题材的龙一、龙二，次强题材的龙一，前期涨势凶猛，连续涨停。突然有一天跳空低开，大幅杀跌。如果次日继续下跌，则放弃关注；如果次日有止跌迹象，则继续关注。涨停封板，或开板回封，是很好的介入机会。

【案例7-22】2023年7月21日，在"多地优化相关政策，多方预测银行会响应国家的号召适当降低房贷，业界也预计四季度房地产投资逐步回暖"利好的刺激下，地产链异动，并成为当时的最强题材。从7月25日开始，指数趋势周期出现一波反弹。7月24日、25日、26日，柯利达（603828）连续三天强势涨停。作为主流板块的龙二[龙一为金科股份（000656）]，在市场上有一定的关注度。7月27日-7.47%开盘，冲高回落，收-8.19%。之后如果继续下跌，则放弃关注，28日低开高走，收阳线。初步判断7月27日的下跌为错杀。7月31日和8月1日可以小仓跟进，8月2日涨停打开，回封时可以大仓位介入（见图7-9）。

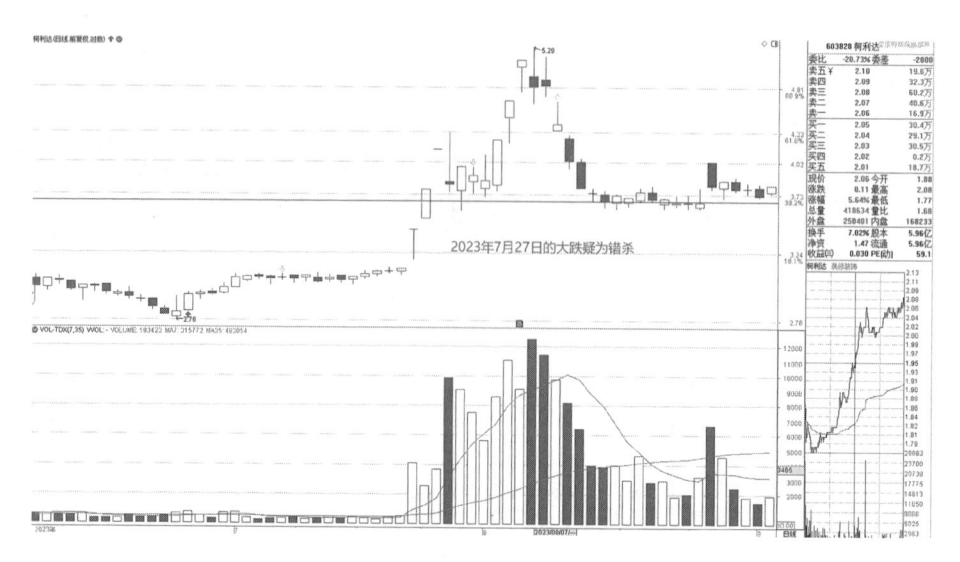

图7-9 柯利达（603828）走势（2023年7月27日）

【案例7-23】2024年1月17日，次强题材机器人概念的龙头深华发A（000020）三连板，冲至前期高点附近。1月18日-4.33%开盘，冲高回落收跌停板。1月19日低开震荡，收假阳线，有止跌迹象。初步判定1月18日、19日的下跌为错杀。1月22日小幅高开，拉升途中可以半路跟进（见图7-10）。

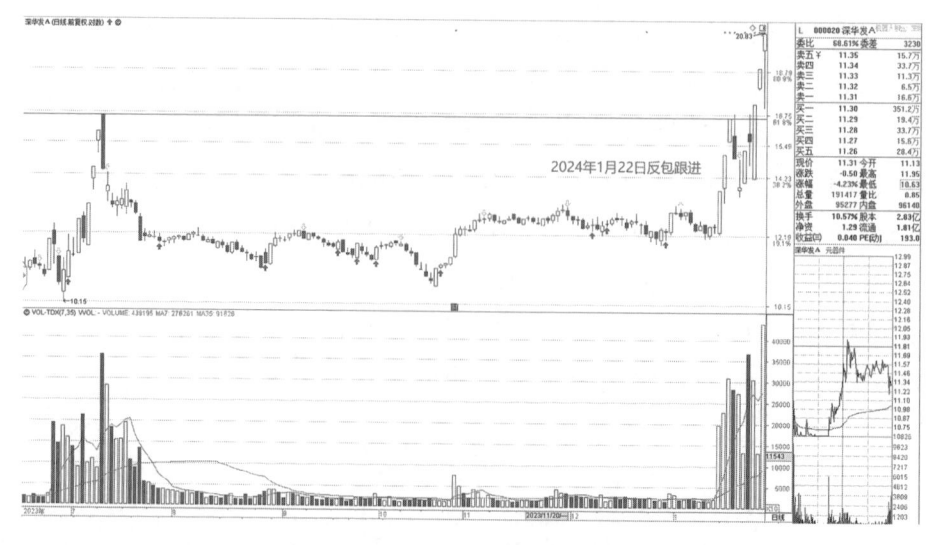

图7-10 深华发A（000020）走势（2024年1月22日）

五、龙头股的买入模式之四——技术形态模式

量价异动是核心。技术形态模式，是根据龙头股"先有强势收集，后有健康调整，再有强势再收集，然后出现变盘信号，之后出现强势拉升"的逻辑买入的。在复盘时，需要精心选择符合条件的个股，次日盘中拉升，直接跟进。

单纯的技术形态模式不太可靠，为了安全起见，我们只做技术形态模式的首板。如果能连板，则继续持股；如果不能连板，则获利了结。技术形态好，又有热点题材加持的股票，连续涨停的概率会大大提高。

【案例7-24】 2023年11月6日，根据"C107—连续6天收阳线"条件选股公式选出龙高股份（605086），典型的强势再收集，放到自选股中进行观察。11月7日市场氛围不错，该股没有涨停，等待回踩。11月8日低开震荡收阴线，继续等待。11月9日低开低走调整到前期高点附近，感觉是在做杯柄，尾盘收长下影K线，有调整到位的迹象，轻仓介入。11月10日高开0.24%，开盘后直接上攻，大仓位跟进。该股属于非金属材料概念，并非主流，属于纯筹码博弈。之后连续4天一字板，11月17日跌停开盘，直接按跌停价出局（见图7-11）。

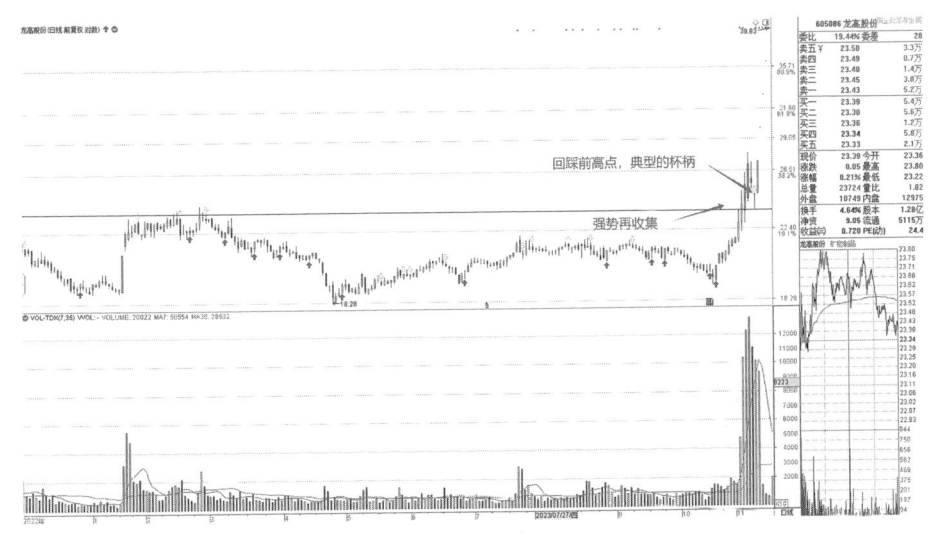

图7-11　龙高股份（605086）走势（2023年11月10日）

【案例7-25】 2023年11月22日根据"C107—连续6天收阳线"条件选股公式选出三羊马（001317），前期量价强势异动，属强势收集，而近期的6天连续阳线和放大的成交量属于强势再收集，位置在前高突破位置，放入自选股中。23日低开低走收阴，是否为洗盘，是否为杯柄，只有次日才能知道。24日在市场氛围极差的情况下高开0.03%，填好单子，开盘后即上攻，上涨4个点左右跟进。这种股票如果没有提前的准备，一是发现不了，二是即使发现了也跟不进去。该股属于"一带一路"和物流题材，并非主流，属于纯筹码博弈模式。11月27日高开低走，立即出局。纯筹码博弈无题材支撑，属于纯技术操作，一旦发现走弱，就及时出局，不要抱任何幻想（见图7-12）。

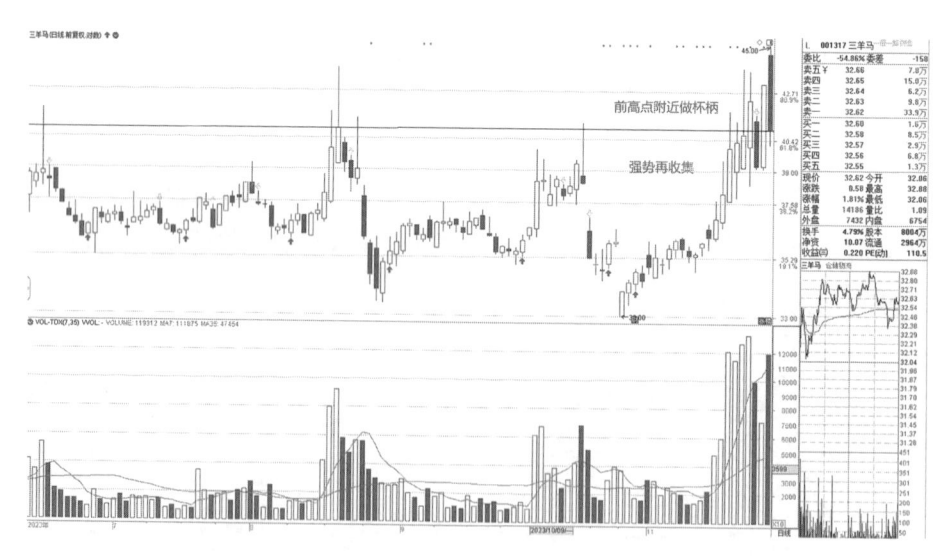

图7-12　三羊马（001317）走势（2023年11月24日）

【案例7-26】 2023年3月24日，根据"C107—连续6天收阳线"条件选股公式选出康冠科技（001308）。27日回调，但阴量太大，继续观望。28日继续下跌，之后无上攻迹象，放弃操作。不是每个连续收阳的个股都有操作价值，要注意盘面的变化，做到心随股走，及时跟变（见图7-13）。

图7-13　康冠科技（001308）走势（2023年3月28日）

【案例7-27】　因赛集团（300781），2023年12月1日、4日两连板之后，在前期高点附近，低开低走，收跌幅-12.21%的大阴线。12月6日平开高走，及时跟进（见图7-14）。

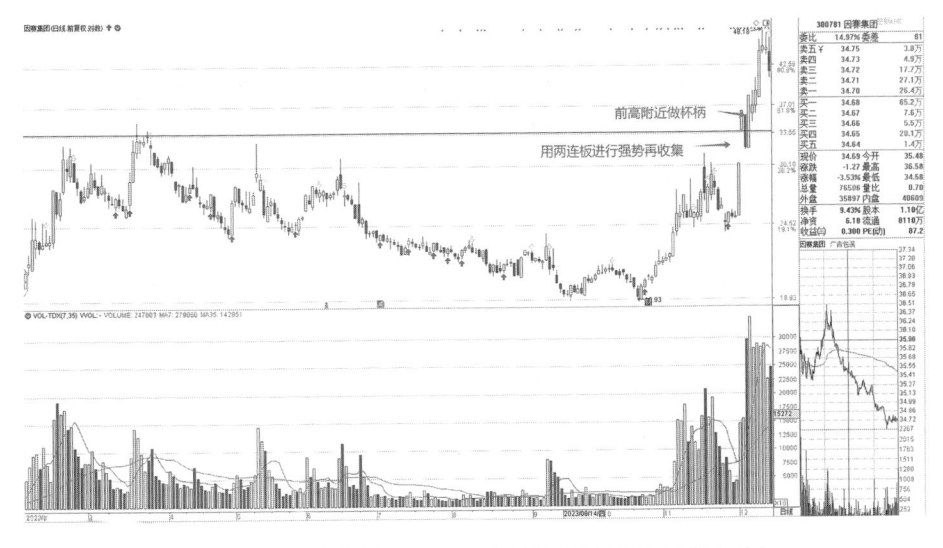

图7-14　因赛集团（300781）走势（2023年12月6日）

【案例7-28】 苏豪弘业（600128），2023年12月1日、4日两连板之后进行放量调整。12月8日低开低走，跌停收盘。12月11日，低开高走，及时跟进（见图7-15）。

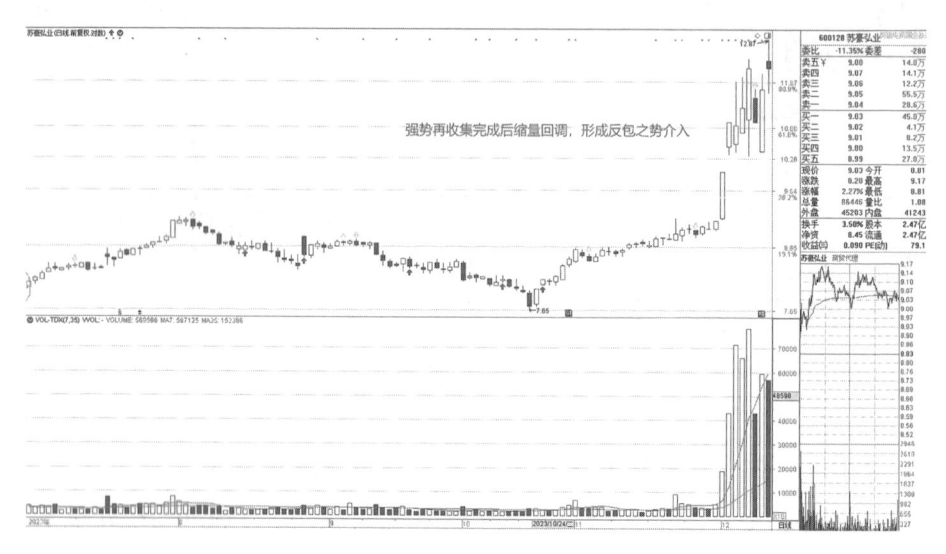

图7-15 苏豪弘业（600128）走势（2023年12月11日）

【案例7-29】 2024年1月18日，根据"C107—连续4天收阳线"条件选股公式选出香溢融通（600830），量价强势异动，处于前期高点附近，放入自选股，1月19日、22日两天收假阳线调整，1月23日低开高走，收带下影线的止跌假阳线，尾盘轻仓介入，1月24日上午拉升时，大仓位跟进（见图7-16）。

【案例7-30】 2024年2月20日，根据"C107—连续6天收阳线"条件选股公式选出一拖股份（601038），处于前高位置，量价异动，典型的强势再收集，放入自选股观察。2月28日平开高走，收-4.31%的大阴线，最低点落在前高点连线上。2月29日收小阳线，有止跌迹象。3月1日可轻仓介入。3月4日高开1.71%，跳过前高，可及时跟进（见图7-17）。

国际功夫巨星李小龙的夫人琳达在回忆录《布鲁斯·李只有我才了解的男人》中有这样的记载，有一次琳达问李小龙："你是不是天下第一，不怕所

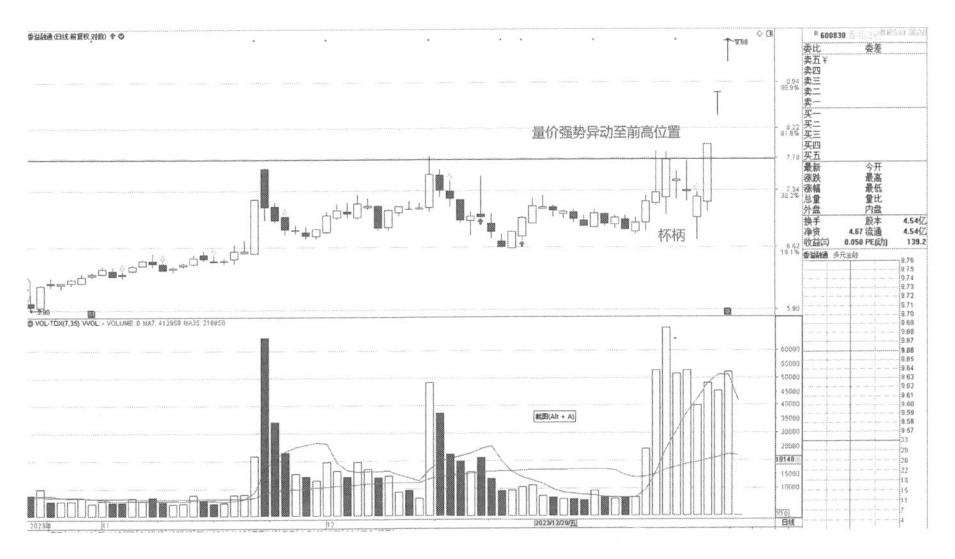

图7-16　香溢融通（600830）走势（2024年1月24日）

图7-17　一拖股份（601038）走势（2024年3月4日）

有对手？"李小龙摇着头说："我不是天下第一，其实我很怕一种对手。"琳达很惊讶："你怕什么样的对手？"李小龙说："我不怕会一万种招式的人，我怕一种招式练一万遍的对手。"

241

《天涯明月刀》中的傅红雪每天只练拔刀、劈出、收刀三招，一直坚持了十多年，最终成为不败的刀神。

龙头股的买入模式很多，这里介绍了四种最基本的模式，其中晋级模式、题材模式是重点。对这四种模式也无需全部掌握，没必要样样精通，大家只要熟练一两种即可。

一招鲜，吃遍天。

六、买入股票的灵魂三问

A股当天买入，当天是不能卖出的，一旦买错，只能眼睁睁地看着股价下跌，资金缩水。没有足够的把握，宁可错过，绝不做错。所以买入股票必须慎之又慎，切不可单凭胆量、运气和赌性草率买入。要把每次买入看成改变命运的机会，当作非常神圣的事情去看待。当然，如果过分谨慎，可能错过很多机会。在实际交易中，目标众多，时间紧张，买入机会稍纵即逝，这就要求我们必须每天复盘，盘前做足功课，交易时要对自己发出灵魂三问。不符合条件一票否决，坚决放弃，绝不勉强。

一问：当下的周期适合买股票吗？

情绪周期包括指数趋势周期和短线情绪周期。无论采用何种模式，何种买入方式，周期情绪都是首要条件。要么周期向上，要么周期横向震荡，如遇周期下降，就放弃操作。再好的技术、模式、逻辑在周期下降时都会失效，因为周期是天，天命不可违。

二问：目标股的地位如何？

采用晋级模式：看它是不是市场的高标股，是否居于晋级梯队的前排。

采用题材模式：看最强题材是否延续，一字板提示的题材是什么，它是不是最强题材的龙头。

采用反包模式：看它是不是前期龙头，是否有龙性表现，是否遭到错杀，是否有止跌迹象。

采用技术形态模式：看它是否调整到位，是否有变盘信号。

三问：有买入信号吗？

采用晋级模式：高标股高开高走、平开高走或低开高走，在晋级梯队中量能最优，且持续走强。

题材模式：开出一字板或者秒板，出现先锋或助攻，符合后驱或前驱模式。

反包模式和技术形态模式：高开高走、平开高走或低开高走。

七、买入股票的先手、正手、后手

先手、后手本是围棋用语。先手是指先下手取得主动，后手是指后下手变得被动。正手介于先手与后手之间，比先手被动，比后手主动。

先手、后手的核心是先下手与后下手，结果是主动与被动。对弈双方运用各种技巧、战术，其目的就是掌握局面的主动权。

人们常说：先下手为强，后下手遭殃；取得主动者胜，居于被动者败；宁失一子，不失一先。这就充分说明先手的重要性。

投资者要有一定的预知未来的能力，预知的事未来大概率会发生，即将发生，但还没有发生，这时是最好的布局机会，先手就是这样的机会。

在股市上涨前就持有的投资者就叫占了先手，先手是先于主力买入，就是抢跑。即提前一天买、早盘买、单因素买。分歧中的机会就是先手。

正手是上涨过程中与主力一同买入。

后手是上涨之后买入。即，在主力买入之后买入。

【案例7-31】2023年12月28日—2024年1月4日，深中华A（000017）连续5天强势再收集。1月5日收缩量大阴线，是否为拉升前的变盘信号，需要继续观察。1月8日收长上影K线，量能比上一日放大。两天的K线组合，是明确的变盘信号。1月9日高开0.45%，这一天任何时候买入，都是先手买点。1月10日高开4.88%，在一进二晋级梯队中，量能占优，这一天介入属于正手。1月11日、12日顶一字板不给我们介入机会。1月15日买入属于后手。1月9日给了我们分歧转一致先手买入的机会（见图7-18）。

取得先手可以赢得更多的主动。但必须明确，由于先手实质上是左侧交易，而左侧交易是单因素买入，确定性并不十分强，因此取得先手有试错的成分，需要承担一定的风险。这就需要我们分析性价比，用极小的风险赢得极大的利益。很多时候，如果不能先手介入，之后是连续一字板，就没有机会了。在行情特别好、题材特别大、板块效应特别强、技术形态特别好、预

243

图7-18 深中华A（000017）走势（2024年1月9日）

判个股有明显的龙性或有可能走成龙头时，先手的成功率往往会很高。

【案例7-32】 2024年1月23日、24日，中基健康（000972）连续两天收长下影止跌K线，1月29日、30日两天缩量调整，如果不能在2024年1月31日先手介入，以后的机会就不好把握了（见图7-19）。

图7-19 中基健康（000972）走势（2024年1月31日）

第七章 交易策略——短线龙头股的买卖

【案例7-33】 2023年12月20日，克来机电（603960）量价异动，强势收集，之后随指数下跌。2024年1月25日随着指数反弹，该股再次量价异动，进行强势再收集。之后随大盘下跌，调整至1月25日最低点附近。如果及时跟踪，2月1日拉升至6个点左右时可以介入，这样就抢占了先手。因为先手一般为首板介入，多数依靠技术分析，所以技术分析的基础必须扎实（见图7-20）。

图7-20 克来机电（603960）走势（2024年2月1日）

一般来说，占有先手的投资者更有优势，应对后市的行情也更有主动权。先手为主动的，制人而不制于人；后手为被动的，制于人而不能制人。

当然这并不意味着，占据先手的投资者就能赚取更多的利润。投资和人生是一个道理，赢在起跑线的，不一定能笑到最后。占据先手，只是在刚开始的时候占有优势，还要看投资者后市如何应对。

第三节　龙头股的卖出

该买入时要果断买入，该卖出时更要义无反顾地卖出。懂得进退，"拿

245

得起,放得下",才能立于不败之地。

  广东人李素在2000年3月发现了一个商机:生产IP拨号器。这是一个新生事物,整个成本50多元,当时市场价却高达1 000多元。其实IP拨号技术原理很简单,类似于电话机原理,只不过多了一块控制芯片。看准了机会的李素马上行动。买来数万元的生产设备,招聘了一批技术人员,日夜兼程地设计、生产、调试,并在最短的时间内推向市场,大赚了一笔。就在别人以为他会扩大生产规模时,他却戛然而止。卖掉设备,辞退了技术人员,转租了厂房。

  李素为什么这样?原因很简单,他清醒地认识到,IP拨号器是利润超高的产品,竞争对手肯定会纷纷跟进,而其中很多是实力雄厚的电话机生产厂商和大通信公司。他们一旦介入,自己的产品就毫无优势可言。与其到时候被别人打败,不如自己先行撤退,所以他明智地选择了"见好就收"。

  李素的"见好就收"虽然让他失去了眼下继续赚钱的机会,却也使他避免了潜在的损失,不失为一种明智之举。

卖出股票往往出现三种结果,多数人的心态也随之发生相应变化:

第一种结果是,卖出后股价暴跌,此时多数人会沾沾自喜,甚至得意忘形,感觉太爽了,我的决策太对了,我太有能耐了!

第二种结果是,卖出后没涨也没跌,这时心态平和,不喜不悲。

第三种结果是,卖出后大涨,这时就会出现后悔、懊恼甚至沮丧的情绪,恨天、恨地、恨自己,从而颠覆自己辛苦总结的经过长期验证的经验,甚至放弃长期坚守的原则。

部分投资者,没有自己的卖出原则,单纯看账户的盈亏,挣钱的时候不卖,浅套后总是希望再涨回来,深套后被迫割肉,让盈利变成亏损。

这是人性贪婪的本性在作怪。在股市,贪婪、恐惧的人性弱点会被无限放大。我们要破除心中的贪念,不要被人性的弱点所左右,用平常心对待买卖。尤其是当卖出出现失误时,一定要明确:卖出永远是正确的,哪怕战术上是错的，战略上永远是对的。如果是熊市，你不可能错；如果是牛市，卖错了没关系，明天还可以再买回来。每个人都有卖飞的时候，游资大佬也经常有卖飞的时候，不必苛求自己。弱水三千，只取一瓢饮。

《博弈论》中有一类博弈，叫协和博弈。

> 20世纪60年代，英、法两国政府联合投资开发大型超音速客机——协和飞机。这种飞机具有机身大、装饰豪华、速度快等很多优点。但是，要想实现这些优点，必须付出很高的代价，仅设计一个新引擎的成本就达到数亿元。英、法两国政府都希望能够凭借这种大型客机赚钱。但是研究项目开始以后，他们发现了一个很严重的问题，如果要完成研发，需要不断地投入大量金钱。另外，就算研究成功，也不知道这种机型能否适应市场的需求。但是，如果停止研究，那么以前的投资就等于打了水漂。
>
> 在这种两难的选择之下，两国政府最后还是硬着头皮研制成功了。这种飞机投入市场以后，暴露出很多缺点，如，油耗高、噪声大、污染严重、运行成本太高等，根本无法适应激烈的市场竞争，因此很快就被市场淘汰了，英、法两国也遭受了很大的损失。其实在研制飞机的过程中，如果英、法两国及时选择放弃，就会减少很多损失。但令人遗憾的是，他们并没有这样做。最后，协和飞机退出民航市场，才使得英、法两国从这个"无底洞"中脱身。博弈论专家把英、法两国政府在研究协和飞机时"骑虎难下"的局面称为"协和谬误"，也称"协和博弈"。

股民对股票进行投资，如果发现这项投资并不能盈利，应该及时止损，不要去计较已经投入的精力、时间、金钱等各项成本，否则会陷入困境之中，结果是"赔了夫人又折兵"。

面对明显错误的买入及已经出现的亏损，一定要虎怒决蹯，断臂求生。

短线投资者买入的大多是牛股，甚至是龙头股，多数不会长时间持股。当出现卖出信号时，毫不犹豫，绝不拖延，快进快出。常持币、常空仓，在出现新的重大机会时，第一时间去把握，从而拒绝亏损，让盈利成为习惯。

见好就收，落袋为安，这是一种以退为进，以守为攻的策略。

如何卖出手中的股票呢？相较于买入，卖出就简单多了。下面的几点必须坚持。

一是周期情绪变差时就卖出。时刻牢记"周期是天"。当周期情绪出现下降迹象要变天时，自己所持股票只要不是市场龙头或最强题材的龙头，坚决卖出，绝不拖延，不抱任何侥幸心理。

二是不涨停就卖出。所持股票必须以涨停板收盘，到尾盘仍然不涨停的坚决卖出，不留不涨停的股票过夜。不要侥幸次日会出现反包，如果次日真的出现反包趋势，再买回来就是了。

三是不是龙头就卖出。所持股票出现下跌，如果是市场龙头或最强题材的龙头，可以等一等，多数龙头股在尾盘是会涨停的。如果不是龙头股，就坚决卖出。

卖出股票时，要严守纪律、调整心态。严守纪律就是严格按照卖出原则卖出股票，不犹豫、不侥幸、不拖延。调整心态就是不以盈亏作为卖出的依据，有的人一亏钱就心态失衡，死扛到底，结果深度被套。

炒股的目的是让我们的钱保值、增值。首先是保值，然后才能谈得上增值。"保值"是基础，"增值"是关键，有保才有增。最好是拿着大笔的钱等机会，不要拿着股票，在没有机会的市场里硬撑。否则，机会来了的时候却没有钱了。只要能保证资金不受大的损失，股市中就永远有无数的机会可以把钱再赚回来。

后记
POSTSCRIPT

《擒龙诀——短线龙头的周期、资金、题材与联动》的书稿终于完成了，一块压在心上的石头终于落了地，有一种如释重负的轻松。时隔多日，回头再读书稿，感觉意犹未尽，还有一些话要说。于是写下下面的文字，作为补充，权当本书的后记。

一、"道"永远大于"术"

龙头股战法体系庞大，内容繁杂，涉及面广，头绪多。读者在阅读过程中容易出现理不清头绪，抓不住重点的问题。也会感觉到书能看懂，在操作中却无从下手，理论不能有效指导实践。下面就操作重点作一归纳说明。

第一，要明确当前的周期情绪处于哪个阶段。周期情绪处于否极泰来的拐点，或处于上升阶段，可以大胆操作；周期情绪处于盛极而衰的拐点，或处于下降阶段，必须放弃操作。

通过对指数趋势周期、短线情绪周期的综合分析，研判市场周期情绪的状态；通过集合竞价高标股、明星股、核心股的表现，感受市场周期情绪的变化；通过题材是否有延续性、晋级池是否有突破性，发现市场周期情绪的变化。

第二，要牢牢把握题材这一抓手。在最强题材、次强题材中寻找标的，对于一般题材完全无需理会。这样就突出了重点，突破了难点，避免眉毛胡子一把抓，思路就会非常清晰。

第三，要明确个股的地位。有地位的个股才会有龙性，才有可能成为龙头股。个股的地位包括题材地位、晋级地位两个方面。题材地位高，晋级地位高，在市场中处于核心地位的个股，才是我们选择的目标。

第四，要注意个股的联动性。最强题材中出现先锋、助攻，做这个题材中的龙头是最可靠的，这就是后驱模式；题材龙头最先上板，题材内后上板的个股都是跟风股，这就是前驱模式，这时一定要清醒地认识到，我们做的是跟风股的套利，一旦势头不对，必须立马走人，绝不恋战。操作中多做后驱模式，慎做前驱模式。

第五，技术指标只是辅助手段。通过定性分析圈定了目标范围，仍无法确定操作标的时，可以用技术形态、量能指标进行辅助判断。技术指标只是足球场上最后进球的临门一脚。

古语云：有道无术，术尚可求，有术无道，止于术。定性分析就是"道"，定量分析就是"术"。

前四点是定性分析，属于"道"的范畴，最后一点是定量分析，属于"术"的范畴。定性分析先于定量分析，道永远大于术。

再强调一点，要做好短线龙头，必须每天坚持复盘，只有坚持复盘，才能敏锐地感受到市场的冷暖变化，才能对市场的脉络了然于胸，才能在操作中左右逢源，得心应手。

二、时刻把风险放在第一位

股市有风险，入市需谨慎。在股市，风险如影随形，我们每时每刻，都在与狼共舞，与风险为伴，稍有不慎，就会陷入万劫不复的境地。

第一，股市是负和博弈的战场。股市是没有硝烟的战场。"七成亏损，二成盈亏持平，剩下的一成盈利。"这是由股市的性质决定的。股市是博弈的场所，股市本身不能创造任何社会价值，不会增加任何产出，相反还要收取一定的税费，所以股市的博弈不是零和博弈，而是负和博弈。奉劝投资者，要用闲钱投资，不要借贷、不要融资、不要抵押、不要透支、不要卖房卖车去炒股。学习阶段先用模拟盘操作，即使用真金白银操作，也要用很小的资金练手，什么时候资金翻倍，什么时候再加大资金投入。

在股市只要你的水平高，只要盈利，复利的威力是巨大的。不要给自己太大的压力，保持良好的心态，"盈得自得其乐，输得无伤大雅""吃得下饭，睡得着觉，笑得出声"是最好的状态。

第二，混淆机构和游资的区别。机构崇尚价值投资、长线投资，而游资崇尚短线投机套利。短线龙头战法属于后者。

短线龙头处于最剧烈、最敏感的风暴中心，常常上演如过山车般跌宕起伏的大戏。短线龙头往往是先透支行情，再慢慢还债，来得猛，去得快，赚得狠，也亏得快。股价从哪里来，最终还要回到哪里去。你会发现，炒到最后就是一地鸡毛，所以要坚决执行纪律，及时离场。

切不可拿着短线龙头，却秉持价值投资的理念，长线持有。

第三，不公平的交易。在股市勤劳未必能致富，勤奋不一定能得到回报。因为股市的收益与时间的积累不成正比，是负回馈、负积累。所以不是老股民赚新股民的钱，而是明白人赚糊涂人的钱。股市充满不确定性，即使你有百步穿杨的技术，也未必能做到枪打飞鸟。股市的不公平还表现在，下跌50%，上涨却要100%。假如你有100万元，亏损50%，只剩50万元，但50万元要回到100万元，必须盈利100%。同样的涨跌幅，结果是亏损的，一只股价50元的股票，涨10%是55元，55元跌10%就剩下49.5元了。这只是粗略计算，加上复利，实际情况远比这些数据更复杂。这就需要我们谨慎对待，切不可随性交易，万不可抱侥幸心理、赌徒心理。

第四，"黑天鹅"事件的风险。资本市场最大的不确定性常常是"黑天鹅"事件，之所以是"黑天鹅"，是因为它在发生之前没有任何预兆，具有很大的偶然性，但是对市场的影响非常大。2008年席卷全球的次贷危机，2020年席卷全球的"新冠"疫情，都是典型的"黑天鹅"事件，都对资本市场造成巨大影响。除了上面提到的全局性"黑天鹅"事件外，还有一些针对具体行业、具体公司的"黑天鹅"事件，对相关公司的股价影响也非常大。如，2008年南方雪灾事件，2012年白酒行业的塑化剂事件，2018年长春长生假疫苗事件，2019年康美药业（600518）财务造假事件，2021年年初欧菲光（002456）突然一夜之间被从苹果供应链剔除事件，2022年延续至2023年的恒大事件……"黑天鹅"事件总是以市场未曾预料的方式破坏性出现。如果我们手中持有该行业或该公司的股票，就会遭受很大损失。除了以上事件外，政策性风险、自然灾害风险、战争风险、股灾风险随时都可能发生。所以永远不要满仓操作，最多投入七成资金，永远要留三成资金，万一大跌，可当作重整旗鼓的预备资金。

第五，逆市操作的风险。一些投资者交易上瘾，一天不操作手就发痒。尤其在周期下降时逆市操作，就好比在海啸到来时出海打鱼，不仅打不到鱼，而且会折戟沉沙，葬身鱼腹。所以在周期下降时，最好的策略是闭关休战，管住自己的手，多看少动。

第六，买跟风股的风险。行情好的时候，龙头股、跟风股一起涨，让你忘记风险，放松警惕；行情不好时，龙头股安然无恙，跟风股却死得很惨。这是部分投资者学了龙头战法后仍然亏损的根源。一定谨记：龙二必死。我们在平时的操作中要养成只买龙一的习惯，要么市场龙头，要么板块龙头。不小心买了跟风股，头脑必须清醒，这是在跟风股上套利，一旦出现风吹草动，第一时间走人，绝不恋战。

第七，资金管理和仓位管理上的风险。资金管理，是对股市账户可以支配的总资金的管理，而仓位管理是对账户资金的分配。关于资金管理，建议大家多开设几个账户，把资金分散到几个账户中，根据行情的好坏，决定操作几个账户，防止资金爆仓。关于仓位管理，建议使用正三角模型，即低位大仓位，涨幅越大，仓位越低，即使高位暴跌，也不会有太大的影响。不要采用倒三角模型，即低位小仓位，涨幅越大，仓位越大，从而导致高位加仓，一把亏光。

三、加强学习，耐得住寂寞

股市风险很大，但没有风险就没有超额收益。没有一定的冒险精神，就做不好短线龙头。在股市降低风险最好的办法就是提高自己的认知水平，加深对市场的理解，提升交易能力及整体素养。毕竟没有人能轻易成功。这就需要我们加强学习，向高手学习、向书本学习、向市场学习。同时我们必须明确，股票投资是一个特殊的行业，永远不会毕业。在学习的过程中我们会发现，"理可顿悟，事须渐修"，这就类似学游泳、学下棋，一开始学到的只是一些最基本的招式，要想成为游泳健将，下棋高手，除了理论学习外，还必须刻意训练，在战争中学习战争。

学习的过程，一开始是做加法，博采众长。成熟之后，要开始做减法，吸收精华，形成和完善自己的交易体系。

投资路上那段最艰难的路，我们必须亲自走过，任何人都代替不了。能改变我们的只有独立思考。不要幻想出现一个救世主解救我们，就像到医院看病，健康首先是自己的事，医生只能提供帮助。

股市的成功可以与别人分享，但失败只能独自承受。所以，我们还必须学会忍耐，忍耐寂寞、泪水、汗水、冷眼、闲言碎语和失败的痛苦。

> 王国维治学有三重境界：
>
> 古今之成大事业、大学问者，必经过三种之境界："昨夜西风凋碧树，独上高楼，望尽天涯路。"此第一境也。"衣带渐宽终不悔，为伊消得人憔悴。"此第二境也。"众里寻他千百度，蓦然回首，那人却在，灯火阑珊处。"此第三境也。

要成就大事，首先要有执着的追求、远大的目标和明确的方向。其次必须有专注的精神，刻苦钻研，孜孜以求，"衣带渐宽"也不后悔。经过不懈的努力，自然会豁然贯通，从必然王国进入自由王国。

最后用一则小故事激励你我：

> 竹子用了4年时间，仅仅长了3厘米。但从第五年开始，以每天30厘米的速度疯狂地生长，仅仅用了6周时间就长到了15米，看起来这6周时间发生了不可思议的变化。
>
> 其实在前面的4年，竹子就将根在土壤里延伸了数百平方米！
>
> 它并不是没有生长，而是在扎根！

股市没有专家，只有赢家。或许你就是下一个赢家，因为你就是你的专家。

这里我首先要感谢上海财经大学出版社的王永长老师，是您的一双慧眼,才使本书得以面世。

浸淫股市多年,在我成长的路上得到了很多老师的指点,彭道富、蒋文辉等老师对我影响最大,在此深表谢意!

我已将参考书目列于书后,如有疏漏之处请与我联系,我会及时更正,在此向曾引用过文章的作者表达最诚挚的感谢!

在本书写作过程中得到了李民中、吴国平、靳茂雄、牛龙刚、朱晓东、郭文娟、焦健、陈超等朋友的热情帮助。长期以来,家人的支持和陪伴,是我坚持不懈的动力,在此一并表示感谢!

由于本人才疏学浅,书中难免有所疏漏、不足甚至错误之处,敬请读者提出宝贵意见,再次表示感谢!

参考文献
REFERENCE

1. 彭道富：《股市极客思考录》（升级版），海天出版社2017年版。
2. 彭道富：《龙头信仰——股票投资深处逻辑的破执与取舍》，中信出版集团2019年版。
3. 彭道富：《香象渡河——龙头战法逻辑探究与案例分析》，上海财经大学出版社2019年版。
4. 彭道富：《龙头价值与赛道——我对投资哲学与逻辑的深度思考》，海天出版社2021年版。
5. 彭道富：《渐修顿悟：对投资战略与战术的思考》，中国出版集团有限公司研究出版社2023年版。
6. 蒋文辉：《股是股非·猎取暴涨股》，四川人民出版社2014年版。
7. 蒋文辉：《股是股非·暴涨大形态》，四川人民出版社2015年版。
8. 蒋文辉：《股是股非·暴涨之星》，四川人民出版社2016年版。
9. 温程：《A股趋势论》，上海财经大学出版社2018年版。
10. 温程、翁凯锐：《股市趋势交易大师1·万宗归于趋势》，山西出版传媒集团山西人民出版社2022年版。
11. 温程：《股市趋势交易大师2·龙头作手》，山西出版传媒集团山西人民出版社2022年版。
12. 袁博：《战法合集之万法归宗》，中国宇航出版社2023年版。
13. 袁博：《战法合集之大道至简》，中国宇航出版社2023年版。
14. 杨楠：《情绪流龙头战法》，企业管理出版社2020年版。

15. 张久华、方宝进：《龙头思维之龙头战法》，上海财经大学出版社2020年版。

16. 无门问禅：《一剑封喉之一·一位民间高手的股道笔记》，上海财经大学出版社2018年版。

17. 无门问禅：《一剑封喉之二·趋势通道平台战法》，上海财经大学出版社2020年版。

18. 高亢：《缺口玄机》，四川人民出版社2017年版。

19. 红指妙奕：《金品战法·箱体大突破》，四川人民出版社2017年版。

20. ［美］威廉·欧奈尔：《笑傲股市》，宋三江译，机械工业出版社2017年版。

21. ［美］维克托·斯波朗迪：《专业投机原理》，俞济群、真如译，机械工业出版社2017年版。

22. ［美］范·K.撒普：《通向财务自由之路》，董梅译，机械工业出版社2017年版。

23. 戈岩：《趋势与拐点交易法》，中国宇航出版社2014年版。

24. 麻道明：《涨停逻辑》，中国宇航出版社2022年版。

25. 麻道明：《涨停28式》，中国宇航出版社2022年版。

26. 屠龙刀：《龙头战法·龙头股必杀七大战法》，中国宇航出版社2023年版。

27. ［美］埃德文·拉斐尔：《股票大作手回忆录》，尼尉圻译，中国纺织出版社2018年版。

28. ［美］埃德文·拉斐尔：《股票大作手操盘术》，杨超译，中国纺织出版社2019年版。

29. 李路：《股票大作手利弗莫尔的交易精髓》，企业管理出版社2019年版。

30. 正和岛主编：《大周期》，人民邮电出版社2023年版。

31. 翟文明：《博弈论》，中国华侨出版社2018年版。

32. A股剑客：《周期与龙头》，山西人民出版社2024年版。